KB206542

장 피에르 베르낭의
그리스 신화

L'UNIVERS, LES DIEUX, LES HOMMES.

우주와 신들 그리고 인간들

장 피에르 베르낭의
그리스 신화

장 피에르 베르낭 지음 | 문신원 옮김

곰
출
판

옛날 옛적에……. 애초에 내가 이 책의 집필을 시작하면서 염두에 둔 제목은 이런 말머리였다. 그러다 결국엔 조금 더 분명한 다른 제목으로 바꾸어 지었다. 하지만 책의 머리말만큼은 앞으로 이어질 내용들의 근본이거니와 처음 염두에 두었던 그 제목이 가져오는 울림을 상기시키지 않을 수가 없다.

25년 전, 우리 부부는 방학을 맞은 어린 손자 쥘리앙과 잠시 함께 지내고 있었다. 당시 손자와 나 사이에는 화장실에 가거나 밥을 먹는 것처럼 당연한 일상이 되어버린 일과가 있었다. 쥘리앙은 밤마다 잠자리에 들 시간이면 제 방 침대에 누워 이렇게 떼를 쓰며 외치곤 했다. "할아버지, 옛날얘기 해주세요, 옛날얘기!" 그러면 난 아이 곁에 앉아 그리스 전설들을 들려주었다. 난 당시 분석 중이던 신화들 속에서 어렵지 않게 이야깃거리를 하나씩 끄집어냈다. "옛날 옛적에 말이다……" 하고 시작하면서 아이가 처음부터 끝까지 긴장감을 놓치지 않고 이야기의 흐름을 잘 따라올 수 있도록 동화를 들려주듯 자연스럽게 전해주었다. 이야기를 듣는 손자는 행복해 보였다. 나 역시 행복했다.

나는 신화에 강한 애착을 느끼고 있었다. 오늘날 우리 내면에 꼭 살아남았으면 하는 그리스의 세계관을 조금이나마 내 손자에게 들려줄 수 있다는 점이 더없이 기뻤다. 또한 그 소중한 유산을 말로 전해줄 수 있다는 사실도 무척 마음에 들었다. 플라톤이 '유모의 우화'라고 불렀던 이 구전 방식은 한 세대에서 다음 세대로 자연스럽게 전해져 책을 펼치지 않고도 공교육에서는 배울 수 없는 '교과서 밖'의 다양한 행동 규범과 지식을 얻을 수 있게 해준다.

물론 내가 매일 밤 한 아이에게 이야기를 들려줌으로써 고대의 전설을 하나씩 되살리는 데 일조했다고 한다면 지나치게 순진한 바람일 것이다. 당시 1970년대는 신화가 유행하던 시절이었다. 비교신화학자인 조르주 뒤메질^{Georges Dumézil}과 인류학자 클로드 레비스트로스^{Claude Levi-Strauss} 이후, 신화 연구의 열풍이 일어 많은 그리스 학자들은 새삼 고대 그리스의 전설 탐험에 흠뻑 빠져들었다. 그런데 깊이 파고들어 분석할수록 신화적 사상의 본질에 대한 확실성은 없어지고, 급기야는 '신화란 무엇인가?' 또는 더 정확히 표현하자면 '그리스 신화란 무엇인가?'라는 의문을 품게 되었다.

신화는 하나의 이야기다. 그렇지만 이 이야기들이 어떻게 구성되어 확립되며 전달되고 보존되었는지도 알아야 한다. 그리스의 경우 신화는 대개 활자 텍스트 형태로 오랜 세월 우리에게 전달되었으며, 그중 가장 오래된 것들은 서사시, 운문시, 비극, 역사, 철학 등의 저작들 속에 담겨 있었다. 그리고 호메로스Homerus의《일리아스Ilias》,《오디세이아Odysseia》, 헤시오도스Hesiodos의《신들의 계보Theogonía》등과 같은 경우를 제외하고는 대체로 단편적이고 암시적인 방식으로 분산되어 있었다. 기원전 2세기에 그리스 학자 아폴로도로스Apollodorus는 더러는 내용이 상충되기도 하는 이 다양한 구전들을 고전 중의 고전이 된《서가書

藥)》라는 제목의 문집으로 집대성하여 엮어냈다. 그리고 좀더 후
인 기원후에야 석학들이 여러 구전을 한데 모음으로써 오늘날
그리스 신화라고 부르는 것이 구성되었다.

신화^{myth} 혹은 신화학^{mythology}은 그리스의 역사와 그리스 문
명에 뿌리를 둔 단어다. 그렇다면 신화는 과연 그리스 역사와
그리스 문명에만 국한되는 걸까? 그리스 문명 밖에는 신화라
는 개념이 없고 오로지 그리스어의 형태와 의미 속에서만 존재
한다고 말할 수 있을까? 천만에. 절대 그렇지 않다. 고대 그리
스의 전설들을 이해하기 위해서는 중국, 인도, 고대 근동 지역,
콜롬비아 이전의 아메리카, 아프리카 등 다양한 문화와 시대
에 속하는 다른 민족들의 구전과 비교하는 작업이 반드시 필요
하다. 설화풍의 구전은 제아무리 서로 다르다 하더라도 상당한
공통점을 지니기 마련이다. 레비스트로스는 신화는 어디에서
유래했든 다른 이야기 형태와는 혼동될 우려가 없을 정도로 확
연히 구별된다고 단언했다. 실제로 그 차이는 역사적 이야기와

비교해볼 때 단연 두드러진다.

그리스의 경우 역사적 이야기는 시대적으로 제법 가까운 사건들을 소재로 하여 신빙성 있는 증인들의 뒷받침을 받는다는 점에서 신화와는 '대조적으로' 구성된다. 한편, 문학적 이야기는 순수한 픽션이므로 무엇보다도 전적으로 작가의 재능과 글솜씨에 달려 있다. 이 두 유형의 이야기는 보통 한 특정 작가의 저작물로 여겨지며 작가의 이름 아래 어디까지나 글이라는 형태로 독자에게 전달된다.

그런데 신화의 위상은 완전히 다르다. 신화는 이야기꾼이 서술을 시도하기도 전에 이미 존재하는, 세월의 깊이를 지닌 이야기다. 이런 의미에서 신화 이야기는 개인적인 창작물이나 창의적 공상에 속하기보다는 전달과 기억의 영역에 더 가깝다. 기억이라는 기능 때문에 신화는 오히려 시와 더 친밀하다. 시는 가장 오래된 표현 방식이기 때문에 신화가 다듬어지는 과정과 상당히 유사하다. 호메로스의 서사시가 대표적인 예다. 전설의 주인공들이 겪는 모험담을 이야기로 엮기 위해 호메로스의 서사시는 기억의 여신 므네모시네^{Mnemosyne}로부터 영감을 받은 음유시인들이 청중 앞에서 낭송하는 방식으로 이루어졌다. 호메로스의 서사시가 정식 텍스트로 편찬된 것은 훨씬 나중의 일이다.

오늘날에도 시는 말로 전해질 때만 실존한다. 시에 생명을 부여하려면 내면의 이야기를 가슴으로 이해해서 차분한 말로 읊조려야 한다. 신화 역시 일상의 삶 속에서 세대를 걸쳐 이야기될 때만 생명력을 지닌다. 그렇지 않고 도서관 구석에 처박힌 채 글의 형태로 고정되어 있다면 신화학자들을 위한 현학적인 참고자료에 지나지 않는다.

기억력, 구전성, 전통은 신화의 본질이자 생존 조건이다. 신화에 특징을 부여하는 이 조건들은 시적인 활동과 신화적인 활동을 비교해보면 더욱 명백하게 드러난다. 둘 다 말로 이루어지지만 맡은 역할은 본질적으로 다르기 때문이다. 서양에서 시는 점차 자율적인 형태를 띠며 신화 속 이야기들과 분리되었을 뿐만 아니라, 14세기까지만 해도 시와 떼어놓고 생각할 수 없었던 음악과도 분리되어 언어적 표현에서도 아주 특별한 영역을 차지하게 되었다. 이때부터 시는 대단히 복잡하고 다의적이면서도 매우 엄격한 짜임새를 갖추어서 무엇 하나 빠뜨리거나 바꾸지 않고 있는 그대로 암송되어야 했다. 시 낭송은 시간과 공간 속에서 구현되므로 누가 암송하든 달라지지 않는다. 청중이라는 대중 앞에서 낭송하든 개인적으로 혼자 읊조리든, 시라는 텍스트에 생명을 부여하는 말은 단일하고도 확고부동한 형상을 띤다. 단어 하나를 수정한다거나 시구를 건너뛴다거나 리듬을 약간만 바꾸어도 시의 구성은 완전히 허물어지고 만다.

반면에 신화 속 이야기는 시적인 텍스트처럼 단지 의미의 다양한 구성을 통해서만 다의성을 띠지 않는다. 신화 속 이야기는 한 가지 결정적인 형태로 고정되지 않는다. 언제나 이야기꾼이 기분 내키는 대로 약간씩 변형할 수 있는 다양한 변이

형과 해설이 존재하고, 이야기꾼은 상황이나 듣는 사람에 따라 또는 자신의 취향에 따라 그중 하나를 선택하여 좋다고 판단되면 삭제하기도 하고 첨가하거나 변형하기도 한다. 전설들이 구전되며 살아 있는 한, 그리하여 한 집단의 사고방식이나 풍습과 관련되는 한, 신화는 생생하게 살아 움직인다. 그래서 신화속 이야기는 어느 정도 혁신적이기도 하다.

문학적인 글이나 현학적인 글로 굳어버린 전설을 정확하게 해독하고 싶다면, 신화학자는 각각의 전설에 대한 조사 범위를 단계적으로 확장해나가야 한다. 아무리 사소한 부분이라도 같은 주제를 가진 다른 모든 이야기를 샅샅이 탐색해야 한다. 그리고 다른 주제를 가진 신화적 이야기들로, 문학·과학·정치학·철학 텍스트와 같은 문화의 다른 영역들로, 최종적으로는 멀찍이 떨어진 문명들의 다소 유사한 설화들로 탐색을 확장해가야 한다. 사실 역사학자와 인류학자의 관심을 끄는 부분은이야기의 흐름에서 보이는 배경이자, 다양한 이야기들을 비교하면서 차이와 유사성을 통해 간파할 수 있는 외적인 틀이다. 반면에 시인이자 학자인 자크 루보Jacques Roubaud가 호메로스의 시와 그 속에 담긴 전설적인 요소들에 관해 다음과 같이 지적한 바는 다른 신화들에도 그대로 적용된다.

> "호메로스의 시 내용은 그저 단순한 이야기들이 아니다. 그 이야기들은 온갖 사상들, 다양한 언어학적 형태들, 우주론적 상상력, 도덕적 규범 등등의 보물을 간직한 채 전기 고전주의 시대 그리스인들의 공동 유산의 본질을 이룬다."

그리스인들의 공동 유산인 심층의 '보물들'을 세상에 드러내기 위해 발굴 작업을 하는 연구자는 간혹 실망에 빠질 수도 있다. 탐색 과정에서 이야기가 주는 커다란 기쁨을 잃어버리기라도 한다면 말이다. 나 또한 라퐁텐의 말처럼 "당나귀 가죽에게서 직접 들었더라면" 만끽했을지 모를, 이야기가 주는 커다란 기쁨을 잃고 하마터면 몹시 상심할 뻔했다. 머리말 앞부분에서 밝혔듯 어린 손자와 함께 휴가를 보내며 이야기를 공유했던 바로 그 아름다운 섬에서 다시 25년이라는 세월이 흐른 뒤의 어느 날 친구들이 내게 그리스 신화를 들려달라고 조르지 않았더라면 말이다.

친구들은 내가 들려준 이야기를 책으로 엮으라며 집요하게 날 설득했다. 하지만 나로서는 선뜻 결정하기 힘든 문제였다. 이야기를 활자화된 텍스트로 옮긴다는 일은 꽤 힘든 일이기 때문이다. 말로 전해지는 이야기가 지닌 살과 생명, 즉 음성, 어조, 리듬, 몸짓을 활자 속에 그대로 불어넣는다는 것은 그 자체로 불가능할 뿐만 아니라, 서로 다른 표현 형태 뒤에는 서로 다른 두 가지 스타일의 생각이 있기 때문이다. 아무리 종이 위에 그대로 옮겨 쓴다 해도 텍스트는 말로 들려주는 이야기를 고스란히 담아내지 못한다. 마찬가지로, 먼저 글로 작성된 텍스트는 아무리 이야기하듯 소리 높여 읽어본들 아무도 속지 않는다. 애초에 청중에게 들려주기 위한 이야기가 아니기 때문에 구전의 한계를 넘지 못한다.

이처럼 말하듯 글을 써야 한다는 첫 번째 어려움 외에도 이 책을 쓰는 데는 여러 가지 어려움이 따랐다. 우선 한 가지 설명 체계를 선택해야만 했다. 다시 말하면 다른 변이형들은 무시하고 머릿속에서 지워 완전히 침묵시켜야 했다. 그리고 선택한 설명 체계로 이야기하더라도 화자는 확실하게 고정된 한 가지 모델이 존재하지 않는 한, 직접 개입하여 해설자 역할을 해야 한다. 게다가 학자가 이야기꾼 노릇을 하려 할 때, 자신이 한편으로는 신화의 지적인 토대를 탐구하는 학자이기도 하다는 사실을, 그리고 이전의 연구들을 통해 알아낸 그 깊은 의미들을 자신도 모르게 이야기 속에 주입할지도 모른다는 사실을 어떻게 간과한단 말인가?

나는 그러한 장애나 위험을 모르지 않았다. 그렇지만 과감히 결단을 내렸다. 최대한 그리스 신화가 여전히 되풀이되고 있어서 앞으로도 영원히 구전될 수 있는 것처럼 이야기하려 애썼다. 예전에 여러 세기 동안 그리스 청중들에게 직접 말을 걸었던, 그러고는 오랫동안 잊혔던 목소리를 오늘날의 독자들이 다시 들을 수 있기를 바랐다. 이 책을 펼치는 독자들이 어디선가 메아리치는 그 목소리를 부디 다시 들을 수 있기를…….

c o n t e n t s

우주의 탄생

L'origine de l'univers

세상이 창조되기 전, 하늘도 땅도 없었을 때는 무엇이 있었을까? 이런 질문에 그리스인들은 이야기와 신화로 대답했다.

맨 처음에 존재한 것은 '구멍'이었다. 그리스인들은 이 구멍을 '카오스'라고 불렀다. 그럼 '구멍'은 무엇일까? 빈 공간이다. 아무것도 알아볼 수 없는 캄캄한 공간이다. 끝없이 추락하는 공간, 아찔할 정도로 끝도 바닥도 없는 혼돈의 공간이다. 이 구멍은 커다랗게 벌린 거대한 아가리처럼 무엇이든 어둠 속으로 삼켜버렸다. 이렇게 태초에는 아무것도 보이지 않고 끝없이 밤만 계속되는 심연인 '구멍'만이 있었다.

그 후 땅이 나타났다. 그리스인들은 이 땅을 '가이아'라고 불렀다. 땅은 '구멍'에서 솟아올랐다. 카오스에 이어서 탄생한 땅은 여러모로 카오스와 정반대였다. 땅은 끝도 한계도 없이 계속되는 어두운 추락의 공간이 아니다. 땅은 뚜렷하게 경계 지어진 분명한 형태가 있다. 아무것도 구분되지 않는 어둠과 혼돈의 공간인 카오스와 달리 가이아는 명료하고 확실하며 안정된 공간이다. 땅에서는 모든 것이 뚜렷하게 보이고 윤곽이 확실하다. 따라서 가이아는 신과 인간과 짐승이 안심하고 걸어 다닐 수 있는 곳이라 정의할 수 있다. 가이아는 세상의 바닥이다.

땅속 깊은 곳의
혼돈

커다란 어둠의 공간에서 탄생한 세상에 이제 바닥이 생겼다. 단단하고 견고한 바닥은 때로는 위로 솟아 산이 되기도 하고, 때로는 밑으로 움푹 꺼져 지하가 되기도 했다. 이 지하 속으로 끝없이 내려가면 깊은 곳에서 다시 카오스와 이어졌다. 카오스라고 하면 그리스인들은 모든 경계가 흐릿하게 뒤섞이는 뿌연 안개를 떠올린다. 땅속 가장 깊은 곳에는 이처럼 태초의 혼란스러운 면모가 있다.

아무리 땅이 뚜렷이 보이고 경계가 있다 해도, 땅에서 생성될 모든 것에 땅처럼 명확한 한계가 있다 해도, 땅속 깊은 곳은 여전히 커다란 암흑의 공간과 흡사하다. 그러니 땅은 아래로는 심연을 표현하는 거대한 암흑의 공간과 그 속의 깊은 뿌리로, 위로는 찬란하게 빛나는 하늘과 맞닿는 눈부신 산들로 이어지며 길게 연장되는 셈이다.

질서정연한 우주에서 땅은 토대를 이룬다. 그러나 땅의 기능이 오로지 토대만은 아니다. 좀더 후에 이야기하게 될, 카오스에서 생겨나는 특정 개체들을 제외하고 땅은 모든 것을 낳아 길렀다. 가이아는 우주의 어머니다. 숲, 산, 지하 동굴, 바다의 물결, 이 모두가 대지의 어머니인 가이아에게서 태어났다.

그러니까 맨 처음에는 심연이 있었다. 그리고 거대한 아가리와도 같은, 끝이 보이지 않을 정도로 까마득한 구멍의 형태를 띤 심연에 이어 단단한 바닥인 땅이 생겨났다. 이 땅은 위로 솟기도 하고 밑으로 꺼지기도 했다.

카오스와 가이아에 이어 세 번째로 출현한 것은 그리스인들이 에로스라고 부르는 존재였다. 훗날 파 뿌리 같은 흰 머리의 이미지로 표현되는 '오랜 사랑'이라 불리게 될 이 에로스는 태초의 사랑이다. 태초의 사랑이라 부르는 까닭은 옛날 옛적 그 까마득한 시간 속에는 아직 남자나 여자 같은 성을 가진 개체들이 없었기 때문이다. 따라서 이 태초의 에로스는 나중에 남성과 여성, 수컷과 암컷의 존재와 함께 나타나는 에로스와는 사뭇 다르다. 서로 다른 두 성별이 존재하면서부터 비로소 짝을 짓는 문제가 생겨나면서 각자의 입장에서 느끼는 욕망이나 합의의 문제가 연루된다.

그러니까 카오스는 남성적인 단어가 아닌 중성적인 단어다. 반면에 어머니인 땅 가이아는 분명 여성이다. 그런데 가이아는 중성인 카오스와 오로지 둘뿐이었으니 자신 이외에 달리 누구를 사랑한단 말인가? 그러므로 커다란 암흑의 공간과 땅에 이어 세 번째로 나타난 에로스는 성별이 있는 사랑을 주관하는 존재가 아니었다. 최초의 에로스는 우주의 원동력을 표현한다. 땅이 커다란 구멍에서 솟아올랐듯, 다시 그 땅으로부터 땅속 깊은 곳에 있던 것이 자연스럽게 밖으로 이끌려 나왔다. 땅은 어느 누구와도 맺어질 필요 없이 땅속 깊은 곳에 있던 것을 낳았다.

땅은 우선 대단히 중요한 존재인 우라노스, 즉 하늘, 그것도 별이 총총한 하늘을 낳는다. 이어서 땅은 폰토스를 세상에 내보낸다. 폰토스는 다시 말하면 물, 정확하게는 바닷물이다. 그렇게 땅은 어느 무엇과도 결합하지 않고 하늘과 바다를 낳았다. 땅이 하늘인 우라노스를 밖으로 내보내는 그 순간부터 하늘은 땅의 분신이자 상반되는 존재가 된다. 하늘은 마치 땅을 복제한 것처럼 크기도 같고 단단하며 견고했다. 하늘인 우라노스는 태어나자마자 땅 위에 누웠다. 땅과 하늘은 우주의 겹쳐진 두 면, 즉 바닥과 둥근 천장, 아래와 위를 이루며 서로를 완전히 포개어 덮었다. 바다도 하늘인 우라노스처럼 땅과는 대조적이다. 땅은 단단하고 조밀해서 사물들이 그 속에 섞일 수 없는 반면에, 바다는 일정한 모양이 없고 붙잡을 수도 없는 액체이기 때문이다. 바닷물은 서로 뒤섞이며 경계가 없어지고 하나가 된다. 폰토스의 표면은 빛나지만 그 심해는 완전한 어둠이고 땅처럼 카오스와 이어진다.

이렇게 세상은 태초의 카오스, 가이아, 에로스로부터, 그리고 그 후에 가이아가 낳은 우라노스와 폰토스로부터 출발한다. 이들은 모두 자연의 힘인 동시에 신들이다. 가이아는 우리가 걸어 다니는 땅인 동시에 여신이다. 폰토스는 바다를 표현하는 한편 신의 위력을 지녀 숭배되는 존재다. 여기서부터 또 다른 이야기, 다소 폭력적이고 극적인 역사가 시작된다.

자식에게 거세당한
우라노스

먼저 하늘에 대한 이야기부터 해보자. 이렇게 가이아와 같은 크기로 가이아에 의해 탄생한 우라노스가 있었다. 우라노스는 자신을 낳은 가이아 위에 누웠다. 하늘이 땅을 완전히 뒤덮은 것이다.

대지의 어머니이자 위력적인 여신 가이아가 자신의 정확한 복제, 즉 대칭적 분신인 우라노스를 만들어냄으로써 마침내 남성과 여성이 구분된다. 가이아가 여성인 땅이듯 우라노스는 남성인 하늘이다. 남성인 우라노스가 등장하자 에로스의 역할이 달라진다. 이제는 속에 품고 있던 것을 내보내는 방식이 아니라 가이아와 우라노스라는 두 존재가 결합하여 서로 다른 존재들을 낳게 된다.

우라노스는 가이아의 품속으로 끊임없이 흘러 들어갔다. 그는 성적인 것 외에는 다른 활동을 하지 않았다. 우라노스는 할 수 있는 한 쉴 새 없이 가이아를 뒤덮었다. 오로지 그 생각만 하고 그 일만 했다. 따라서 가엾은 땅은 연달아 아이들을 임신하지만, 아이들은 어머니의 품속에서 나올 수 없었다. 우라노스가 태어나기 전 가이아의 품속에 들어 있었듯이 아이들 역시 가이아의 품속에 차곡차곡 다져 넣어지듯 빼곡히 들어 있었다. 하늘이 도무지 땅에서 떨어지질 않아 아이들이 빛 속으로 나올 공간이 없었기 때문이다. 그래서 그들은 자신들만의 형태를 가질 수 없었고, 따라서 독자적인 존재가 될 수 없었다.

그렇다면 가이아와 우라노스의 아이들은 누구일까? 이들은 여섯 명의 남성 티탄들과 그들의 누이인 여섯 명의 여성 티탄들로 구성된 티탄 신족이다. 이 티탄족 중 첫째의 이름은 오케아노스였다. 우주를 둘러싸고 원을 그리며 흐르는 액체 띠인 오케아노스의 끝은 한편으로는 시작이기도 하다. 우주의 대하는 그렇게 폐쇄된 회로 속에서 끊임없이 순환했다. 그리고 티탄 신족 가운데 가장 어린 신의 이름은 크로노스였는데, 우리는 그를 '교활한 크로노스'라고 부른다.

한편 열두 명의 티탄 신족 외에도 두 무리의 흉측한 괴물 삼인조가 생겨났다. 첫 번째 무리는 브론테스(천둥), 스테로페스(번개), 아르게스(벼락) 삼형제로 이루어진 대단히 힘센 외눈박이 거인족 키클로페스였다. 천둥의 노호와 번개의 섬광을 의인화한 이름에서부터 야금술을 떠올리게 만드는 키클로페스는 훗날 번개로 만든 창을 제우스에게 물려주는 이들이다. 그리고 두 번째로 태어난 무리는 코토스, 브리아레오스, 기에스 삼형제로, 거대한 몸집의 백수^{百手} 괴물들인 헤카톤케이르였다. 이들은 머리가 50개에 팔이 100개나 되는 데다 팔 하나하나에 무시무시한 괴력이 실린 괴물들이다. 이 삼인조 괴물 무리는 자연의 신을 의인화한 가이아나 우라노스, 폰토스와는 달리 최초로 개체화된 신족이다.

눈의 섬광을 상징하는 키클로페스는 이마 한가운데 눈이 하나 달려 있는데, 이 외눈은 제우스에게 건네주게 될 번개 창과 마찬가지로 치명적인 마력을 지니고 있다. 그리고 헤카톤케이르의 100개의 팔은 완력으로 정복하는 강력한 힘을 상징한다. 요컨대 치명적인 외눈의 마력과 세상의 모든 피조물을 단숨에 옥죄어 부서뜨릴 수 있는 팔의 괴력을 지닌 신족이다. 그렇지만 티탄족과 외눈족 키클로페스, 백수 거인족 헤카톤케이르는 아직 가이아의 배 속에 들어 있었고, 우라노스는 여전히 가이아를 뒤덮고 있었다.

우라노스가 가이아 위에 누워 있는 한, 끝없는 하룻밤이 계속되므로 아직은 진정한 빛이 없었다. 그러자 가이아는 노발대발했다. 가이아는 품고 있는 아이들이 밖으로 나가지 못해 부풀어 오르며 자꾸만 가슴을 압박하자 숨이 막혀 죽을 것만 같았다. 결국 끓어오르던 분노를 터뜨리며 아이들에게, 특히 티탄족에게 이렇게 말했다.

"잘 듣거라, 너희 아버지가 너희들을 해치고 있다. 아버지가 너희에게 저지르는 지독한 폭력을 이제 그만 멈추게 해야 한다. 너희는 아버지인 하늘에 맞서 반란을 일으키거라."

가이아의 배 속에서 그 단호한 말을 들은 티탄족은 두려움에 사로잡혔다. 여전히 어머니 위에 누워 있는 우라노스는 어머니만큼이나 몸집이 커서 도저히 무찌를 수 없는 상대로 여겨졌기 때문이다. 오로지 막내인 크로노스만이 어머니를 도와 아버지와 대적하고자 했다.

가이아는 곧 대단히 교활한 계획을 세웠다. 가이아는 계획을 실행하기 위해 자신의 몸속에서 흰 강철로 낫을 만들었다. 그리고 그 반달 모양의 낫을 막내 크로노스의 손에 쥐여주었다. 크로노스는 어머니의 배 속에서 때를 기다렸다. 그러다가 우라노스가 가이아에게 다가오자 크로노스는 재빨리 왼손

우라노스는 거세되는 순간
고통에 찬 비명을 내지르며
황급히 가이아에게서 멀어졌다.
그리하여 그는 세상의 가장 높은 곳에 정착하여
다시는 움직이지 않게 되었다.

조르주 바사리, 〈우라노스의 남근을 거세하는 크로노스〉(1554–1556), 베키오궁전 소장.

으로 아버지의 성기를 붙잡아 단단히 거머쥔 뒤 오른손에 들고 있던 낫을 휘둘러 잘라버렸다. 그러고는 벌을 받을까 두려워 몸을 돌릴 새도 없이 어깨너머로 얼른 우라노스의 음경을 던져버렸다. 잘린 음경은 피를 쏟으며 땅에 떨어졌고, 그보다 더 멀리 내팽개쳐진 성기의 나머지 부분은 바닷물에 잠겼다.

우라노스는 거세되는 순간 고통에 찬 비명을 내지르며 황급히 가이아에게서 멀어졌다. 그리하여 그는 세상의 가장 높은 곳에 정착하여 다시는 움직이지 않게 되었다. 가이아와 크기가 같은 우라노스는 가이아 위에 있는 땅과도 같던 존재에서 비로소 눈을 들어 올려 바라보아야 보이는 하늘이 되었다.

하늘과 땅 사이에 공간이 생기다

크로노스는 어머니 가이아의 충고와 계략에 따라 우라노스를 거세함으로써 하늘과 땅을 갈라놓았다. 우주의 탄생에 근본적인 한 단계를 실현한 셈이다. 크로노스는 하늘과 땅 사이에 자유로운 공간을 만들어냈다. 마침내 땅에서 생성된 모든 존재가 숨을 쉬며 살아갈 공간이 생겼다. 공간이 묶여 있다가 풀려났듯이 시간 역시 변화했다. 우라노스가 가이아를 짓누르고 있는 동안에는 아이들이 가이아의 품속에 갇혀 있어 세대가 이어지지 못했다. 하지만 우라노스가 물러나는 순간부터 티탄족은 어머니의 품속에서 나와 그들 역시 자식을 낳을 수 있게 되었다.

비로소 세대가 이어졌다. 공간은 자유롭게 풀려나고 '별이 총총한 하늘'은 이제 땅 위에 펼쳐진 화려하고 거대한 천장 구실을 하게 되었다. 그때부터는 이따금 어두운 하늘이 환해지며 낮과 밤이 교차했다. 때로는 별빛만 있는 어두운 하늘이 나타났고, 때로는 반대로 구름이 조금 있는 환한 하늘이 나타났다.

땅의 후손에 대해서는 잠시 이쯤에서 접어두고 카오스의 후손으로 돌아가보자. 그 커다란 암흑의 공간에서는 에레보스(암흑)와 닉스(밤)라는 두 아이가 태어났다. 에레보스는 카오스의 직계 후손으로 절대 암흑이자 무엇과도 섞이지 않은 순수한 어둠의 신이다. 하지만 닉스의 경우는 사뭇 다르다. 닉스 역시 가이아처럼 어느 무엇과도 결합하지 않고 마치 자기 자신의 밤의 옷으로 재단을 하듯 아이들을 낳았다. 하나는 창공의 빛인 아이테르고 다른 하나는 낮의 빛, 즉 낮을 의미하는 헤메라다.

심연의 자식인 에레보스는 카오스 특유의 암흑을 상징한다. 반면에 밤인 닉스는 낮을 부른다. 낮이 없이는 밤도 없다. 에레보스가 순수한 어둠이라면 아이테르는 순수한 빛이다. 아이테르는 에레보스의 다른 한쪽이다. 빛나는 아이테르는 올림포스 신들이 살고 있는, 어둠이라곤 한 조각도 없는 창공이다.

반면에 밤과 낮은 서로 대립하면서도 서로 의존한다. 하늘과 땅이 갈라져 공간이 생긴 후로 밤과 낮은 서로 규칙적으로 번갈아 나타났다. 타르타로스(지하세계의 가장 깊은 곳 하데스보다 더 아래 있는 곳으로 공포스러운 처벌의 공간-옮긴이)의 입구에는 밤의 저택으로 이어지는 문들이 있다. 바로 그곳이 밤과 낮이 연달아 나타나 결코 서로 결합하거나 접촉하는 일 없이 서로 손짓하며 엇갈리는 장소다. 밤이 있을 때는 낮이 없고 낮이 있을 때는 밤이 없지만, 낮이 없이는 밤도 없다.

에레보스가 완전한 절대 암흑을 형상화하듯 아이테르는 순수한 찬란함을 구현한다. 지상의 모든 생명체는 낮과 밤의 피조물들이다. 그들은 살아 있는 한 햇빛 한 줄기 뚫을 수 없는 에레보스의 밤, 즉 절대 암흑을 알지 못한다. 인간, 동물, 식물은 낮과 밤의 상반된 결합 속에서 사는 반면, 신들은 하늘의 정상에서 낮과 밤의 교차를 알지 못한 채 지낸다. 영원한 신들은 생생한 빛 속에서 산다. 드높은 곳의 찬란한 아이테르 속에서 산다. 지하의 신들, 유배되거나 패배하여 지옥에 갇힌 신들, 그리고 죽은 자들은 낮은 곳의 캄캄한 에레보스 속에서 산다.

다시 우라노스 얘기로 돌아가보자. 세상의 가장 높은 곳에 머물게 된 이후로 그는 어떻게 되었을까? 우라노스는 더는 가이아를 만나지 못하게 되었다. 다만 번식력 강한 폭우가 내릴 때만큼은 쏟아지듯 땅으로 내려와 아이를 잉태시켰다. 그 단비는 땅으로 하여금 새로운 피조물, 새로운 식물, 곡식을 낳을 수 있게 해주었다. 하지만 그 시기 외에는 하늘과 땅의 관계는 단절되었다.

우라노스는 가이아에게서 떨어져 나올 때 자식들에게 무시무시한 저주를 퍼부었다.

"너희는 티탄족이라고 불리리라. 너희는 함부로 팔을 뻗어 감히 아버지에게 손을 댄 죄의 대가를 치르리라."

이 말에는 언어유희가 담겨 있다. 그리스어로 '티타이노'라는 동사에는 '팔을 뻗다'라는 의미가 있기 때문이다.

잠시 후, 잘린 그의 음경으로부터 흘러나온 핏방울들에서 에리니에스(복수의 여신들)가 탄생했다. 에리니에스는 근친 간에 이루어진 불명예의 기억을 간직하고 있다가 반드시 그 대가를 치르게 하는 임무를 띠고 태어난 태초의 신들이다. 그리고 이복형제인 티탄족이 저지른 범죄에 대해 복수를 하게 될 신들이다. 우라노스의 상처에서 흘러나온 피에서는 에리니에스 외에도 거인족 기간테스와 멜리아스, 즉 거대한 물푸레나무의 님프들이 탄생했다. 기간테스는 본질적으로 전사들이어서 호전적인 폭력을 휘두른다. 유년기도 노년기도 없는 그들은 죽음을 불사하는 전투 감각으로 호전적인 활동을 하도록 태어났다. 물푸레나무의 님프들인 멜리아스 역시 전사들이다. 살육의 사명을 띠고 있는 이들이 살고 있는 물푸레나무는 바로 전사들이 전투에서 창으로 사용하는 나무다. 따라서 우라노스의 핏방울들은 폭력, 복수, 전투, 전쟁, 살육 등을 구현하는 세 가지 유형의 존재들을 탄생시킨 셈이다. 그리스인들에게는 이 폭력이 에리스라는 이름으로 요약된다. 에리스는 한 가문 안에서 일어나는 온갖 형태의 갈등이나 불화를 상징한다.

사랑과 불화를 상징하는 에로스와 에리스

그럼 크로노스가 바다인 폰토스에 던져버린 성기의 나머지 부분은 어떻게 되었을까? 한동안은 바닷물 속에 가라앉지 않고 물 위를 둥둥 떠다녔다. 그러다가 정액의 거품이 바다의 물거품과 뒤섞였다. 물결에 떠밀려 다니는 성기를 둘러싼 이 거품의 배합에서 매혹적인 피조물이 만들어졌다. 바다와 거품이 탄생시킨 존재는 바로 미와 풍요의 여신 아프로디테였다.

　아프로디테는 한동안 바다 위를 떠다니다가 키프로스섬에 이르렀다. 아프로디테가 모래사장 위를 걸을 때마다 그녀가 내딛는 발밑에서는 향긋한 꽃들과 세상에서 가장 아름다운 것들이 탄생했다. 그리고 아프로디테가 지나간 자리에는 에로스와 히메로스, 즉 사랑과 욕망이 뒤따랐다.

아프로디테의 아들이라고 전해지기도 하는 에로스는 태초의 에로스와는 달리 이제부터는 남성과 여성의 존재를 주관하는 에로스다. 에로스의 임무가 바뀌었다. 에로스의 역할은 우주가 처음 생겨난 때처럼 태초의 어둠 속에 내포된 빛을 부르는 일이 아니었다. 이제 그의 역할은 서로 다른 성을 가진 존재들을 에로틱한 유희 속에 맺어주는 일이며, 그 유희에는 매혹, 조화, 질투가 내포된 사랑의 전략이 담겨 있다. 에로스는 서로 다른 두 존재를 맺어주어 둘 중 어느 한쪽과도 같지 않으면서 둘 모두의 연장인 새로운 존재를 탄생시키도록 했다. 그러므로 이제는 태초의 시간과 구별되는 새로운 창조가 이루어졌다. 결국 크로노스는 아버지의 성기를 자름으로써 서로 보완적인 두 개의 힘, 즉 에리스라고 불리는 분쟁과 에로스라고 불리는 사랑의 힘을 탄생시켰다.

에리스는 한 가문이나 같은 종족 내부의 싸움, 분쟁, 불화다. 반대로 에로스는 남성과 여성처럼 이성 간의 화목과 결합이다. 에리스와 에로스 둘 다 우주를 열고 시간을 풀어놓은, 비로소 막이 열린 세상의 무대 위에 연속적인 세대를 출현시킨 크로노스의 행위로부터 생겨났다.

이제 모든 신은 한편으로는 에리스와 함께, 다른 한편으로는 에로스와 함께 서로 맞부딪치고 싸우게 된다. 그런데 그들은 왜 싸우는 걸까? 아마도 이미 토대가 정립된 우주를 조직하기 위해서라기보다는 우주의 주인을 가리기 위해서였을 터다. '세상의 시작은 어떤 것이었을까? 왜 심연이 먼저 있었던 걸까? 우주를 품고 있던 모든 것은 어떻게 해서 생겨났을까?' 하는 우주 생성에 대한 질문 대신, 우리는 다음과 같은 질문들을 제기하며 더 극적인 이야기들을 떠올린다. 누가 신들의 제왕이 될까? 신들은 어쩌다가 서로 싸우고 헐뜯게 되었을까? 또 어떻게 화해를 하게 될까? 티탄족은 아버지 우라노스에게 저지른 잘못에 대한 벌을 어떻게 받을까? 무無이자 모든 것이었던 존재, 빛을 이끌었던 어둠, 충만하고 단단한 것을 탄생시킨 텅 빈 공간에 세워진 이 세상의 안녕은 어떻게 보장받게 될까? 개체화된 신들은 세상을 어떻게 정돈해 균형 잡힌 세계로 안정시킬까?

우라노스는 가이아에게서 몸을 떼어 물러남으로써 후손들이 끊이지 않고 이어질 수 있는 탄생의 길을 열었다. 하지만 신들이 계속해서 서로 싸운다면 후손들이 누릴 세상의 안녕은 결코 없을 터였다. 세상의 질서가 완전히 확립되기 위해서는 신들의 전쟁에 종지부를 찍어야 했다.

이제 패권 다툼을 둘러싸고 신들이 벌이는 전투의 막이 열린다.

우라노스의 성기에서 나온 정액의 거품이
바다의 물거품과 뒤섞였다.
이 거품의 배합에서 매혹적인 피조물이 만들어졌으니
바로 미와 풍요의 여신 아프로디테였다.

산드로 보티첼리, 〈비너스의 탄생〉(1485), 우피치미술관 소장.

신들의 전쟁

Guerre des dieux royauté de Zeus

마침내 세상이라는 무대가 제 모습을 갖추기 시작했다. 공간
이 열렸다. 시간이 흐르면서 세대들이 계속 뒤를 이었다. 아래
로는 지하 세계가 있고, 드넓은 대지와 강들 그리고 그 모든 것
을 둘러싼 대하^{大河}가 있으며, 위로는 움직이지 않는 하늘이 있
다. 땅이 인간과 짐승에게 안전한 터전이듯, 저 높은 곳에 있는
창공은 신들을 위한 확실한 거주지다. 이른바 최초의 신들이며
하늘의 자식들인 티탄족은 세상을 손에 넣었다. 그들은 하늘의
높은 곳에, 땅의 산꼭대기에, 그리고 물의 님프 나이아데스를
비롯한 숲과 산의 님프들처럼 작은 신들이 조만간 안정된 터전
으로 삼게 될 곳에 자리 잡았다. 모든 티탄 신들이 각자 활동하
기에 적합한 곳을 차지했다.

티탄 신들은 하늘의 가장 높은 곳에 있었다. 그들은 우라노
스의 자녀들로 우라니데스라 불린다. 신들 중에서 가장 어리지
만 영악하고 음흉하며 잔인한 막내가 그들의 우두머리였다. 바
로 아버지의 성기를 주저 없이 자른 크로노스다. 크로노스는 용

감히 그 일을 해냄으로써 막혔던 우주의 장애물을 없애 공간을 열어 질서정연한 다른 세상을 탄생시켰다. 하지만 이런 긍정적인 행위에도 어두운 면은 있었으니, 조만간 호된 대가를 치르게 될 잘못이기도 했다. 하늘이 원래의 자리로 물러나면서 자식들에게, 즉 최초로 개체화된 신들에게 저주를 퍼부었기 때문이다. 훗날 실현될 그 저주는 우라노스의 성기가 절단되면서 탄생한 에리니에스가 떠맡는다. 따라서 언젠가 크로노스는 아버지를 대신한 복수의 여신 에리니에스에게 대가를 치러야 한다.

크로노스는 우라노스의 아들들 중에서 가장 어리지만 가장 대담했다. 가이아의 계책을 도와 하늘을 땅에서 멀리 떼어놓은 아들이다. 따라서 신들과 세상을 지배할 왕은 당연히 크로노스였다. 그의 주변에는 티탄 신들이 있었다. 티탄 신들은 크로노스에는 미치지 못하지만 그를 돕는 협력자들이었다. 크로노스는 그들을 자유롭게 해주고 지켜주었다. 그들 외에도 우라노스와 가이아의 결합에서 태어났지만 티탄족과 마찬가지로 처음에는 가이아의 품속에 갇혀 있던 세 명의 키클로페스와 세 명의 헤카톤케이르가 있었다. 이들은 어떻게 되었을까? 질투심 많고 심술궂으며 늘 경계심을 늦추지 않았던 크로노스는 누군가 자신에게 맞서 음모를 꾸미지 않을까 두려워 그들을 사슬로 묶어두었다. 크로노스는 키클로페스와 헤카톤케이르를 꽁꽁 묶어 지하 세상에 유배시켰다.

반면에 티탄족은 남매지만 서로 관계를 맺었다. 특히 크로노스는 누이인 레아와 관계를 맺었다. 어떤 면에서 레아는 가이아의 분신이다. 레아와 가이아는 비슷한 점을 지닌 중요한 두 신이다. 하지만 다른 점도 있다. 가이아는 모든 그리스인에게 분명한 뜻을 지닌 이름이다. 가이아는 땅이자 대지다. 반면에 레아는 자연의 어떤 부분도 대신하지 않는 개별적이고 개체화된 이름이다. 레아는 가이아보다 인격적이고 인간적이며 특수화된 면모를 갖고 있다. 하지만 근본적으로 가이아와 레아는 어머니와 딸이어서 너무나 비슷한 닮은꼴이다.

권력을 잃을까 두려워
자식들을 삼켜버린 크로노스

크로노스는 레아와 짝을 지어 아이들을 낳았다. 크로니데스라 불리는 이 아이들은 신들의 두 번째 세대를 형성했다. 하지만 의심과 질투심이 많은 크로노스는 권력을 잃을까 두려워 자식들을 믿지 못했다. 가이아가 크로노스를 경계할수록 크로노스도 자식들을 더욱 의심했다. 모든 태초의 신들의 어머니인 가이아는 미래를 꿰뚫어보는 능력이 있었다. 가이아는 자신의 아들이 언젠가 그 역시 자식들 중 하나에게 희생되리라고 예언했

의심과 질투심이 많은 크로노스는
권력을 잃을까 두려워 자식들을 믿지 못했다.
결국 크로노스는 태어나는 족족
아이들을 배 속으로 집어삼켰다.

페테르 파울 루벤스, 〈자식을 삼키는 크로노스〉(1636), 프라도미술관 소장.

다. 그의 아들들 중에 그보다 더 힘이 센 아들이 아비의 왕위를 빼앗으리라……. 그러자 근심이 태산 같아진 크로노스는 미리 예방책을 썼다. 태어나는 족족 아이들을 집어삼켜 배 속에 넣은 것이다. 그렇게 크로노스와 레아의 아이들은 모두 아버지의 뚱뚱한 배 속에 집어삼켜졌다.

가이아가 우라노스에게 불만을 품었듯이, 자연히 레아 역시 자식들이 빛을 보지 못하는 것에 불만을 품었다. 우라노스와 크로노스는 자식들이 세상 빛을 보기도 전에 어둠 속으로 내쫓았다. 그들은 후손들이 빛 속에서 활짝 꽃피기를, 한 그루의 나무처럼 땅을 뚫고 나와 하늘과 땅 사이에서 삶을 영위하기를 바라지 않았다.

어머니 가이아의 조언에 따라 레아도 크로노스의 볼썽사나운 태도를 막기로 결심했다. 그래서 계책을 강구하여 그야말로 계책의 신, 거짓말과 속임수의 신인 크로노스에 맞서기로 했다. 크로노스가 우라노스의 막내아들이었듯, 아이들 중 가장 막내인 제우스가 막 태어나려 할 때 레아는 크레타섬으로 가서 은밀히 아이를 낳았다. 레아는 아기를 물의 님프 나이아데스에게 맡겨 어느 동굴 속에서 키우게 했다. 갓난아기의 울음소리가 들리지 않게 해서 크로노스가 아무 의심도 할 수 없도록 만들었다. 그러다 아기의 울음소리가 점차 우렁차지자 레아는 남성 신들인 쿠레테스에게 동굴 앞에서 전사의 춤을 추면서 무기를 달그락거려 어린 제우스의 음성을 덮어 달라고 부탁했다. 따라서 크로노스는 아무것도 알지 못했다. 하지만 레아가 임신한 사실은 알고 있었기에 그녀가 낳은 아기를 보고 싶어 했다. 레아는 아기 대신 무얼 갖다 주었을까? 바로 돌이었다. 레아는 아기의 배내옷 속에 돌을 숨겨 보여주었다. 그러면서 크로노스에게 이렇게 말했다.

"조심해요. 아기가 너무 어려서 아주 연약해요."

그 말이 떨어지기가 무섭게 크로노스는 배내옷으로 단단히 둘러싼 돌을 단숨에 꿀꺽 삼켜버렸다. 그렇지 않아도 크로노스의 배 속에는 크로노스와 레아의 자식들이 이미 여럿 담겨 있었는데 급기야 돌멩이까지 배 속에 넣고 말았다.

그러는 사이에 제우스는 크레타섬에서 성장하며 힘이 세졌다. 완전히 성숙한 모습을 갖추자 제우스는 크로노스가 자식들에게 한 행동과 우라노스에게 한 행위에 대해 벌을 받게 해야 한다는 생각을 품게 되었다. 그다음에 제우스는 어떻게 했을까?

제우스는 혼자였다. 그래서 우선 크로노스가 배 속에 있는 자식들을 모두 토해내도록 해야겠다고 생각했다. 제우스는 그 일을 성공시키기 위해 다시 한번 계책의 힘을 빌렸다. 그런 계책 또는 지략을 그리스인들은 '메티스'라고 부르는데, 이는 상대방을 속이기 위한 온갖 절차들을 사전에 조합할 줄 아는 지혜라는 뜻이다. 제우스의 계책은 크로노스에게 구토제인 파르마콘을 마법의 약이라고 속여서 먹이는 작전이었다.

크로노스에게 그 약을 건네준 것은 레아였다. 크로노스는 약을 삼키자마자 제일 먼저 돌을 토해내고, 이어서 헤스티아부터 나이 반대 순서로 남신과 여신들을 연달아 토해냈다. 따라서 제일 바닥에 있던 자식이 첫째고 돌멩이 바로 다음에 나온 헤스티아가 막내딸이다. 그렇게 해서 크로노스는 레아가 세상에 낳은 모든 자식을 토해내며 그 나름대로 그들의 출생을 되풀이했다.

티탄 신족의
몰락

이제 제우스의 양옆에는 남신들과 여신들이 나란히 한자리에 모였다. 그렇게 해서 우리가 신들의 전쟁이라 부르는 것, 다시 말하면 얼마 동안인지도 알 수 없을 정도로 오랜 시간 동안 계속되는 전쟁이 시작되는데, 이는 약 열 번의 겁劫 동안 이어진다. 겁이라 하는 시간은 100년 또는 1000년도 더 걸리는, 천지가 한 번 개벽한 후부터 다음번 개벽 때까지의 시간이니 그야말로 무수한 세월 동안 계속되었다.

크로노스 주위에는 티탄 신들이 집결하고, 제우스 곁에는 우리가 올림포스 신들이라 부르는 크로니데스들이 모였다. 각각 오르튀스산과 올림포스산 꼭대기에 진영을 세우고 오랫동안 싸웠지만 승부는 좀처럼 어느 한쪽으로 명확히 기울지 않았다. 따라서 세상이라는 무대는 세워지자마자 첫 세대 신들과 그 자식들인 두 번째 세대 사이의 끝없는 전쟁에 휘말려 분열되었다.

이 강력한 신들의 권력 다툼으로 벌어진 기이한 전투에는 여러 측면이 있다. 확실한 점은 비단 강력한 힘뿐만 아니라 섬세한 지혜까지 갖추는 진영이 승리하리라는 점이었다. 이 끝없는 전투에서 결정적인 역할을 하는 것은 폭력과 힘이 아닌 꾀와 지략이었다. 티탄 신족 이아페토스의 아들인 프로메테우스는 제우스의 진영으로 넘어가 젊은 신 제우스가 아직 갖고 있지 못했던 계략을 일러준다. 명민하면서도 교활한 지략인 메티스는 앞으로 일어날 일을 자신이 바라는 대로 꾸미게 만드는 정신이다.

찬란하면서도 어딘가 의뭉스럽고, 말이 없다가도 이따금 수다스러운 위대한 어머니 가이아는 제우스에게 승리를 차지하려면 티탄족에 속하나 티탄족 진영에 가담하지 않은 신들을 끌어들여야 한다고 귀띔해주었다. 키클로페스와 헤카톤케이르를 염두에 두고 한 말이었다. 두 티탄족은 태초의 신들이기 때문에 자연력의 야만성을 지니고 있었다. 무질서한 신들인 티탄족을 무찔러 복종시키려면 똑같이 무질서한 세력이 필요했다. 순수하게 합리적이고 반듯한 존재들은 해낼 수 없는 일이었다. 따라서 제우스의 진영에도 티탄족이 상징하는 격정적인 무질서와 과격한 야만성의 위력을 구현할 존재들이 필요했다.

그래서 제우스는 그때부터 그에게 숱한 도움을 주게 될 키클로페스와 헤카톤케이르 일족을 크로노스가 세운 밤과 암흑의 감옥에서 꺼내 풀어주었다. 하지만 그들 사이에 있던 묵은 갈등이 아직 해소되지 않은 터라 만일 충성스러운 동맹이 되어 자신의 편에서 싸워준다면 넥타르와 암브로시아, 즉 불멸의 양식을 주겠노라고 단단히 다짐했다.

여기서 이미 앞서 중대한 역할을 한 바 있는 '양식'에 대한 주제가 다시 등장한다. 탐욕스러운 식욕을 가진 크로노스는 자식들을 양식 삼아 삼켰다. 배가 부풀어오르는 것을 염려하면서도 아이라고 속인 돌멩이를 서슴없이 삼키기도 했다. 헤카톤케이르와 키클로페스는 티탄족과 같은 세대이므로 제우스는 불멸의 양식에 대한 특권을 부여함으로써 그들을 진정한 올림포스의 신들로 만들어주었다.

올림포스 신들은 닥치는 대로 먹어치우는 짐승들이나 빵과 포도주와 제물로 바친 고기를 먹으며 살게 될 인간들과는 달리, 살기 위해 먹는 것이 아니라 내면의 생명력과 관계된 불멸의 양식을 섭취함으로써 지치지 않고 피로를 몰랐다. 인간들은 으레 힘을 쓴 뒤에는 허기와 갈증을 느낀다. 인간은 힘을 재충전해야만 한다. 하지만 신들은 이런 근심을 할 필요가 없는 영생불멸의 존재들이었다. 그러므로 헤카톤케이르와 키클로페스에게 제공된 넥타르와 암브로시아는 말 그대로 진정한 신의 일원이 된다는 보장이었다. 그리하여 올림포스 신들은 한편으로는 예리한 지략과 꾀로, 다른 한편으로는 키클로페스와 헤카톤케이르가 지닌 야만적이고 난폭한 무력과 고삐 풀린 무질서의 힘을 이용하여 티탄 신들과 대결한다. 승패를 가르기 힘든 치열한 교전이 계속된 열 겁의 세월 끝에 마침내 승리는 올림포스 신들 쪽으로 기운다.

그렇다면 키클로페스는 과연 어떤 이들일까? 그들은 어떻게 해서 제우스에게 승리를 안겨주었을까? 키클로페스는 제우스에게 누구도 감히 저항할 수 없는 무기인 번개를 주었다. 번개를 만드는 방법을 알려준 이는 이번에도 역시 오래전 크로노스의 손에 휜 강철 낫을 쥐여주었던 가이아였다. 결국 가이아가 또 한번 무기를 제공한 셈이다. 외눈박이 키클로페스는 대장간의 신 헤파이스토스가 생겨나기도 전에 번개를 만들어 제우스에게 넘김으로써 제우스가 적시적기에 사용할 수 있게 해주었다. 번개는 제우스의 손에서 믿을 수 없을 정도로 활활 타오르는 불과 빛으로 응축되었다.

키클로페스는 외눈 거인족이다. 그들의 외눈은 불꽃과도 같다. 고대인들은 말 그대로 눈빛이 눈에서 나오는 빛이라고 생각했다. 하지만 제우스의 눈에서 뿜어져 나오는 빛은 분명 번개고 벼락이다. 위험에 처할 때마다 제우스의 한쪽 눈은 상대를 벼락에 맞은 듯 꼼짝할 수 없게 만들었다. 제우스의 한쪽 눈은 한편으로는 키클로페스를, 다른 한편으로는 헤카톤케이르를 위해 번뜩였다. 그렇다면 헤카톤케이르는 또 누구던가? 헤카톤케이르는 그리스어로 '케이르'가 손을 일컫듯 100개의 손을 가진 괴물들이다. 이들은 어마어마한 몸집에 100배로 증폭된 놀라운 힘을 갖고 있었다. 100개의 손 자체가 완력이고 힘이었다. 두 개의 비장의 무기, 즉 상대를 감전시키는 키클로페스의 외눈과 상대를 제압하는 헤카톤케이르의 완력을 갖춘 제우스는 진정 천하무적이 되었다.

전쟁이 절정에 치달을 무렵, 제우스가 번개를 던지고 헤카톤케이르가 티탄족에게 덤벼들자 세상은 다시 혼돈 상태로 돌아갔다. 산들이 요란하게 무너져 내리고 땅이 쩍 갈라지고 밤의 여신 닉스가 다스리는 타르타로스의 심연에서는 별안간 안개가 끓어올랐다. 하늘이 땅 위로 쏟아지는 카오스 상태, 즉 태초의 무질서한 상태로 돌아가 아무것도 제 형태를 갖추지 못하게 되었다. 제우스는 승리를 거둠으로써 적이자 아버지인 크로노스를 무찔렀을 뿐만 아니라 모든 것이 무질서한 칠흑 같은 암흑의 혼돈으로부터 정돈된 세상을 재창조했다.

백수 괴물의 손이 한 일이었든 또는 키클로페스의 외눈이 한 일이었든, 우리는 제우스의 위력을 분명하게 알 수 있다. 적수를 길들여 휘하에 두는 능력을 갖춘 제우스는 마법처럼 관계를 만들어내는 지배력을 갖춘 왕이었다. 상대가 누구든 자신에게 맞서 대항해 오면 제우스는 번뜩이는 눈빛으로 채찍처럼 상대를 휘감고 외눈의 힘, 팔의 힘으로 적을 완전히 제압했다. 어쩔 수 없이 세상을 잠시나마 혼돈 상태로 되돌리며 제우스의 무시무시한 위력이 최고조에 달하는 순간, 티탄족은 맥없이 쓰러졌다. 제우스가 휘두르는 번개 채찍과 헤카톤케이르의 완력에 그들은 속수무책으로 추락했다. 티탄족이 땅에 떨어지자 백수 괴물들은 그 위로 거대한 돌들을 집어던졌고, 산처럼 쌓인 돌무더기에 깔린 티탄족은 옴짝달싹할 수 없게 되었다. 그리하여 티탄 신들은 돌무더기 밑에서 꼼짝없이 빠져나오지 못한 채 보잘것없는 존재로 전락했다. 티탄족은 이제 힘을 쓸 수 없게 되었다.

백수 괴물 삼형제 코토스, 브리아레오스, 기에스는 티탄족을 붙잡아 지하 세계로 끌고 갔다. 티탄족은 불멸의 존재이므로 죽지도 못하고 지하의 카오스 세계, 아무것도 분간되지 않고 방향도 알 수 없는 안개에 싸인 타르타로스, 땅속 깊이 열린 심연 속으로 추방당했다.

티탄 신족과의 전쟁에서 승리를 거둠으로써
제우스는 적이자 아버지인 크로노스를
무찔렀을 뿐 아니라 모든 것이 무질서한
칠흑 같은 암흑의 혼돈으로부터
정돈된 세상을 재창조했다.

요아킴 브테바엘, 〈올림포스 신들과 티탄 신들의 전투〉(1600), 시카고미술관 소장.

티탄족이 다시는 지상에 올라오지 못하도록 포세이돈은 타르타로스라는 그늘진 지하 세상으로 통하는 협곡 주위에 성벽을 세우는 임무를 맡았다. 항아리의 가느다란 주둥이와 같은 협곡에는 대지가 암흑 속에 견고하게 박아놓은 온갖 뿌리들이 얽혀 있었다. 바로 그곳에 포세이돈은 견고한 삼중 벽을 세우고 백수 괴물들을 제우스의 충직한 문지기로 임명했다. 입구를 봉쇄함으로써 티탄족 세대가 다시는 빛을 볼 수 없도록 예방 조처를 취한 셈이었다.

세상의 주인이 된
제우스

이렇게 첫 막이 끝났다. 제우스는 이제 승리자가 되었다. 그는 키클로페스와 헤카톤케이르 외에도 일부 티탄 신들의 지지를 얻었다. 특히 지하 세계와 수중 세계의 위험한 권력을 모두 쥐고 있는 여신 스틱스의 지지를 얻었다. 저승을 둘러싸고 흐르는 강의 여신 스틱스는 땅속 깊은 곳의 타르타로스 속을 흐르다가 적당한 순간이 오면 수면에 떠오르곤 했다. 스틱스의 물은 몹시도 독해서 그 물을 마시는 유한한 존재들은 무엇이든 즉시 마비되어 죽고 말았다.

스틱스는 신들의 교전 중에 본래 자신이 속해 있던 티탄족 진영을 떠나 제우스 편에 가담하기로 결심했다. 그리고 제우스의 편에 가담하면서 자신의 두 아이, 크라토스와 비아를 함께 데리고 갔다. 크라토스는 상대를 굴복시켜 복종하게 만드는 지배력을 표현한다. 그리고 비아는 술수와 대비되는 야만적인 폭력을 구현한다. 티탄족에게 승리한 후, 제우스는 온 세상을 굴복시키는 권력의 신 크라토스와 어느 누구도 피할 수 없는 무자비한 폭력의 신 비아를 측근으로 거느렸다. 그 후로 제우스가 이동할 때면 어디든지 크라토스와 비아가 늘 좌우에서 그를 보필했다.

이 모습을 보면서 제우스의 형제자매인 올림포스 신들은 왕위를 제우스에게 주기로 결정했다. 티탄족은 그들이 저지른 파렴치한 죄의 대가를 치렀고, 이제 제우스는 왕위에 올랐다. 제우스는 신들에게 명예와 특권을 고루 나누어주어 위계질서가 잡히고 질서정연하게 조직된 우주를 만들었고, 그 결과 우주는 안정을 찾았다. 세상의 무대는 자리를 잡았고 배경도 모두 설치된 셈이다. 그 정상에서 세상의 지배자가 된 제우스가 통치하게 되었다.

여기서 잠시 앞으로 돌아가 제우스 이전의 두 신을 살펴보자. 우라노스와 크로노스는 비슷한 점을 가진 존재들이었다. 둘 다 자식들이 뒤를 잇기를 바라지 않았다는 특징이 있다. 그들은 후손이 빛을 보지 못하도록 방해했다. 태초의 두 신은 이어지는 세대 속에서 자손에게 신성한 후계 자리를 물려주기를 거부했다. 이 유사성 외에는 우라노스의 인물 유형은 우화와 이야기의 관점에서 볼 때 크로노스의 인물 유형과 선혀 다르다. 기아아에게서 태어난 우라노스는 그녀와 끝없이 관계를 맺었다. 우라노스에게는 가이아와 결합하는 일 외에는 다른 목적이 없었고, 가이아는 우라노스와의 끝없는 교접으로 그의 아이를 낳았다. 우라노스는 가이아가 자신에게 복수를 하리라고는 상상도 하지 못할 만큼 꾀가 없는 무방비 상태였다.

우라노스와 달리 크로노스는 아내의 배 속에 후손을 담아 두지 않고 자신의 배 속에 담았다. 우라노스는 태초의 에로스의 충동을 이기지 못해 가이아 위에서 꼼짝하지 않았다. 반면에 크로노스를 만든 것은 권력을 유지하고자 하는 의지, 군주로 남고자 하는 의지였다. 크로노스는 최초의 정치인이었다. 신들 중 최초의 왕이자 우주 최초의 왕일 뿐만 아니라, 혹여 왕위를 빼앗길지도 모른다는 두려움에 최초로 책략적이고도 정치적인 사고를 한 왕이기도 했다.

그러나 제우스가 왕이 되자 우주는 완전히 다른 양상을 띠었다. 제우스를 왕으로 추대한 이들은 다름 아닌 그의 형제들이었다. 제우스는 최대한 공정하게 각자가 받아 마땅한 명예를 고루 나누어주었다. 또한 일부 티탄 신들에게는 신들의 전쟁에서 어느 편에 섰든 개의치 않고 예전에 누린 특권을 그대로 유지시켜 주었다. 대양인 오케아노스가 대표적인 사례였다. 오케아노스는 세상을 둘러싸고 있는 대하로, 티탄족뿐 아니라 올림포스 신들 쪽에도 뚜렷이 의사를 밝히지 않았다. 중립을 지켰는데도 오케아노스는 전처럼 자신의 영역을 지켜 물결의 흐름으로 세상을 감싸며 세상 외부의 경계를 계속 감시할 수 있었다.

제우스는 역시 전쟁에 개입하지 않았던 여신 헤카테(티탄 신족의 직계 후손인 마법과 주술의 여신-옮긴이)에게도 그녀가 누리던 모든 특권을 계속 유지하고, 심지어 확장할 수 있게 해주었다. 여신 헤카테는 특별히 하늘이나 지상을 다스리는 것이 아니라 대단히 엄격하게 정돈된 남성적인 신의 세계에서 유희, 쾌락, 우연을 관장했다. 헤카테는 누군가를 도울 수도 있고 반대로 영문도 모르게 해를 입힐 수도 있었다. 마음 내키는 대로 누군가에게 행복이나 불행을 부여할 수 있었다. 물속에서는 물고기들을, 하늘에서는 새들을, 지상에서는 양 떼를 번성하게도 또는 몰락하게도 할 수 있었다. 헤카테는 신의 세계에 약간의 불확실한 변수를 가미했다. 제우스와 가이아는 시간을 뛰어넘는 존재들이었으므로 사전에 일이 어떻게 전개될지 알고 있었다. 하지만 헤카테는 톱니바퀴 장치에 살짝 기름칠을 해서 세상이 뜻밖의 여유를 갖고 좀더 자유로운 방식으로 돌아가도록 만들었다. 그건 엄청난 특권이었다.

이제 모든 문제가 해결되었다고 생각할 수도 있겠지만 실은 그렇지 않았다. 새로운 신의 세대가 자리를 잡았다. 선두에 선 신들의 제왕 제우스는 단순히 크로노스를 대체한 인물에 그치지 않는 정반대의 성향을 지녔다. 크로노스는 공평하지 못해서 동맹을 맺은 다른 신들을 제대로 배려하지 않았던 반면, 제우스는 다른 신들에게 호의를 베푸는 방식의 공정성까지 염두에 두고 확실한 정의를 구현하면서 패권을 장악했다. 제우스는 일방적이고 개인적이며 악의가 있었던 부분을 바로잡아 훨씬 더 신중하고 균형 잡힌 왕권을 확립했다.

세월이 흘렀다. 제우스는 자녀들을 두었고, 당연히 자식들은 금세 자라 대단히 강력해졌다. 그런데 세상사가 그렇듯 신의 세계마저 위협하는 우주의 질서가 있었다. 아이들은 자라 어른이 되고 시간은 모든 것을 소진한다는 법칙이었다. 제우스 역시 아기였을 때는 배내옷 속에 파묻힌 채 남몰래 동굴 속에서 신과 님프들의 보호를 받으며 울었다. 그런 그 역시 세월의 힘을 얻었으니 언젠가는 그 또한 쇠퇴하지 않겠는가? 인간들과 마찬가지로 신들의 왕인 제우스 또한 늙은 왕이 되어 더는 예전 같지 않다고 느끼는 때가, 옆에 있는 젊은 아들을 보며 한때는 슬하에 두고 돌봐주던 아들이 조만간 자신보다 더 강해져서 자신의 지위를 위협하리라 느끼는 때가 오지 않겠는가?

제우스라고 해서 그런 일이 닥치지 말란 법은 없었다. 똑같은 방식으로 크로노스도 아버지 우라노스의 왕위를 찬탈했고, 이어서 제우스 역시 아버지 크로노스의 왕위를 찬탈했으니 언젠가는 제우스도 어느 아들에게 왕위를 빼앗길지 모를 일이었다. 아니 반드시 오고야 말 일이었다. 이는 시간의 질서 속에 예정된 일이었다. 가이아는 그 사실을 알고 있었고 레아 역시 알고 있었다.

철저하게 경계하던 제우스는 그런 잠재성을 염두에 두고 미리 조심해야 했다. 그가 확립한 질서는 왕위 계승을 둘러싼 투쟁으로 다시 반복되어서는 안 될 일이었다. 신들의 제왕, 세상의 주인이 된 제우스가 여느 평범한 신과 같은 군주가 될 수는 없었다. 영구적이고 결정적인 패권을 쥐어야 했다. 그리고 계승되지 않는 확고부동한 통치의 안정성을 이루는 열쇠 중 하나는 최고 신의 결혼에 있었다.

지략으로
최고 유일신이 되다

제우스의 첫 번째 아내의 이름은 메티스(오케아노스와 테티스 사이에서 태어난 오케아니데스 중 하나-옮긴이)였다. 메티스라는 이름은 제우스가 권력을 얻을 수 있게 해주었던 지혜를 의미했다.

메티스는 그리스어로 지략, 즉 앞으로 일어날 모든 일을 미리 볼 줄 아는 능력, 어떤 일에도 당황하거나 놀라지 않는 능력, 예기치 못했던 공격에도 허점을 내보이지 않는 능력을 의미했다. 그래서 제우스는 메티스와 결혼했고, 곧 그녀는 아테나를 임신했다. 하지만 제우스 역시 언젠가 자식에게 왕위를 빼앗기지 않을까 두려웠다. 어떻게 하면 그런 일을 피할 수 있을까?

우리는 여기서 '삼키기'에 대한 주제를 다시 찾아볼 수 있다. 크로노스는 자식들을 삼켰지만 악의 근원까지 뿌리 뽑지는 못했다. 바로 계책 또는 지략, 즉 메티스에게 속아 구토제를 먹고 자신이 삼켰던 아이들을 모두 토해내야 했기 때문이다. 제우스는 더 근본적인 방법으로 문제를 해결하고자 했다. 그러자면 단 한 가지 해결책밖에는 없다고 생각했다. 메티스를 아내로 곁에 두는 것만으로는 충분하지 않았다. 그에게는 협력자나 동반자가 필요하지 않았다. 그 자신이 직접 메티스가 되어야 했다. 어떻게 하면 그럴 수가 있을까?

메티스는 변신 능력을 갖고 있었다. 테티스를 비롯한 다른 바다의 신들처럼 자유자재로 어떤 형태로든 모습을 바꿀 수 있었다. 야생동물이 될 수도 있었고, 개미나 바위 등 원하는 모습은 무엇이든 될 수 있었다. 그리하여 아내인 메티스와 남편인 제우스 사이에 일종의 지략 대결이 펼쳐진다. 그 싸움에서 과연 누가 이기게 될까?

이쯤에서 우리는 이미 다른 일화에서 보았듯이 제우스가 어떤 교활한 수법을 쓰리라고 짐작할 수 있다. 과연 이번에는 어떤 수법을 쓸까? 특별한 재능을 타고난 강력한 마법사와 직접 맞붙었다가는 자칫 실패로 끝나기 십상이다. 반면에 속임수를 쓴다면 어쩌면 승산이 있다. 제우스는 메티스에게 이렇게 묻는다.

"당신이 정말 어떤 형태로든 변신할 수 있다면 혹시 불을 토하는 사자의 모습도 할 수 있겠소?"

그러자 메티스는 금세 불을 토하는 암사자가 되었다. 제우스가 이번에는 이렇게 묻는다.

"그럼 물방울로도 변할 수 있겠소?"
"오, 물론이죠."
"어디 한번 보여주시오."

메티스가 물방울로 변신하자마자 제우스는 얼른 삼켜버렸다. 그렇게 해서 메티스는 제우스의 배 속에 들어갔다. 작전은 대성공이었다. 제우스는 앞으로 생길 수 있는 후계자들을 삼키는 것으로는 성에 차지 않았다. 그 자신이 메티스가 됨으로써 이제부터는 아무리 시간이 흐르고 세월이 변해도 교활한 예지력으로 누구든 자기 자리를 넘보는 자의 계획을 사전에 좌절시킬 수 있게 되었다. 아테나를 임신한 아내 메티스는 남편 제우스의 배 속에 들어갔다. 따라서 아테나는 어머니의 품속에서 나오는 것이 아니라 아버지의 커다란 머리에서 나오게 된다. 제우스의 머리가 메티스의 배 역할을 한 셈이다.

제우스가 고통에 찬 비명을 질렀다. 프로메테우스와 헤파이스토스가 그를 돕기 위해 서둘러 달려왔다. 그들은 도끼를 들고 와 제우스의 정수리를 내리쳤다. 그러자 날카로운 비명과 함께 아테나가 제우스의 머리에서 나왔다. 그녀는 투구와 창, 방패 그리고 청동 갑옷까지 갖춰 입은 완전 무장을 한 젊은 처녀의 모습이었다. 지혜롭고 창의력이 풍부한 여신 아테나의 탄생이었다. 동시에 세상의 모든 지략은 이제부터 오로지 제우스에게 집중되었다. 누구도 더는 그를 위협할 수 없게 되었다.

이렇게 해서 왕권에 관한 난제가 풀렸다. 신의 세계는 유일한 주인이 다스리게 되었고 누구도 더는 그 점을 문제 삼을 수 없었다. 제우스가 바로 왕위 자체였으니까. 그때부터는 어느 것도 다시는 우주의 질서를 위협할 수 없게 되었다. 제우스가 메티스를 삼켜 지략과 용의주도함의 화신이 됨으로써 비로소 모든 문제가 해결되었다.

혼돈의 괴물
티폰의 탄생

이제 신들의 전쟁은 끝났다. 티탄족은 패배했고 올림포스 신들은 승자가 되었다. 하지만 실상은 무엇 하나 해결되지 않았다. 제우스가 승리를 거두고 세상이 마침내 평정을 되찾은 듯한 그 순간, 가이아는 티포에우스 또는 티폰이라고 불리는 더 젊은 존재를 탄생시켰다. 구전에 따르면 가이아는 '황금빛 아프로디테'의 부추김을 받아 타르타로스와 결합하여 티폰을 잉태했다고도 한다. 타르타로스는 가이아의 내부 깊은 곳에서 태초의 카오스를 흡사 메아리처럼 표현하는 존재다. 안개 낀 지하 세계의 타르타로스는 올림포스 신들이나 티탄족 같은 천상 권력과는 혈통이 완전히 달랐다.

티탄족이 하늘에서 추방되어 타르타로스 깊은 곳에 유배되자마자 가이아는 새로운 후손이자 마지막 후손을 생산하기 위해 하늘의 대척지인 타르타로스와 결합하기로 했다. 가이아는 눈이 부시도록 찬란한 하늘과 암흑 속 타르타로스 사이의 중간에 있었다. 가령, 하늘 높은 곳에서 단단한 철침을 떨어뜨린다면 지상에 도달하기까지 아홉 날과 아홉 밤이 걸렸다. 그리고 다시 지상에서 타르타로스에 도달하기까지 역시 마찬가지의 시간이 걸렸다.

가이아는 우라노스를 창조했고 또 그와 결합하여 천상의 모든 신을 낳았다. 우주의 어머니인 가이아는 만물을 잉태했고 모든 일을 예견했다. 가이아는 신탁의 재능과 예지력을 갖추어 신들이 전투를 벌일 때 마음에 드는 신에게 얄궂은 승리의 비법늘을 은밀히 알려주기도 했다. 하지만 동시에 가이아는 어둠의 땅이자 안개에 싸인 땅이기도 했다. 여전히 뭔가 혼돈스럽고 원초적인 부분이 남아 있었다. 게다가 가이아는 그림자 하나 생기지 않는 창공에 거처하는 신들로부터 제대로 인정받지 못했다. 서로 세상을 지배하겠다고 무자비하게 싸워대며 오르튀스산 정상에 포진했던 티탄 신족들이나 올림포스산 꼭대기에 진영을 꾸렸던 올림포스 신들 모두 의당 자신을 존경해야 했건만, 제대로 존중받지 못한다고 느꼈다.

우리가 분명히 기억하다시피, 맨 처음에는 카오스가 있었다. 그리고 땅이 나타났다. 우주의 어머니인 가이아는 사실상 카오스와 정반대였지만 동시에 카오스와 밀접한 존재이기도 했다. 단순히 가이아의 심연 속에 타르타로스나 에레보스가 가진 혼돈의 요소가 있어서만이 아니라, 그녀가 카오스 직후에 출현했기 때문이다. 당시에는 가이아와 카오스 외에는 다른 아무것도 존재하지 않았다.

가이아가 낳은 새로운 후손 티폰은 비단 제우스만이 아니라 올림포스 신들의 체계 전체를 위협하는 지하 세계의 종족,

즉 크토니안이었다. 그리스어로 땅을 의미하는 '크톤'은 만물이 안심하고 그 위를 걸을 수 있으며 의지할 수 있는 어머니로서의 대지가 아니라 어둡고 음침한 땅을 뜻한다. 그렇듯 가이아가 낳은 이 거대한 태초의 괴물 티폰은 반인반수의 독특한 괴물이었다. 무시무시한 힘을 지닌 티폰은 태초의 무질서한 카오스의 능력을 갖고 있었다. 또한 백수 괴물과 같은 위력적인 사지, 즉 강인하면서도 유연하고 소름 끼치는 위력을 가진 어깨와 두 팔을 갖고 있었다. 두 발로 단단하게 대지를 딛고 서서 늘 지치지도 않고 움직이는 티폰은 활발한 움직임과 변화무쌍함을 상징하는 존재였다. 중동 지역의 일부 신화에서는 티폰이 둔하고 무력한 덩어리 상태로 있다가 특정 순간에만 몸집이 커져서 땅과 하늘 사이의 모든 공간을 차지하려 위협하는 저항세력처럼 행동한다고 묘사된다. 하지만 그리스 신화에서 티폰은 언제나 팔다리를 휘저으며 활기차게 움직였다. 그리고 100개의 뱀 머리를 갖고 있었는데, 머리마다 입 밖으로 내민 시커먼 혀들이 날름거렸다. 또, 100개의 머리마다 두 눈에서 뜨거운 불꽃을 쏘아내 뱀의 얼굴을 환하게 밝히는 동시에 눈길에 닿는 것은 무엇이든 태워 없앴다.

그러면 이 끔찍한 괴물이 들려주는 이야기는 무엇일까? 티폰은 여러 가지 목소리를 가진 괴물이었다. 때로는 신들의 목소리를 내기도 하고 인간의 목소리를 내기도 했다. 어떤 때는 상상할 수 있는 온갖 야생동물의 울음소리를 냈다. 사자처럼 포효하기도 하고 황소처럼 울부짖기도 했다. 목소리도, 말하는 방식도 잡다하고 다양한 만큼이나 모습 또한 기괴하기 짝이 없는 괴물 그 자체였다. 이렇듯 티폰은 공존하기 힘든 특징들이 뒤죽박죽 섞인 더없이 모순적인 존재였다. 만일 모양새와 말투, 시선, 변화무쌍함, 위력 속에 담긴 이 기형성이 승리한다면 제우스가 세운 질서는 물거품이 되고 말 터였다.

신들이 전쟁을 벌인 끝에 제우스가 제위에 오른 이후, 티폰의 탄생은 올림포스의 질서를 송두리째 뒤흔들 위협적인 요소였다. 티폰의 승리는 태초의 혼돈으로 돌아가는 것을 의미했다. 만일 그렇게 된다면 세상은 어떻게 될까? 신들의 길고 길었던 투쟁은 온데간데없이 지워지고, 세상은 카오스 상태로 돌아갈 위기였다. 더군다나 태초의 카오스는 이미 조직화된 세상을 배출해냈으니, 본래의 모습으로 돌아가는 것이 아니라 혼돈이 지배하는 세계에 빠져드는 꼴이 될 판국이었다.

최고 권력을 위협하는
티폰과의 전투

티폰이 제우스를 공격했다. 무시무시한 전투가 시작되었다. 티탄 신들과 올림포스 신들의 전투 때처럼 제우스는 지축을 울리고 자연력들을 혼란에 빠뜨린 끝에 승리를 거머쥔다. 제우스가 티폰을 향해 요란하게 번개를 내리치자 바닷물이 육지로 밀려들고 산들은 무너져 내렸다. 지옥과 밤의 심연인 하데스의 심장부에서조차 모든 것이 뒤엉키고 혼란스러웠다. 제우스와 티폰의 전투는 섬광처럼 번뜩이는 신의 눈 대 괴물의 불타오르는 200개 눈의 싸움이었다. 물론 제우스의 위압적인 눈에서 뿜어낸 불꽃이 괴물이 가진 100개의 뱀 머리가 쏘아낸 불꽃을 압도했다. 눈과 눈의 싸움이었다. 결국 승리는 제우스의 차지였다.

이 승리에 대한 다음과 같은 일화도 있다. 제우스는 자신의 궁전에서 잠을 자면서도 한쪽 눈으로는 쉼 없이 주변을 경계하고 있었다. 그런데 잠시 감시를 소홀히 한 틈을 타 티폰이 살금살금 다가와 제우스가 번개를 놓아둔 장소를 발견하고는 그것을 잡으려 했다. 하지만 티폰이 승리의 무기에 손을 대려는 순간, 제우스가 한쪽 눈을 치켜뜨며 번개를 내리쳤다. 혼돈의 신과 올림포스 신들의 제왕은 대결을 벌였고, 티폰이 쓰러졌다. 티폰의 생명력이자 힘이었던 두 팔과 다리의 신경이 번개에 맞아 마비된 탓이었다. 그렇게 마비된 채 바위 더미에 깔린 티폰은 자신의 근원지인 안개 낀 타르타로스로 내쫓겼다.

또 티폰의 괴물 같은 특징을 다르게 표현하는, 조금은 이상야릇한 이야기들도 있다. 이 이야기들은 뒤늦게, 인간의 시대 2

세기에 들어서 전해졌다. 7세기 이전 고대 그리스 시인 헤시오도스가 들려주는 티폰과 지금 문제 삼을 티폰 사이의 괴리는 상당 부분 동양의 영향이 크다.

올림포스 신들에게 지친 가이아는 타르타로스와의 사이에서 괴물을 하나 낳았다. 이 괴물은 우뚝 서서 몸을 한껏 곧추세우면 이마가 하늘에 닿을 정도로 어마어마하게 몸집이 큰 거인 티폰이었다. 두 팔을 양쪽으로 뻗으면 한 손은 동쪽 끝에, 다른 한 손은 서쪽 끝에 닿았다. 그런 특성 때문에 티폰은 위와 아래, 하늘과 땅, 오른쪽과 왼쪽, 동방과 서방을 연결하고 합쳤다. 이 혼돈의 거인이 올림포스산으로 돌진했다. 올림포스산의 신들은 티폰이 달려드는 모습을 보고는 혼비백산해서 새로 변신해 날아갔다. 혼자 남은 제우스는 온 세상과 온 우주를 합쳐놓은 것처럼 거대한 괴물 티폰과 용감히 맞섰다. 제우스가 번개로 내리치자 티폰은 흠칫 뒤로 물러섰다. 그때 제우스는 반달 모양의 낫을 들고 달려들었지만 막상 직접 맞부딪쳐 공격하려 하자 티폰이 우세했다. 거대한 덩치 때문이었다. 티폰은 제우스를 꼼짝 못 하게 붙잡아 제우스의 팔과 다리의 힘줄을 잘랐다. 그러고는 제우스를 등에 업고 그곳을 떠나 시칠리아섬의 어느 동굴 속에 내려놓았다. 제우스의 힘줄과 번개도 그곳에 함께 숨겼다.

이제 모든 것이 끝장났고 완전한 무질서의 세력이 우세하게 되었다고 생각할 수도 있다. 사실 팔과 다리의 힘줄이 잘리고 번개마저 빼앗겨 맥없이 동굴 속에 갇힌 가여운 제우스 앞에서 티폰은 의기양양하게 서 있었다. 하지만 우리가 앞서 보았듯이 제우스와 올림포스 신들에게는 티폰을 능가할 만한 꾀와 지략이 있었다. 헤르메스와 아이기판(목장과 가축의 신인 판 중 하나-옮긴이)은 티폰이 눈치채지 못하는 사이에 제우스의 힘줄을 되찾아왔다. 제우스는 마치 멜빵을 걸치듯 가뿐히 힘줄들을 제자리에 붙이고는 번개를 다시 손에 거머쥐었다. 티폰은 잠에서 깨어나 제우스가 동굴 안에 없다는 사실을 알아차렸다. 그때부터 다시 한층 치열한 전투가 시작되었으나 이번에는 티폰의 완전한 패배로 이어졌다.

제우스가 잠시 패배해서 힘도 번개도 빼앗긴 채 사로잡히는 과정을 유사하게 들려주는 다른 이야기들도 있다. 이번에는 인간 카드모스가 꾀를 내어 괴물의 술책을 꺾는다. 자신이 승리했다고 생각한 티폰은 자신이 우주의 제왕이며 태초의 신들에게 권력을 되돌려주겠노라고 선포한다. 티탄족을 풀어주어 제우스의 지배력을 무색하게 만들려는 심산이었다. 서출로서 불완전한 왕인 티폰은 정의의 왕 제우스의 왕위를 찬탈한 무질서의 왕이다. 바로 그때 카드모스가 플루트를 연주하기 시작했다. 티폰은 감미로운 음악을 들으며 꾸벅꾸벅 졸다가 깊은 잠에 빠져들었다. 티폰은 제우스가 인간들을 납치해 그들이 들려주는 매혹적인 음악과 시를 즐긴다는 사실을 알고 있었다. 잠에서 깨어난 티폰은 제우스를 따라 하려고 카드모스에게 자신의 시인이 되어달라고 했다. 카드모스는 노래를 부를 수 있는 훌륭한 악기를 갖춰 준다면 그 제안을 수락하겠다고 대답했다.

"그래, 무엇이 필요하지?"

티폰이 물었다.

"칠현금의 현을 만들 줄이 필요합니다."
"네가 원하는 것을 마침 내가 갖고 있지. 훌륭한 줄 말이다."

티폰은 그렇게 대답하고는 즉시 제우스의 힘줄을 찾아왔다. 그러자 카드모스는 다시 황홀한 소리로 연주를 시작했다. 티폰은 곧바로 다시 잠이 들었고, 뜻밖의 기회를 틈타 제우스는 칠현금의 줄, 아니 자신의 힘줄을 되찾아 제자리에 붙인 뒤 번개를 잡아 다시 전투태세를 갖추었다. 우주의 가짜 왕이자 반역자 티폰이 잠에서 깨어났을 때 제우스는 있는 힘을 다해 다시 티폰을 공격할 수 있는 상태였다. 그리고 물론 티폰을 무찔렀다.

또 다른 이야기도 있다. 이번에는 티폰이 반인반수의 괴물이나 거인이 아닌 아름다운 고래로 등장하여 바닷속을 누빈다. 티폰은 해저 동굴 속에 살고 있어서 그를 무찌르기란 불가능했다. 제우스의 번개가 깊은 바닷속까지는 이르지 못하기 때문이었다. 하지만 이 이야기에서도 역시 지략이 상황을 역전시킨다. 바다 괴물 티폰은 식욕이 대단히 왕성했기 때문에 어부들의 수호신인 헤르메스는 물고기로 저녁 식사를 차려 그를 유인했다. 티폰은 동굴에서 나와 두둑이 배를 채웠다. 그런데 막상 거처로 돌아가려니 배가 너무 불러서 움직일 수가 없었다. 표류하다 강가에 이른 티폰은 제우스의 완벽한 표적이 되었고, 제우스는 힘 하나 들이지 않고 그를 쓰러뜨릴 수 있었다.

어쩌면 조금은 엉뚱해 보이기도 하는 이 이야기들은 한 가지 교훈을 담고 있다. 왕위가 확고히 정립된 것처럼 여겨지는 순간에 권력의 위기가 도래한다는 사실이다. 질서에 반하는 모든 것을 합쳐놓은 듯 무질서한 혼돈의 힘이 나타나서 세상의 주인을 위협했다. 제우스는 무력해진 것처럼 보였다. 제위를 되찾기 위해서는 다른 인물들의 도움을 받아야 했다. 그다지 눈에 띄는 외모를 갖고 있지도 않고 언뜻 보기에 별로 무서워 보이지도 않는 그 인물들은 무질서의 위력들로부터 경계를 받지 않았다. 그렇지만 대수롭지 않은 신들 또는 그저 평범한 인물들의 지략 덕분에 제우스는 우위를 되찾아 최고의 권력을 보존할 수 있었다.

그렇다면 제우스는 드디어 완전히 패권을 잡았을까? 아직은 아니었다. 제우스의 패권 확립의 역사는 다시 기간테스라고 불리는 거인족과의 전투로 이어진다.

거인족 기간테스와의 전쟁

기간테스는 완전한 인간도, 그렇다고 불사의 신도 아니었다. 기간테스는 젊은 전사들이다. 이들은 우주에서 전사의 역할, 즉 제우스의 왕권에 도전하는 군대를 상징한다. 이들은 힘과 난폭함으로 전사 권력의 면모를 보여주는 백수 괴물들과 동일시되기도 한다. 우리는 앞서 백수 괴물들이 제우스 편에 서서 그의 권위에 순순히 복종하는 모습을 보았다. 그러나 아무도 대적할 수 없는 난폭하고 무시무시한 전투력과 강인한 육체에 젊음까지 갖춘 기간테스는 왜 자신들이 최고 권력을 갖지 못하는지 못마땅했다. 이것이 기간테스 전쟁의 주요 테마다.

이 전쟁은 대단히 아슬아슬했다. 기간테스 역시 대지의 여신 가이아의 자식들이었기 때문이다. 기간테스는 태어날 때부터 이미 성인의 모습을 하고 있었다. 어린아이도, 소년도, 더욱이 노인도 아니었다. 땅에서 나올 때부터 강인한 젊은 전사의 면모를 갖추고 있었다. 투구에 갑옷을 입고 한 손에는 창을, 다른 한 손에는 검을 든 채 세상에 나왔다. 이들은 태어나자마자 서로 싸우다가 곧 연합하여 신들과의 전쟁에 돌입했다.

올림포스 신들은 기간테스에 대항해 싸웠다. 아테나, 아폴론, 디오니소스, 헤라, 아르테미스, 제우스 모두 각자 고유의 무기를 들고 치열하게 맞섰다. 하지만 가이아는 제우스에게 신들은 결코 기간테스를 무찌르지 못할 거라고 예언했다. 과연 올림포스 신들은 그들에게 막대한 피해를 입혔을지언정 완전히 전멸시키지는 못했다. 그리고 기간테스는 부상을 입어도 늘 원기가 되살아났다.

기간테스의 위력은 늘 생기가 되살아나는 젊음에서 솟아났다. 올림포스의 신들이 승리를 차지하려면 신이 아닌 피조물이 필요했다. 제우스는 기간테스를 물리치기 위해 다시 한번 평범한 인간에게 의존할 수밖에 없었다. 결코 어린아이였던 적도 없고 앞으로 결코 노인이 될 리도 없는 젊은 거인들이 인간의 형상을 하고 있었기 때문이다. 기간테스는 신들이 자신들을 무無로 돌려보내지 못하도록 맹렬히 싸웠다. 기간테스는 불멸과 필멸의 중간에 있었다. 그들의 위상은 한창 꽃 같은 젊은 나이의 남자만큼이나 분명치 않았다. 이를테면 아직 성숙한 남자는 아니지만 그렇다고 어린아이도 아닌 어중간한 상태였다. 바로 거인족 기간테스가 그러했다.

대지의 여신 가이아의 자식들인 기간테스는
어린아이도, 노인도 아닌
불멸과 필멸의 중간에 있는 존재였다.

조르주 로마노, 〈기간테스의 방〉(천장 부분)(1532-1535), 만토바 테궁전 프레스코화 중 천장 부분.

소멸의
열매

전쟁에서 이기기 위해 올림포스 신들은 헤라클레스로부터 지원을 다짐받았다. 헤라클레스는 아직은 신이 아니었으므로 올림포스산에 오르지 못했다. 제우스와 인간 여인 알크메네의 결합으로 태어난 헤라클레스 역시 인간이었다. 신들을 도와 거인족 기간테스에게 막대한 피해를 입힌 주역이 바로 헤라클레스였다. 하지만 그런 막대한 피해를 입혔어도 전쟁은 쉽사리 끝나지 않았다.

　이때 또다시 가이아가 나선다. 가이아는 자신이 탄생시킨 피조물들이 무로 돌아가기를 원치 않았다. 그래서 밤마다 피어나는 불사초를 찾아 떠났다. 가이아는 새벽에 그 풀을 꺾어 기간테스에게 주어 불멸의 존재로 만들기로 했다. 가이아는 올림포스 신들이 기간테스를 절멸시키지 않도록 자신과 타협해주기를 바랐다. 하지만 가이아의 계획을 눈치챈 제우스가 선수를 쳤다. 동이 트기 직전, 빛이 대지를 침범하기 직전, 식물이 선명하게 보이기 직전에 그 풀을 모두 꺾어버렸다. 이제 지상에는 불사초가 단 한 포기도 남지 않았다. 기간테스는 그 풀을 먹을 수 없었고, 그리하여 그들은 죽을 수밖에 없는 운명이 되었다.

　이 부분에 한 가지 첨가할 이야기가 있다. 때로 우리는 이 이야기를 기간테스의 이야기에 덧붙이기도 하고 때로는 티폰의 이야기에 첨가하기도 한다.

티폰이 독약인 동시에 치료제인 파르마콘을 찾아다녔다는 이야기다. 환자를 죽일 수도 있고 살릴 수도 있는 이 물약을 갖고 있는 존재는 모이라이, 즉 운명을 주관하는 여신들이었다. 모이라이는 티폰에게 불멸을 주겠다며 약을 건넸다. 그러면서 티폰에게 제우스 열 배의 힘과 원기 그리고 승리를 보장했다. 티폰은 선뜻 물약을 받아 마셨다.

하지만 여신들이 건네준 물약은 실은 불멸의 약이 아니라 '소멸의 열매'로, 인간들에게 주려던 식물이었다. 하루하루 힘을 소진하며 살아가는 인간들의 양식이었다. 소멸의 열매는 유한성의 상징이다. 넥타르와 암브로시아 대신, 인간들이 신들을 향해 피워 올리는 제물의 연기 대신, 이 덧없는 양식은 티폰을 인간처럼 나약하고 상처 입기 쉬운 존재로 만들었다. 따라서 거인들은 피로와 약점을 지니게 되고, 영생불멸하는 신들의 생명력은 갖지 못하게 되었다.

이 모든 이야기에는 고유의 특권을 빼앗긴 신계에 대한 개념이 암암리에 담겨 있다. 넥타르와 암브로시아는 불사신들의 양식이다. 제우스는 키클로페스족과 백수 괴물들에게 완전한 신이 되어 자신의 곁을 지킬 수 있도록 불멸의 양식을 주었다. 반대로 감히 최고 권력을 넘보는 신들에게는 상처 입기 쉽고 죽음을 피할 수 없는 자들이 먹는 소멸의 양식을 제공했다. 전투 중 불리할 때면 제우스는 올림포스 신들 쪽으로 승리가 기울도록 서슴지 않고 적들에게 소멸의 양식을 먹여 인간처럼 나약하게 만들었다.

올림포스 신들의
재판

기간테스를 꺾고 승리를 거둠으로써 비로소 제우스의 권위는 완전히 굳건해졌다. 제우스의 편에서 싸웠던 신들은 이전에 누렸던 특권들을 길이길이 간직하게 된다. 그들에게 하늘은 오로지 빛만 존재하는 순수한 빛의 장소다. 반면에 세상의 아래쪽은 밤이고 어둠이며 타르타로스 또는 하데스다. 그곳에는 패배한 신들, 제압당한 괴물들, 크로노스처럼 잠들었거나 묶여 움직일 수 없게 된 기간테스가 있다. 말하자면 정돈된 우주 밖으로 밀려난 셈이다. 신들 외에도 세상에는 동물들과 인간들이 있다. 이 피조물들은 낮과 밤, 선과 악, 삶과 죽음을 동시에 겪는다. 그들의 삶은 그들이 삼키는 소멸되기 쉬운 양식들처럼 죽음으로 짜여 있다.

　이 이야기가 전개되는 것을 보면서 우리는 이렇게 생각할 수 있다. 즉 뚜렷이 구별되는 위계질서와 구조를 갖춘 세상이 존재하기 위해서는 최초의 반역 행위가 필요했고, 이는 크로노스가 우라노스를 거세하면서 실현되었다는 점이다. 그때 우라노스는 자식들에게 반드시 벌을 받으리라며 저주를 퍼부었다. 그리하여 시간의 흐름을 역행하는 불행과 복수의 여신 에리니에스 그리고 죽음과 단죄의 여신 케레스가 탄생했다. 우라노스의 거세된 성기에서 떨어진 핏방울들은 세상의 모든 영역에 폭력적인 세력들을 낳았다. 그러나 세상은 더 복잡하고 모호한 법이다. 질서정연한 우주의 건설이라는 최초의 행위, 즉 우라노스의 거세 때문에 우주를 에워싸는 어둠의 세력과 화합의 세력 사이에는 이 둘을 연결하는 일종의 끈이 있었다. 이 끈의 한쪽에는 에리니에스, 기간테스, 전쟁의 님프들이, 그리고 다른 한쪽에는 아프로디테가 있었다.

　카오스는 밤의 여신 닉스를 낳았고, 닉스는 온갖 악의 세력을 탄생시켰다. 이 고약한 힘들 중에는 우선 죽음, 운명(모이라이), 파멸(케레스), 살인, 학살, 살육이 있다. 다음과 같은 악들도 있다. 비탄, 배고픔, 피로, 투쟁, 노화……. 또 우주에 더해진 저주 가운데에는 속임수의 여신 아파테와 사랑의 결합의 여신 필로테스도 있음을 염두에 두어야 한다. 닉스는 아파테와 필로테스를 살인과 살육 곁에 낳았다. 이 모든 어둠의 여신들이 황급히 우주로 달려가 조화로운 공간 대신 세상을 공포, 범죄, 복수, 위선의 장소로 만들었다. 아프로디테의 후손들을 살펴보아도 긍정의 힘 곁에는 사악한 세력이 나란히 존재한다. 한쪽에는 에로스와 히메로스, 즉 욕망과 연정이 있는 한편 그 곁에는 젊은 처녀들의 수다 속에 감추어진 유혹의 함정인 엑사파타이, 즉 거짓 또는 기만이, 그리고 다시 사랑의 결합을 주관하는 여신 필로테스가 있다.

아프로디테가 수호하는 결합, 화합, 달콤함이라는 힘들이 지배하는 영역과 온갖 불행을 낳는 닉스의 후손들 속에는 중복되고 교차되며 일치하는 부분들이 있다. 이를테면, 밤의 자식들 중에는 유혹의 말과 사랑의 결합이 함께 있어서 아프로디테를 따르는 젊은 처녀들의 매혹적인 미소 곁에는 늘 사랑의 결합 중에 속삭이는 거짓말이 나란히 존재한다. 그리하여 거짓말에 속아 농락당한 남자는 그 사랑의 결합에서 불행을 겪게 된다. 그러니 매사가 단순히 흑과 백으로 이루어지지는 않는 법이다. 이 세상은 늘 상반된 것들이 혼합된 결과물이다.

닉스는 복수의 세력들의 분노를 자극하는 한편, 갖가지 잘못들 때문에 흐려진 질서에 다시 빛을 불어넣는 데 기여했다. 그래서 찬란한 황금빛 아프로디테는 어둠 속에서 계책을 꾸미는 어둠과 밤의 아프로디테를 뜻하는 멜라이니스로 불리기도 한다.

우주에 질서를 확립한 제우스는 신의 세상에서 밤, 어둠,

갈등을 멀리 떼어놓으려 애썼다. 제우스는 설령 신들이 서로 싸운다 해도 공공연한 투쟁으로 이어질 수 없을 만큼 막강한 패권을 쥐었다. 그리고 신의 영역에서 투쟁을 몰아내어 인간들의 영역으로 보냈다. 그렇게 해서 제우스가 올림포스에서 추방한 모든 사악한 힘들은 인간의 본질을 형성하게 되었다. 제우스는 타르타로스의 문이 열리지 않도록, 그리하여 밤과 악의 세력들이 다시는 천상으로 올라올 수 없도록 포세이돈을 시켜 세 겹으로 둘러싼 청동 장벽을 세웠다.

신들 사이에 불화가 생겨 자칫 투쟁으로 고조될라 치면 해당 신들은 즉시 연회장에 소환된다. 그와 함께 지옥 강의 여신 스틱스 역시 소환되어 지옥의 강물이 담긴 황금 물병을 들고 달려온다. 분쟁에 돌입한 두 신은 물병의 물을 바닥에 쏟아 신주神酒로 만든 뒤 그 신주를 마신다. 그리고 서로 분쟁에 책임이 없다고 맹세하며 무죄를 주장한다.

당연히 두 신 중 하나의 말은 거짓이다. 거짓말을 하는 쪽은 신주를 마시자마자 의식 불명 상태인 완전한 혼수상태에 빠진다. 패배한 신들과 비슷한 상태가 된다. 티폰이나 티탄족처럼 호흡도 열정도 생명력도 잃는다. 하지만 신들은 불멸의 존재들이므로 죽은 것은 아니다. 다만 신의 속성에 속한 모든 것을 상실하여 다시는 움직일 수도 권력을 행사할 수도 없게 된다. 그리하여 그런 상태로 그리스인들이 영겁의 시간이라 부르는, 길고 긴 시간 동안 머물러 있어야 한다. 혼수상태에서 깨어나다 해도 향연에 참여하여 넥타르와 암브로시아를 마실 권리는 여전히 없다. 그런 상태가 된 신계의 세력들은 죽지도 못하고, 그렇다고 불멸의 존재도 아니다. 그저 티탄족이나 기간테스 또는 티폰처럼 추방되는 것이다.

달리 말하면 제우스는 다양하고 복잡한 신계에서 갈등이 빚어질 위험의 소지들을 예견했다. 그는 갈등의 씨앗을 조심하며 단지 정치적 질서만이 아닌 거의 사법적인 질서까지 확립한 셈이다. 그리하여 갈등이 고조되더라도 세상의 기둥들이 뒤흔들릴 염려는 없도록 말이다. 잘못을 저지른 신들은 잘못이 정화될 때까지 올림포스에서 쫓겨난다. 그 후에 혼수상태에서 깨어나더라도 벌 받은 시간의 열 배나 되는 시간을 더 참고 견뎌야 한다. 물론 이는 어디까지나 인간계가 아닌 신계의 질서다.

구제 불능의
절대 악 티폰

그러니까 티폰은 제우스에게 패배하며 매장되었다. 어쩌면 그는 이미 티탄족이 갇혀 있는 바로 그곳 타르타로스로 내쫓겼을 테고, 이는 어찌 보면 매우 당연한 일이다. 티폰은 바로 타르타로스의 아들이니까. 어쩌면 티폰은 제우스가 그의 위로 내던진 산만큼이나 거대한 돌 더미에 깔린 채 에트나산(이탈리아 시칠리아섬 동쪽 해안에 있는 활화산-옮긴이) 밑에서 아직까지 신음하고 있는지도 모르겠다. 티폰이 에트나산의 뿌리 속에 꽁꽁 묶여 있기 때문에 이따금 ㄱ 사이로 끓는 용암이나 불꽃이 새어나오는지도 모른다. 혹시 제우스의 번갯불이 에트나산을 계속해서 뜨겁게 달구는 건 아닐까? 아니면 티폰이 내보이는 무질서의 구현일까? 만일 에트나산이 진동하고 용암이 심층에서부터 부글부글 끓어오르는 것이 티폰 때문이라면 티폰으로 형상화된 무질서의 위력이 그의 패배나 마비 또는 죽음 이후로도 완전히 사라지지 않았음을 입증하는 것일 터다.

이 이야기의 여러 판본 중 굳이 강조할 만한 가치가 있는 이야기는 에트나산 밑에 깔린 티폰에게서 바람과 돌풍이 새어나와 땅과 특히 바다 위 수면에 나타나게 되었다는 이야기다. 만일 티폰이 제우스보다 우세했다면 구제될 수 없는 악, 절대악이 우주를 침범했을 것이다. 이세 ㄱ는 패배해 장외로 밀려났지만 그의 일부는 신들만이 아닌 가엾은 인간들에게도 여전히 살아남아 있다.

티폰으로부터 불시에 종잡을 수 없게 불어오는 세찬 바람들이 생겨났다. 그 바람들은 결코 다른 바람들처럼 한 방향으로만 불지 않는다. 노토스(남풍), 보레아스(북풍) 또는 제피로스

(서풍)라 불리는 바람들은 아침별이나 저녁별에 묶여 규칙적으로 불어오는 바람들이다. 그런 의미에서 그 바람들은 신의 아이들이다. 어부들에게 뱃길을 알려주고 지표면이나 해수면 위에 거대한 공기의 길을 그린다. 액체 카오스와 같은 무한한 공간인 물 위에서 규칙적인 바람들은 확실한 방향을 알려주어 뱃사람들을 구원하기도 한다. 이 바람들은 언제나 같은 방향으로 불 뿐만 아니라 계절풍이 되어 불기도 한다. 보레아스와 제피로스는 저마다 다른 계절에 불어와 길을 떠나는 뱃사람들에게 그 계절에는 어느 방향으로 가야 항해가 순조로운지 알려준다.

그런데 그 바람들과 완전히 대립되는 바람들 또한 존재한다. 바로 짙은 안개를 가득 실은 태풍이다. 태풍이 바다 위로 휘몰아칠 때면 순식간에 한 치 앞도 분간할 수 없게 된다. 별안간 앞이 보이지 않는 어두운 밤이 된다. 방향도 확실한 지표도 없다. 모든 것을 뿌옇게 흐려놓는 회오리바람이다. 혼란스러운 바다 한가운데에 사로잡힌 배들은 길을 잃고 침몰한다. 그 바람들은 티폰에게서 나온 것으로 티폰이 우선은 뱃길에, 그리고 단단한 육지에, 계속해서 전 우주에 새겨 넣는 표시들이다. 실제로 예측이 불가능해서 전혀 이해할 수 없는 태풍은 물 위에서만 불지 않는다. 태풍은 수확물들을 모두 파괴하고 나무들을 쓰러뜨림으로써 인간의 노동을 소멸시킨다. 참을성 있게 준비하고 축적한 경작물과 수확물이 순식간에 무로 돌아간다. 티폰은 진정 구제될 수 없는 악이다.

따라서 우리는 제우스의 승리도 티폰이 혼돈의 위력으로 우주 속에 구현하는 악을 근본적으로 종식시키지는 못했음을 알 수 있다. 올림포스 신들은 티폰을 신의 영역에서 내모는 대신 인간들의 세계로 추방하였기에, 티폰은 인간계에 불화와 전쟁과 죽음을 불러들였다. 신들은 티폰을 절멸시킨 것이 아니라 다만 자신들의 영역에서 내몰아 멀리 떼어놓았을 뿐이다. 이제 인간들의 세상에서 티폰은 난폭한 폭력으로 맹위를 떨치며 인간들을 완전히 속수무책으로 만들고 있다. 한마디로 아무런 대책도 구제될 수도 없는 절대 악이다.

신과 인간이 어울려 지내던 황금시대

제우스가 우주를 지배하면서 세상은 정돈되었다. 신들은 서로 싸웠고, 그들 중 일부가 승리했다. 눈부신 천상에서 내쫓긴 모든 악은 타르타로스 속에 갇히거나 지상의 인간 세계로 추방되었다. 그럼 인간들은 어떻게 되었을까?

이 이야기는 세상의 기원에서 시작되는 것이 아니라 제우스가 이미 제왕인 시절, 다시 말하면 세상이 안정된 그때부터 시작된다. 신들은 오로지 올림포스 위에서만 살지 않고 인간들과 함께 땅을 나누었다. 특히 그리스 코린토스 인근의 메코네 평야에서는 신과 인간들이 한데 어울려 살았다. 심지어 한자리에서 같이 식사를 하면서 향연을 베풀기도 했다. 신들과 어울리는 인간들에게는 매일이 축제의 날이요, 행복한 나날이었다. 그들은 먹고 마시고 즐기며 무사이(뮤즈 여신들)가 제우스와 신들의 모험담을 찬양하는 노래를 들었다. 한마디로 태평성대를 누렸다.

메코네 평야는 풍요롭고 비옥한 땅이었다. 그곳에서는 날씨나 계절에 관계 없이 만물이 자연스럽게 자라났다. 그야말로 땅 한 뙈기만 있으면 남 부러울 것 없는 곳이었다. 신과 인간들이 아직 갈라서지 않은 황금시대였다. 우리는 때때로 크로노스와 티탄족, 제우스와 올림포스 신들 사이에 싸움이 일어나 신의 세상이 난폭한 폭력에 빠져들기 전인 크로노스의 시대도 황금시대라고 부른다.

이 시기에 인간들은 언제나 젊고 처음 그대로의 모습을 유지하며 살아갔다. 그들에게는 고유한 의미의 탄생이 없었다. 어쩌면 그들은 대지에서 솟아났는지도 모른다. 대지의 어머니 가이아가 신들을 낳았던 것처럼 인간들도 낳았는지 모른다. 그리고 인간들은 자신들의 기원에 대한 의문도 품지 않고 그저 자연스럽게 신들과 어울리며 신들처럼 살았던 듯하다. 그러니까 그 시대의 인간들은 탄생도 죽음도 몰랐다. 체력을 소모하고 노화를 가져오는 시간에 구애받지 않았다. 아마도 100여 년쯤 후, 어쩌면 더 무수한 세월이 흐른 후, 여전히 꽃 같은 청춘의 나이를 유지한 그들은 잠이 들어 처음 나타났을 때처럼 사라졌을 것이다. 그들이 사라져 더는 그곳에 없다 해도 진정으로 죽은 것은 아니었다. 그저 더는 노동도, 질병도, 고통도 없을 뿐이었다.

인간은 지상에서 노동을 할 필요가 없었다. 메코네에서는 모든 양식과 제물이 인간들의 차지였다. 신화에서 에티오피아인들에 관해 들려주는 이야기와 흡사한 삶이다. 즉 매일 아침 눈을 뜨면 날은 쾌청하고 늘 음식이 차려져 있는 식탁이 그들을 기다리고 있었다. 곡물뿐 아니라 고기도 풍부했고, 밀은 경작하지 않아도 저절로 자라는 데다 식탁 위에는 이미 익힌 음식이 놓여 있었다. 자연은 가장 세련되고 문명화된 일상생활의 모든 제물을 제공했다. 그 아득한 옛 시대에 인간들은 바로 그렇게 살았다. 행복을 만끽했다.

여자들은 아직 창조되지 않았다. 여신은 있었지만 인간 여인들은 없었다. 인간은 오로지 남자들뿐이었다. 그들은 질병도, 노화도, 죽음도, 노동도 알지 못한 데다 여자들과의 결합도 알지 못했다. 한 남자가 아이를 갖기 위해 한 여자와 맺어져야 하는 때부터 탄생과 죽음은 인류의 운명이 되었다. 죽음이 없으려면 탄생도 없어야 하니까.

메코네에서는 신과 인간이 한데 모여 살았다. 하지만 이별의 순간이 찾아왔다. 그리고 그 이별은 신들끼리 분배를 마친 후에 일어났다.

신들은 우선 자신들 각자에게 예정된 명예와 특권의 문제를 폭력으로 해결했다. 티탄족과 올림포스 신들 사이의 분배는 투쟁의 결과였으므로 힘과 난폭한 지배력이 우세했다. 일단 그렇게 최초의 분배가 끝난 후, 올림포스 신들은 티탄족을 타르타로스로 쫓아 밤과 지하의 감옥 문으로 막은 뒤 자신들은 하늘 높은 곳에 자리를 잡았다.

이제 남은 신들 사이의 문제들을 해결해야 했다. 제우스가 그 일을 맡아 이번에는 난폭한 폭력이 아닌 모든 올림포스 신들의 합의 아래 권력을 분배했다.

인간들의
세상이 열리다

Le monde des humains

명민한 반항아
프로메테우스

그러면 신과 인간들 사이의 자리는 어떻게 분배했을까? 난폭한 폭력을 동원한다는 건 생각할 수도 없는 일이었다. 인간들은 너무 나약해서 신들이 손가락만 까딱해도 그걸로 끝장이었으니까. 그렇다고 불멸의 신들끼리 했던 것처럼 인간들과 타협을 할 수도 없는 노릇이었다. 그래서 완력도 아니고 동등한 타협도 아닌 한 가지 해결책이 강구되었다.

제우스는 간접적인 절충안을 찾아서 프로메테우스라는 인물에게 도움을 청했다. 왜 하필 프로메테우스였을까? 프로메테우스는 신들의 세상에서 분명하게 정의되지 않은 역설적이고 모호한 위상을 지녔기 때문이다. 우리는 프로메테우스를 티탄이라고 부른다. 사실 그는 크로노스의 동생 이아페토스의 아들이다. 그러니 프로메테우스는 티탄족의 후손이다. 그렇다고는 해도 프로메테우스는 딱히 티탄족도 아니고 올림포스 신들의 계보에 속하지도 않았다. 그러면서도 티탄족의 속성을 지니고 있었다. 이는 제우스에게 벌을 받게 될 그의 형제 아틀라스도 마찬가지였다.

프로메테우스는 악삭빠르고 규율을 지키지 않는 반항적인 기질을 갖고 있었고 명민한 비평가적 성향도 있었다. 그런데 제우스는 왜 그런 프로메테우스에게 문제를 해결할 임무를 맡겼을까? 프로메테우스가 티탄족 편이 되어 제우스에 맞서지 않았기 때문이다. 프로메테우스는 전투에서 중립을 지켰다. 심지어 구전 중에는 프로메테우스가 제우스를 도와주었고, 프로메테우스의 조언이 없었더라면 제우스는 결코 위기를 모면하지 못했으리라는 이야기도 많다. 그만큼 프로메테우스는 술책에 능하고 영리한 인물이었다. 그런 의미에서 프로메테우스는 제우스와 동맹 관계였다. 하지만 동맹 관계였을지언정 제우스를 지지하지는 않았다. 끝끝내 제우스의 진영에 가담하지 않고 독자적으로 행동하는 인물이었다.

제우스와 프로메테우스에게는 총명함과 지략이라는 측면에서 몇 가지 공통적인 특징이 있었다. 총명함과 지략은 신들의 세상에서는 아테나로, 인간들의 세상에서는 오디세우스로 대변되는 명민하고 교활한 계책으로 정의된다. 교활한 책략가는 절망적인 상황에서도 사건을 해결하고, 첩첩산중으로 막혀 있는 곳에서도 출구를 찾아내며, 계획을 실행하기 위해서라면 서슴지 않고 거짓말을 하고, 상대방을 옭아맬 올가미를 준비하며, 상상할 수 있는 모든 짓궂은 장난기를 동원한다. 제우스와 프로메테우스는 바로 그런 공통점을 갖고 있었다.

동시에 둘 사이에는 무한한 차이도 있었다. 제우스는 모든 권력을 손아귀에 쥔 군주였다. 그런 측면에서 볼 때 프로메테우스는 전혀 제우스의 상대가 되지 못했다. 티탄족은 올림포스 신들의 경쟁 상대였고, 크로노스는 지배자 자리를 둘러싼 제우스의 적수였다. 하지만 프로메테우스는 결코 왕이 될 생각이 없었으므로 어떤 식으로도 제우스와 겨룰 의사가 없었다. 제우스가 창조한 세상, 위계질서가 잡히고 서로 다른 지위와 명예가 정연히 배분된 세상에서 프로메테우스는 그 세계에 속하면서도 딱히 규정하기 어려운 위치에 있었다. 제우스가 그를 단죄하여 사슬에 묶어 놓았다가 훗날 풀어주고 타협하는 과정이 복잡한 만큼, 적대감과 화합 사이를 오가는 균형이 프로메테우스 개인의 운명이 갖는 특징이다.

간단히 말해 프로메테우스는 정돈된 우주 속에서 내면의 저항을 표현한다고 할 수 있다. 프로메테우스는 제우스의 자리를 차지하고 싶은 마음은 없었지만 제우스가 확립한 질서 속에서 반항의 목소리를 내며 작은 혁명을 일으켰다.

프로메테우스는 인간들과 암묵적인 결탁 관계를 맺었다.

그의 지위는 인간의 지위와 가까웠다. 인간들 역시 모호한 피조물이니까. 인간은 처음에는 신들과 공존하며 신성한 면모를 갖고 있었던 동시에 짐승처럼 야만적인 측면도 갖고 있었다. 그러니까 프로메테우스에게나 인간들에게나 모순적인 측면들이 있긴 매한가지였다.

제우스와 프로메테우스의 게임이 시작되다

자, 이제 무대를 보자. 신과 인간들은 여느 때처럼 한자리에 모였다. 제우스는 가장 높은 상석에 앉아 프로메테우스에게 분배를 맡겼다. 과연 프로메테우스는 어떻게 분배했을까? 우선 우람하고 멋진 황소를 끌고 와서 쓰러뜨린 뒤 가죽을 벗기고 토막 내기 시작했다. 제일 먼저 앞다리와 뒷다리 뼈의 살점을 남김없이 저며냈다. 그 일을 마친 뒤, 프로메테우스는 소의 흰 뼈를 모두 모았다. 그리고 얇게 저민 먹음직한 흰 지방으로 뼈를 감쌌다. 그렇게 해서 첫 번째 꾸러미가 완성되었다. 곧 두 번째 꾸러미를 준비했다. 이번에는 먹기 좋은 살 부위를 모두 모아 벗겨낸 가죽으로 감쌌다. 그리고 가죽으로 싼 꾸러미를 다시 끈적끈적하고 불쾌할 정도로 추한 내장 속에 담았다.

이제 분배가 시작되었다. 한쪽은 살점을 발라낸 흰 뼈만 담은 먹음직스러운 흰 지방이었고, 다른 한쪽은 안에 먹기 좋은 살점이 모두 들어 있는 다소 역겨운 내장이었다. 프로메테우스는 두 부분을 제우스 앞 탁자 위에 올려놓았다. 이제 제우스의 선택에 따라 인간과 신들의 경계가 그어질 차례였다. 제우스는 두 꾸러미를 보고는 이렇게 말했다.

"이런! 프로메테우스, 그렇게 영리하고 간특한 네가 공평치 못한 분배를 하였구나."

프로메테우스는 슬며시 미소를 지으며 제우스를 바라보았다. 물론 제우스는 뭔가 계책이 담겨 있으리라 짐작했지만 일단 장단을 맞춰주기로 했다. 그래서 대단히 흡족한 표정을 지으며 가장 아름다운 부분, 먹음직스러운 흰 지방 꾸러미를 집어들었다. 일제히 제우스를 주시했다. 하지만 제우스가 꾸러미를 풀자 속에는 살점을 모두 발라낸 뼈만 있었다. 제우스는 자신을 속이려 했던 프로메테우스에게 불같은 분노를 터뜨렸다.
　이렇게 해서 총 세 개의 막으로 구성된 이야기의 첫 막이 끝났다.
　이 첫 번째 일화에서는 프로메테우스가 황소를 잡아 분배하듯이, 인간들이 제물을 통해 신들과 관계를 맺는 방식이 엿

보인다. 사원 밖 제단 위에서는 향료가 불타며 향긋한 냄새를 피우고, 이어서 사람들은 제단에 흰 뼈를 올린다. 신들의 몫은 번들거리는 지방을 발라놓은 흰 뼈들이고, 이것은 연기가 되어 하늘로 올라간다. 인간들은 나머지 부위를 받아 굽거나 삶아서 먹는다. 쇠나 청농으로 된 기다란 꼬챙이에 살점과 간 그리고 다른 먹기 좋은 부위들을 꽂아 불에 직접 구워 먹는다. 나머지 부위들은 커다란 솥에 넣어 삶는다. 인간들은 제물로 바친 동물들의 고기를 먹고, 신들의 부위는 향긋한 연기가 되어 신들에게 보내진다.

이 이야기는 대단히 흥미롭다. 언뜻 프로메테우스가 제물의 좋은 부위를 인간들에게 넘겨줌으로써 제우스를 속인 듯 보이기 때문이다. 프로메테우스는 인간들에게 역겨워 먹을 수 없을 것 같은 외양 속에 숨겨진 먹기 좋은 부위를 제공하고, 신들에게는 먹음직스럽고 윤기 흐르는 지방으로 싼 먹을 수 없는 부위를 제공했다. 그 분배에서 프로메테우스는 속임수를 썼다. 외양은 가식에 지나지 않기 때문이다. 좋은 것은 추한 외양 속에 감추고 나쁜 것은 아름다운 외관을 빌렸다.

그런데 프로메테우스는 정말로 인간들에게 가장 좋은 부분을 주었을까? 그 부분이 모호하다. 물론 인간은 제물로 바쳐진 짐승의 먹기 좋은 부위를 받았다. 하지만 이는 인간에게는 먹을 것이 필요하기 때문이다. 인간의 조건은 신들의 조건과는 대조적이다. 신들은 지속적으로 음식을 섭취하지 않아도 살 수 있다. 반면에 인간은 주변에서 에너지원을 찾아야 한다. 그렇지 않으면 쇠약해진다. 인간은 빵과 고기를 먹어야 하고 포도주도 마셔야 하지만 신들은 그럴 필요가 없다. 신들은 빵도, 포도주도, 제물로 바쳐진 짐승의 고기도 필요치 않다. 신들은 음식을 먹지 않고도 살아가고 불멸의 양식인 넥타르와 암브로시아만을 섭취한다. 요컨대 신들의 생명력은 인간과는 속성이 다르다. 인간의 생명력은 나타났다 사라졌다 하므로 꾸준히 유지해주어야 한다. 인간은 노동을 하면 이내 지쳐서 피로와 허기를 느낀다. 그러니 달리 말하면 프로메테우스가 한 분배에서 가장 좋은 부분은 결국 가장 먹음직스러운 외양 밑에 감추어진 발라진 뼈라는 이야기가 된다.

썩지 않는 뼈는 신체의 구조를 형성한다. 살은 부패하고 썩지만 뼈대는 불변의 원소를 표현한다. 제물로 바쳐진 짐승에게서 먹을 수 없는 부분은 죽지 않는 부분이자 확고부동한 부분이고, 따라서 그 부분은 신과 가까운 부분이다. 이 이야기를 생각해낸 이들에게 뼈는 골수를 담고 있는 만큼 더욱 중요하게 여겨졌을 터다. 그리스인에게 골수는 뇌 또는 남성의 정액과 관련된다. 골수는 세대를 걸쳐 이어지는 동물의 생명력을 형상화하며 다산과 후손을 보장한다. 골수는 우리가 고립된 개체가 아니라 자손을 번식시키는 존재라는 사실을 의미한다.

결국 프로메테우스가 생각해낸 계책을 통해 신들에게 제공된 부분은 짐승의 생명력이다. 그리고 인간들이 받은 고기는 죽은 짐승에 불과하다. 인간들은 죽은 짐승의 한 조각으로 만족해야 한다. 프로메테우스의 분배를 통해서 인간들은 죽어야 하는 운명을 건네받았다. 불멸의 신들과는 달리 죽음을 피할 수 없는 덧없는 존재들이다. 그 분배를 통해서 신들은 불멸의 삶을 보장받은 반면 인간에게는 필멸의 낙인이 찍힌 셈이다. 결국 제우스가 제대로 골랐다.

만일 프로메테우스가 단순히 뼈와 고기만으로 꾸러미 두 개를 만들었다면 제우스는 당연히 짐승의 뼈와 생명을 선택했을 것이다. 하지만 모든 것이 위선적인 외양으로 왜곡되었듯 고기는 내장 속에 감추어져 있었고 뼈는 윤기 흐르는 지방 속에 숨겨져 있었으므로 제우스는 프로메테우스가 자신을 속이려 들었다고 생각했다. 그래서 제우스는 벌을 내리기로 결심했다. 그리하여 제우스와 프로메테우스는 계책의 대결을 벌인다. 번갈아 상대를 기습하며 궁지에 몰아넣는 체스 게임과도 같은 대결이다. 제우스는 이 대결에서 결국 승리를 거두지만 프로메테우스의 교활함 때문에 마음의 평정을 잃는다.

천상의 불씨로 살린
소멸하는 불

두 번째 막에서 프로메테우스는 자신이 썼던 속임수에 대한 대가를 치르게 된다. 제우스는 그날부터 불과 밀을 인간들에게 주지 않기로 작정했다. 체스 게임처럼 모든 일격에는 매번 응수가 잇따랐다. 프로메테우스가 고기를 혐오스러운 부위 속에 감추고 반대로 뼈는 호감이 가도록 보이게 해놓았으니 이번에는 제우스가 되갚을 차례였다.

제우스는 인간들이 예전에는 멋대로 할 수 있었던 일을 빼앗고자 했다. 예전에 인간들은 불을 자유롭게 사용할 수 있었다. 제우스의 번갯불은 물푸레나무 꼭대기에 놓여 있어서 인간들은 그저 가져다 쓰기만 하면 되었다. 그 불은 커다란 나무들을 매개로 신과 인간들 사이를 순환했다. 따라서 인간들은 스스로 자라나는 곡식이나 익은 채 식탁 위에 올라오는 고기를 먹듯 편하게 불을 사용했다. 제우스는 바로 그 불을 숨겨버렸다. 인간들은 제물로 바친 고기를 먹을 때 익혀서 먹기를 좋아했기 때문에 이는 대단히 언짢은 일이었다. 들짐승처럼 고기를 날것으로 먹을 수는 없는 노릇이다. 고기를 삶거나 굽지 않으면 먹을 수가 없었다.

불 없이 지낸다는 것은 인간들로서는 커다란 재난이었다.

제우스는 내심 쾌재를 불렀다. 그러자 프로메테우스는 민첩하게 응수했다. 아무렇지도 않은 척 하늘로 올라가 한 손에 초록색 회양목을 들고 어슬렁거리며 산책을 했다. 회양목은 다른 식물들과 달리 구조가 특이하다. 보통 나무들은 껍질은 건조하나 속은 수액이 있어 축축하다. 그런데 회양목은 반대로 초록색 껍질이 축축하고 속은 완전히 건조하다. 프로메테우스는 제우스의 불에서 불씨를 훔쳐 손에 들고 있던 회양목 속에 감추었다. 그러자 불씨는 속에서 줄기를 따라 올라가며 불붙기 시작했다. 프로메테우스는 흡사 회양목을 파라솔 삼아 쓰고 산책하는 무심한 여행자처럼 태연히 다시 땅으로 내려왔다. 하지만 나무 속에서는 불이 뜨겁게 타오르고 있었다. 프로메테우스는 천상의 불씨로 붙인 그 불을 인간들에게 건네주었다. 그렇게 해서 인간들은 집안의 화로에 불을 붙이고 고기를 요리할 수 있게 되었다. 불을 감추고서 흐뭇하게 천상에 누워 있던 제우스는 그 모습을 보고 노발대발하여 모든 집에 번개를 내리쳤다.

우리는 여기서 프로메테우스가 지난번 제물을 분배할 때와 같은 수법을 썼음을 주목하자. 그는 다시 겉과 안의 대비, 겉모양과 실제 속의 차이를 가지고 유희를 한 셈이다. 동시에 제우스가 인간들에게서 감추었던 불은 생명이었음을 주목하자. 다시 말하면 생명의 양식인 곡식, 밀과 보리다. 제우스는 더는

인간들은 불이 필요했다.
단지 몸을 따뜻하게 하기 위해서만이 아니라
먹기 위해서도 필요했다.
인간은 요리를 해서 먹는다.
그러니 불은 인류 문명의 상징인 셈이다.

얀 코시에르, 〈불을 훔치는 프로메테우스〉(1636-1638), 프라도미술관 소장.

불을 주지 않았다. 곡식도 주지 않았다. 황금시대인 메코네의 세상에서 불은 물푸레나무 위에 있어 인간들이 자유롭게 사용할 수 있었고, 곡식들은 스스로 자라나서 인간은 노동할 필요가 없었다. 일이라는 것이 존재하지 않았으므로 노동도 없었다. 인간은 곡식 수확에 적극적으로 참여할 필요가 없었다. 생명력을 유지하기 위해 노력할 필요도, 피로나 기력 쇠퇴에 시달릴 필요도 없었다. 하지만 제우스의 선택에 따라 이제는 자연히 힘들고 까다로운 일이 되었다. 이제 곡식은 숨겨졌다.

프로메테우스가 인간에게 불을 가져다주기 위해 불씨를 감추어야 했던 것과 마찬가지로 이제 가엾은 인간들은 밀의 씨앗과 보리 낟알들을 대지의 배 속에 감추어야 했다. 싹을 틔워 이삭이 여물 수 있도록 땅에 고랑을 파고 그 속에 씨앗을 숨겨야 했다. 간단히 말해서 갑자기 농업이 필요해졌다. 이마에 흐르는 땀을 닦아내며 고랑에 씨앗을 심어야만 빵을 먹을 수 있게 되었다. 게다가 1년 동안 씨앗을 잘 보살펴야 했고, 생산해낸 농작물을 한꺼번에 모조리 먹어치우지 않도록 조심해야 했다. 농부의 집에서는 수확물들을 저장해놓을 항아리가 꼭 필요해졌다. 겨울부터 춘궁기까지 식량이 떨어지는 일이 없도록 창고도 지어야 했다.

인간들은 이제부터 일을 하면서 살아가야만 했다. 인간은 불을 되찾았지만 그 불은 이제 밀과 마찬가지로 예전 같지 않았다. 제우스가 감춘 불은 천상의 불이어서 영원히 손에 넣을 수 있고 결코 사위거나 부족하지 않은 불이었다. 즉 불멸의 불이었다. 이제 인간들이 사용하는 불은 불씨에서 생겨났으므로 '탄생한' 불이고 따라서 소멸하는 불이다. 그래서 잘 보존하고 보살펴야 했다. 그 불의 속성은 인간과 비슷했다. 계속해서 보살피지 않으면 꺼지고 마는 속성이다. 인간들은 불이 필요했다. 단지 몸을 따뜻하게 하기 위해서만이 아니라 먹기 위해서도 필요했다. 동물들과 달리 인간들은 날고기를 먹지 않고 요리를 해서 먹는다. 요리는 일종의 의식이었고, 요리에는 반드시 음식을 익혀야 한다는 규칙이 있다.

그리스인들에게 밀은 태양의 열기와 인간의 노동으로 익는 식물이다. 게다가 빵집에서는 밀을 화로에 넣어 요리한다. 그러니 불은 인간 문명의 진정한 상징인 셈이다. 계략으로 가로챈 프로메테우스의 불은 분명 '기술적인' 불이다. 인간을 짐승과 구분하는 지적인 수단이고 인간에게 문명화된 피조물의 특성을 부여한다. 그렇지만 인간의 불은 신의 불과는 달리 살아남으려면 자양분이 필요하다. 한편으로 인간의 불은 고삐가 풀리면 더는 멈출 수 없는 들짐승의 면모를 지니기도 한다. 불은 양식으로 주어질 뿐만 아니라 집, 도시, 숲까지 모든 것을 태워 없앤다. 그렇게 되면 불은 무엇으로도 만족하지 않는 굶주린 짐승과도 같아진다. 불은 대단히 모호한 그 특성으로 인간의 특징을 강조한다. 인간이 갖고 있는 신적인 면과 짐승적인 면을 끊임없이 일깨운다. 신들과 흡사한 만큼 인간과도 흡사한 것이 바로 불이다.

최초의 여인
판도라의 탄생

이제 이야기가 끝났다고 생각할 수도 있다. 하지만 유감스럽게도 아직 멀었다. 이제 세 번째 막이 시작된다. 물론 인간들은 문명을 발달시켰고, 프로메테우스는 인간들에게 모든 기술을 넘겨주었다. 그가 개입하기 전에 인간은 동굴 속 개미들처럼 살았다. 인식하거나 이해하지 못하고 그저 보고 듣고 살아가는 단순한 존재였다. 그러다 프로메테우스 덕분에 인간은 동물이나 신들과는 다른 문명화된 존재가 되었다. 하지만 제우스와 프로메테우스의 계략 대결은 아직 끝나지 않았다. 제우스는 불을 감추었고, 프로메테우스는 그에게서 불을 훔쳤다. 제우스는 밀을 감추었고, 인간들은 빵을 먹기 위해 일을 했다. 하지만 제우스는 아직도 만족스럽지 않았다. 상대를 완전히 패배시키기엔 아직 부족하다고 판단했다. 제우스는 웃음을 터뜨리며 인간에게 또 한 번 큰 패배를 안겨준다. 이제 세 번째 막이 오른다.

제우스는 헤파이스토스와 아테나, 아프로디테, 계절의 여신 호라이 등 여러 신을 소환했다. 우선 헤파이스토스에게 찰흙을 물에 적셔 파르테노스, 즉 처녀의 형상을 빚으라고 명령했다. 아니, 더 정확하게 말하자면 아리따운 젊은 처녀의 형상을 빚으라고 했다. 그러자 헤파이스토스는 아름답고 우아한 처녀의 형상을 빚어냈다. 이번에는 헤르메스가 생명을 불어넣을 차례였다. 헤르메스는 인간의 목소리와 힘을 불어넣어 주고 다른 몇 가지 특징들도 덧붙였다. 이 이야기에서 좀더 후에 문제가 될 특징들이었다.

제우스는 이어서 아테나와 아프로디테에게 장신구와 보석, 속옷, 화환 등으로 처녀의 형상을 더욱 아름답게 꾸미라고 명령했다. 아테나는 이 이야기의 첫 막에서 뼈를 감쌌던 흰 지방처럼 화려하고 눈부신 의상을 주었다. 그러자 젊은 처녀는 환하게 빛이 났다. 헤파이스토스가 머리 위에 왕관을 씌워주자 왕관에서 저절로 신부의 베일이 드리워졌다. 왕관은 새, 물고기, 호랑이, 사자 등 세상의 온갖 동물의 형상으로 장식되어 있었다. 젊은 처녀의 이마는 그 모든 동물의 생명력으로 반짝였다. 여인은 눈이 부실 정도로 매혹적이어서 쳐다보기만 해도 저절로 입이 벌어지고 한눈에 반할 정도였다.

최초의 여인 판도라는 그렇게 신들과 몰려든 인간들 앞에 서 있었다. 그녀는 최초의 여성, 즉 여성의 원형이다. 여신들이 있었으므로 이미 여성상은 존재했다. 판도라는 바로 불멸의 여신들의 이미지를 따라 빚어졌다. 신들은 흙과 물로 이루어진 존재를 창조하고 그 속에 인간의 기운과 음성을 불어넣었다. 그런데 헤르메스는 그녀의 입속에 거짓말을 불어넣고 음탕한 마음과 탐욕스러운 기질도 부여했다. '여성들의 혈통'이 비롯되는 최초의 여인 판도라는 프로메테우스의 제물과 회양목처럼 위선적인 외모를 갖춘 셈이다. 누구나 그녀를 바라보는 순간 매혹되어 맥없이 넋을 잃었다. 불멸의 여신들 같은 아름다움을 지닌 판도라의 외모는 가히 신적이었다. 고대 그리스 시인 헤시오도스는 그 점에 대해 실로 눈부신 외모라고 전한다. 보석과 왕관, 드레스와 베일로 한층 수려해진 미모는 황홀했다. 그녀는 바라보는 이들이 절로 굴복하여 복종하게 되는 눈부신 카리스마를 뿜어냈다. 인간과 신들 모두가 그지없이 다채롭고 우아한 카리스마 앞에 무릎을 꿇을 정도였다.

하지만 내면에는 다른 뭔가가 숨겨져 있었다. 판도라는 남성의 동반자가 되어 아름다운 인간의 목소리로 이야기를 주고받을 수 있었다. 하지만 그녀의 입에서 나오는 말은 진실과 솔직한 감정의 표현이기도 하지만 거짓과 자신의 감정을 위장하는 말이기도 했다.

밤의 여신이 낳은 후손들에게서는 온갖 악과 죽음, 학살, 복수의 여신들인 에리니에스, 그리고 '거짓말 또는 유혹의 말'

'사랑의 결합'이라고 불리는 존재들도 태어났다. 그런데 아프로디테가 탄생할 때도 거짓말과 사랑의 유혹 역시 함께 태어났다. 가장 어두운 것과 가장 눈부신 것, 가장 찬란한 행복과 가장 불길한 투쟁이 바로 그런 거짓말과 사랑의 유혹의 형태로 합쳐졌다. 아프로디테처럼 눈부시고 밤의 여신이 낳은 딸과 흡사한 판도라는 그렇게 거짓말과 교태로 빚어졌다. 제우스는 여신의 이미지로 빚어진 판도라를 신이 아닌, 오로지 인간들을 위해서 창조했다. 싸움과 폭력을 인간들에게 보냄으로써 신계에서 몰아내는 동시에 인간들의 운명에 그런 여성상을 점지했다.

프로메테우스는 다시 한번 패배를 맛본다. 그렇게도 도와주려고 애썼던 가엾은 인간의 코앞에 어떤 일이 닥쳤는지 금세 알아차렸다. '프로-메테우스'라는 이름이 암시하듯 그는 '먼저' 알아차리는 사람, 즉 예측하는 사람인 반면, 그의 동생 에피메테우스는 '에피'라는 말이 암시하듯 '뒤늦게' 알아차리는 사람, 즉 어떤 일이 닥칠지 전혀 알지 못해 언제나 속고 실망하는 사람이다. 우리 같은 보통 사람들은 대개 프로메테우스인 동시에 에피메테우스다. 즉 예측하고 계획을 세우며 대개는 잘못될 경우까지도 미리 대비하는 반면에 생각지도 못했던 일로 기습을 당해 무방비 상태에 놓이기도 한다. 아무튼 프로메테우스는 무슨 일이 일어날지 미리 알고 동생에게 이렇게 경고했다.

"내 말 잘 들어라, 에피메테우스. 혹시 신들이 너에게 선물을 보내더라도 절대로 그 선물을 받아선 안 된다. 받지 말고 다시 돌려보내야 한다."

에피메테우스는 당연히 선물을 받지 않겠다고 다짐했다. 하지만 여러 신이 모여서 그에게 보낸 선물이 세상에서 가장 매혹적인 여인일 줄이야. 에피메테우스는 인간들에게 보낸 신들의 선물인 판도라와 마주하게 되었다. 판도라가 그의 문을 두드렸을 때 에피메테우스는 그녀의 미모에 홀려 넋을 잃고는 자신도 모르게 그녀를 집안에 들였다. 이튿날 그는 판도라와 결혼했고, 판도라는 인간의 집에서 아내로서 거주하게 되었다. 이렇게 해서 인간들의 온갖 불행이 시작되었다.

이제 인류는 서로 다른 두 성^性, 후손을 낳기 위해 필요한 두 성별로 이루어지게 되었다. 신들이 여성을 만든 그 순간부터 인간들은 여성에게서 태어나기 시작했다. 번식하기 위해서는 짝을 지어야 했다. 이로 인해 인간은 전과는 다른 시간 속에서 살게 되었다.

그런데 그리스 신화가 전하는 최초의 여인 판도라는 어째서 음탕한 마음과 탐욕스러운 기질을 갖고 있는 걸까? 아마도 이 이야기의 첫 번째 두 부분과 무관하지 않은 듯하다. 인간은 이제 영원히 예전처럼 아무 노력도 기울이지 않고 자연스럽게 밀과 불을 소유할 수 없게 되었다. 그때부터 노동은 인간 존재의 일부가 되었다. 인간은 힘겹고 옹색하며 불안정한 삶을 꾸려가야 했다. 늘 아끼며 살아가야 했다. 농부는 밭에서 허리가 휘도록 일을 해도 큰 수확을 얻지 못했다. 인간은 무엇 하나 충분히 누릴 수 없었다. 그래서 필요 이상으로 낭비하지 않도록 신중하게 절약해야만 했다.

그런데 판도라는 모든 인간 '종족'과 마찬가지로 언제나 만족할 줄 모르고 불만에 가득 차 뭔가를 요구하는 여인이었다. 무엇에도 쉽게 만족하는 법이 없었다. 물리도록 먹고 욕구를 채우고 싶어 했다. 이런 점은 이 이야기에서 헤르메스가 그녀에게 음탕한 마음을 불어넣었다고 밝히면서 드러난다. 판도라의 음탕함에는 두 가지 종류가 있다. 우선 하나는 식탐이다. 판도라는 맹렬한 식욕을 갖고 있어서 쉴 새 없이 먹고 늘 식탁 앞에 앉아 있어야 했다. 어쩌면 그녀는 메코네에서 인간들이 아무 일도 하지 않아도 늘 식탁에 음식이 차려져 있던 축복받은 황금시대에 대한 막연한 기억을 갖고 있었거나 혹은 꿈꾸고 있었는지도 모른다.

여성이 있는 모든 집마다 물릴 줄 모르는 게걸스러운 허기가 자리 잡았다. 그런 의미에서 상황은 벌집에서 일어나는 일과 흡사했다. 한편으로는 아침마다 들판으로 날아가 갖가지 꽃에서 꿀을 모아 벌통으로 옮기는 부지런한 꿀벌들이 있다. 다른 한편으로는 절대 집을 떠나는 법이 없고 아무리 먹어도 결코 물리는 법이 없는 호박벌들이 있다. 호박벌들은 부지런한 일벌들이 밖에서 참을성 있게 모아온 꿀을 모조리 먹어치운다. 어떤 면에서는 이와 유사하게도, 인간의 가정에도 들판에서 땀을 흘리며 허리가 휘도록 고랑을 파고 곡식을 키워 수확하는 남성들과 집안에서 호박벌들처럼 수확물을 차지하는 여성들이 있었다.

그런 여성들은 저장해놓은 식량을 남김없이 먹어치웠다. 여자가 남자를 유혹하려고 애쓰는 주된 원인이 바로 그것이기도 했다. 여자가 원하는 건 바로 곳간이었다. 기만적인 정신과 매혹적인 미소 그리고 헤시오도스가 기술한 바처럼 "야하게 치장한 엉덩이"로 젊은 총각을 교활하게 유혹하는 것도 실은 저장된 밀에 눈독을 들여서였다. 그리고 남자들은 누구나 에피메테우스가 판도라 앞에서 넋을 잃은 것처럼 여성들의 외모에 눈이 멀어 그들의 손아귀에 잡히고 말았다.

여성들은 식탐으로 남편의 건강을 무너뜨렸다. 남편은 결코 아내가 원하는 만큼 충분한 양식을 집으로 가져올 수 없으니까. 더군다나 여성들은 유난히 탐욕스러운 성욕도 갖고 있었다. 클리타임네스트라나 남편을 기만한 것으로 유명한 다른 아내들 모두 재물을 노리는 음탕한 마음을 품었다고 할 수 있다. 물론 그런 음탕한 기질은 성적인 의미와도 통했다.

높은 절개로 칭송받는 여성들조차 진흙과 물로 만들어진 까닭에 여성의 기질은 습한 우주에 속한다. 반면에 남성의 기질은 건조하고 뜨거운 불에 속한다.

　　개의 계절이라고 불리는 삼복 여름에, 다시 말하면 큰개자리인 시리우스가 땅과 아주 가까운 하늘에 보이며 태양과 땅이 화합할 때면, 날이 지독하게 더워지면서 그렇지 않아도 가뜩이나 건조한 남성들은 진이 빠지고 쇠약해진다. 반대로 여성들은 그들이 가진 습기로 인해 활짝 피어난다. 그래서 남편들 옆에 꼭 붙어서 부부관계에 성실해달라고 조른다.

　　프로메테우스가 제우스의 불을 훔치는 계략을 꾸몄다면, 제우스는 남자들을 괴롭히기 위해 훔친 불과도 같은 여성을 창조해 응수했다. 실제로 여성이자 아내는 남편을 허구한 날 불살라 말라 비틀어지게 만들고 실제 나이보다 늙어 보이게 하는 불이었다. 판도라는 제우스가 인간들의 집에 들여보내 굳이 불꽃을 피우지 않고도 인간을 불사르는 불이었다. 훔친 불과 쌍을 이루는 불사르는 불이다. 상황이 그럴진대 별수 있으랴.

　　정말로 여성이 음탕한 마음을 품은 존재에 지나지 않는다면, 남성들은 '야하게 치장한 엉덩이'를 흔들면서 곳간이나 노려 남편 등골을 빼먹는 거짓말쟁이 아내 없이 지내려고 애썼을 터다. 그런데 여기서 또 한 번 안팎의 대비가 눈에 띈다. 식욕과 성욕에서 짐승 같은 탐욕을 지닌 일종의 내장, 즉 뚱뚱한 배다.

여성은 어떻게 보면 인간이 갖고 있는 동물성을 상징한다. 남편의 온갖 풍요로움을 집어삼키는 내장이다. 프로메테우스가 인간들에게 소 내장으로 감싼 고깃덩어리를 주었을 때만 해도 일이 이렇게 되리라고는 생각지도 못했을 것이다. 결국 프로메테우스는 제 꾀에 넘어간 셈이다.

이제부터 인간은 딜레마를 안고 살아가게 되었다. 남자가 결혼을 하면 그때부터 그의 인생은 분명 지옥이 될 테니 말이다. 흔치 않은 일이겠지만, 대단한 현모양처를 만나지 않는 한은. 지옥 같은 부부생활에서 나쁜 일은 끊임없이 겹쳐서 일어난다. 반면에 결혼을 하지 않으면 혼자 맘껏 누리며 아쉬울 것 없이 행복하게 살 수 있을지도 모르겠지만 죽고 나면 평생 애써 모은 재산은 누구에게 돌아갈까? 별 애정도 없던 친척들의 수중에 떨어져 흩어지고 말 것이다. 결혼을 하자니 재앙이요, 결혼을 하지 않으려니 이 또한 다른 형태의 재앙인 셈이다.

여성은 이중적이다. 여성은 남편이 고생스럽게 노동의 대가를 치르고 얻은 수확물을 모조리 털어먹는 내장이자 뚱뚱한 배지만, 그 배는 또 한편으로는 남자의 인생을 연장시키는 존재, 즉 자식을 생산할 수 있는 유일한 배다. 여성의 배는 인간적인 삶의 어두운 부분인 쇠퇴를 형상화하지만 새로운 탄생을 가져다주는 아프로디테의 일부분을 형상화하기도 한다. 아내는 파괴적인 탐욕과 생산적인 풍요를 동시에 구현하는 존재다. 인

누구나 판도라를 바라보는 순간
매혹되어 맥없이 넋을 잃었고
인간과 신들 모두 그지없이 다채롭고 우아한
판도라의 매력 앞에 무릎을 꿇었다.

알렉상드르 카바넬, 〈판도라〉(1889), 월터스미술관 소장.

간이 지닌 온갖 모순을 요약해서 보여주는 존재다. 동시에 프로메테우스의 불처럼 인간만이 가지는 특징을 나타낸다. 인간만이 결혼을 하기 때문이다. 결혼은 인간과 짐승을 구분 짓는다. 짐승들은 되는 대로 아무렇게나 먹고 짝을 지으니까. 따라서 여성은 분명화된 삶의 특징인 동시에 불멸의 여신들의 이미지를 보여준다. 그래서 여성을 바라보면 아프로디테도, 헤라도, 아테나도 보인다. 어떤 면으로는 아름다움과 매력, 카리스마로 지상에서 신의 존재를 구현한다. 여성은 인간 삶의 음탕함과 신성한 부분을 결합시킨다. 여성은 신과 짐승 사이를 넘나들고, 이는 인간의 속성이기도 하다.

(판도라 신화는 기원전 8세기 헤시오도스의 《신들의 계보》와 《일과 날Ergaki Hemerai》에서 처음 등장한 것으로 추정된다. 그 시기 그리스에서는 정치와 사회 구조의 변화로 극심한 여성 혐오 정서가 출현한 것으로 여겨진다. 당시 그리스인들의 이원론적 사고방식에서 자연은 인간의 한계와 약점을 상징했는데, 여성은 바로 자연, 즉 인간의 한계를 상징했다. 그 점이 판도라와 딸들이 저지른 죄였고, 여성 혐오로 모든 여성을 벌하려는 이유였다. 판도라를 가리키는 그리스어 "칼론 카콘kalon kakon"은 "아름다운 재앙"을 뜻하는데, 이렇듯 판도라는 인간의 교만에 대한 징벌이었고, 변덕스럽고 본질적으로 경멸스러운 인간 세계를 형상화하는 역할을 맡았다. 자세한 내용은 잭 홀랜드Jack Holland의 《판도라의 딸들 여성혐오의 역사 A Brief History of Misogyny》(김하늘 옮김, 메디치미디어, 2021)를 보라.-옮긴이)

불멸과 필멸 사이에 위치하는
프로메테우스의 간

이제 다시 이야기로 돌아가자. 에피메테우스의 집에 들어간 판도라는 인간 최초의 아내가 되었다. 제우스는 그녀가 해야 할 일을 귓가에 속삭여주었다. 에피메테우스의 집에는 그리스 농부의 집이라면 어디서나 볼 수 있는 단지들이 수도 없이 있었다. 그중에 감추어진 커다란 단지 하나는 절대 건드려서는 안 되는 단지였다. 그 단지는 산야의 괴인 사티로스가 가져다주었다고도 전해지지만 확실하지는 않다.

어느 날 판도라의 남편이 외출한 틈을 타서 제우스는 판도라의 귀에 대고 그 단지의 마개를 열었다가 얼른 다시 막아놓으라고 속삭였다. 판도라는 제우스가 시킨 대로 줄지어 있는 단지들 가까이 다가갔다. 그곳에는 포도주나 밀, 기름 등 저장된 모든 양식이 한데 모여 있었다. 판도라는 그중에서 맨 뒤에 감추어진 단지의 마개를 살짝 들춰 보았다. 그 순간 온갖 불행과 사악한 것들이 세상으로 퍼져 나갔다. 놀란 판도라가 얼른 마개를 닫자 단지 속에는 미처 빠져나가지 못한 희망만 남았다.

그렇게 해서 판도라 때문에 온갖 악이 세상에 존재하게 되었다. 판도라라는 존재 자체가 이미 갖가지 악의 화신이었는데, 이제 설상가상으로 열린 단지가 재앙을 더 보탠 셈이었다.

그렇다면 그 악들은 무엇일까? 이루 헤아릴 수 없이 많다. 피로, 질병, 죽음, 사고……. 불행은 믿을 수 없을 정도로 유동적이어서 끊임없이 사방을 돌아다니며 결코 제자리에 있질 못한다. 눈에 보이는 형체가 없어서 보이거나 들리지도 않는다. 매력적인 외모와 달콤한 목소리를 지닌 판도라와는 정반대다. 제우스는 인간들이 미리 경계하거나 멀리할 수 없도록 그 악들에 어떤 형상도 소리도 부여하지 않았다. 인간들이 혐오하여 피하고자 하는 악들은 보이지 않는 곳에 웅크리고 있어 분간할 수가 없다. 반면에 보고 들을 수 있는 악인 여성은 매혹적인 미모와 달콤한 말로 위장하여 두렵게 하기는커녕 유혹하고 유인한다. 인간 존재의 특징 중 하나가 바로 보고 들을 수 있는 외양과 현실 사이의 괴리다. 이것이 제우스가 프로메테우스의 계략에 대한 응수로 신중히 준비한 인간의 조건이었다.

한편 프로메테우스는 이번만큼은 쉽사리 궁지에서 빠져나가지 못했다. 제우스가 그를 하늘과 땅 사이 산 중턱의 두 기둥 사이에 사슬로 묶어놓았기 때문이다. 인간들에게 고기라는 양식을 가져다주었던 프로메테우스는 이제 제우스의 번개를 운반하는 권력의 전령인 독수리에게 양식을 제공하는 꼴이 되고 말았다. 희생양이 된 프로메테우스는 독수리에게 살점을 뜯겼다. 제우스의 독수리는 매일같이 프로메테우스의 간을 하나도 남김없이 쪼아 먹었다. 그러나 밤이 되면 다시 간이 생겨났다.

독수리가 날마다 프로메테우스의 간을 쪼아 먹고 나면 간은 독수리가 이튿날 아침 다시 먹을 수 있도록 밤사이 살아나곤 했다. 그런 형벌은 헤라클레스가 제우스의 동의를 얻어 프로메테우스를 풀어줄 때까지 계속되었다.

프로메테우스는 켄타우로스족인 케이론에게 죽음을 제공하고 그 대가로 불멸을 얻었다. 아킬레우스와 숱한 영웅들을 가르쳤던 영웅들의 교육자 케이론은 부상을 입고 괴로워하고 있었다. 하지만 부상은 치유될 수도 없었고, 케이론은 불멸의 존재였기에 죽을 수도 없었다. 그래서 프로메테우스와 케이론 사이에 교환이 이루어졌다. 케이론은 죽음을, 프로메테우스는 그의 불멸을 얻었다. 서로가 서로를 구원한 셈이었다.

프로메테우스의 간은 그의 죄와 벌을 상징한다. 프로메테우스는 인간들에게 고기를, 특히 간을 주고 싶어 했다. 간은 제물로 바친 짐승의 부위 중에서 특별히 선택된 부위인 동시에, 신들이 자신들에게 바쳐진 제물을 흡족해하는지 읽을 수 있는 부위이기 때문이다. 그런데 이번에는 프로메테우스가 간을 통해 제우스의 독수리가 특히 좋아하는 먹이가 되었다. 그 독수리는 제우스에게 불을 가져다주는 전령으로서 신의 번갯불을 상징하는 존재다. 요컨대 프로메테우스가 훔쳤던 불이 그의 간으로 돌아와 갈가리 찢기며 늘 새롭게 시작되는 향연의 일부가 된 셈이다.

또 하나 이 이야기에서 의미 있는 부분이 있다. 프로메테우스는 모호한 존재다. 신계에서 그의 위치는 분명하지 않다. 매일 뜯어 먹히면서도 밤사이 늘 새로 돋아나는 간 이야기는 적어도 세 가지 유형의 시간과 생명력이 있음을 보여준다. 우선 신들의 시간, 즉 아무 일도 일어나지 않고 모든 것이 이미 갖추어져 있으며 어느 것도 사라지지 않는 영원의 시간이 있다. 그리고 인간들의 시간, 즉 태어나고 자라 어른이 되고 늙어 죽는, 늘 한 방향으로 흐르는 직선의 시간이 있다. 모든 생명체는 이 시간에 복종한다. 플라톤이 말했듯 직선으로 이어지는 시간이다. 끝으로, 프로메테우스의 간을 통해 생각할 수 있는 세 번째 시간이 있다. 순환하거나 지그재그로 나아가는 시간이다. 프로메테우스는 달과 같은 존재다. 이를테면 성장하고 소멸한 뒤 다시 태어나고, 그러기를 무한히 되풀이하는 존재다. 프로메테우스의 시간은 별들의 움직임과도 닮았다. 별들의 움직임은 시간 속에서 순환하며, 그것을 통해 시간을 측정할 수 있다. 신들의 영원성과도, 늘 한 방향으로 흐르다가 죽음을 맞는 지상의 시간과도 다르다. 철학자들이 변치 않는 영원성에 대한 변덕스러운 이미지라고 말함 직한 시간이다. 프로메테우스라는 인물 또한 그의 간처럼 인간들의 직선적인 시간과 신들의 영원한 시간 사이에 놓여 있다. 이 이야기에서는 매개자로서의 프로메테우스의 직분이 대단히 명백하게 드러난다.

게다가 그는 하늘과 땅 사이, 양 기둥의 중간에 묶여 있다. 그는 신과 인간들이 어울려 지내고 불멸이 지배하던 아주 먼 시대 그리고 이제 인간이 신들로부터 갈라져서 죽음과 흐르는 시간에 복종하는 시대 사이의 접합점이다. 프로메테우스의 간은 신의 영원성에 운율과 박자를 주고 신계와 인간계 사이의 중개 역할을 하는 별들을 본뜬 형상이다.

트로이 전쟁

La guerre de Troie

프랑스의 극작가 이폴리테 장 지로두Hyppolyte-Jean Giraudoux는 《트로이 전쟁은 일어나지 않는다》라는 희곡을 발표했다. 하지만 트로이 전쟁은 분명 일어났다. 그렇다고 해서 그 전쟁을 세상에 전해준 호메로스를 근거로 내세운들 무슨 소용이 있으랴! 그래봤자 허접한 요약밖에 되지 않을 테니 말이다. 대신 그 전쟁의 이유와 갈등의 의미를 이야기로 엮어볼 수밖에.

트로이 전쟁의 원인은 아주 먼 과거로 거슬러 올라간다. 이해를 돕기 위해 그 비극의 원인이 있었던 산들을 찾아가보자. 그리스에는 펠리온산이 있고, 트로아드에는 이데산이 있으며, 스파르타에는 타유게토스산이 있다. 모두 아주 높은 산들이다. 달리 말하면, 신들와 인간 사이의 거리가 다른 곳만큼 멀지 않은 곳이며, 또한 신들과 인간 사이의 경계가 완전히 지워지지는 않았지만 약간은 허물어진 곳이기도 하다. 신적인 부분과 인간적인 부분의 교류가 이따금 이루어지기도 하는 곳이다. 트로이 전쟁의 원인은 여기서 싹트기 시작했다. 신들은 인간계와 가까운 산꼭대기에서 인간과 교류하며 악을 전파했다. 신들은 땅에 정착해 살기 위해서 본거지로 삼았던 빛의 고을에서 인간을 몰아내면서 떨쳐내고 싶던 재앙까지 인간에게 떠넘겼다.

모든 일은 펠리온산에서 프티아의 왕 펠레우스와 네레이스(바다의 여신)인 테티스가 결혼하면서 시작된다. 테티스는 해수면과 바다 깊은 곳에서 우아한 자태를 뽐내며 살아가는 50명의 자매들과 마찬가지로 '바다의 노인'이라 불리는 네레우스의 딸이다. 네레우스는 우주가 창조될 때 가이아가 우라노스와 동시에 낳은 폰토스의 아들이다. 네레우스와 바다의 여신 도리스의 딸인 50명의 네레이데스는 우주를 자신의 물로 감싸며 꼭 묶어두었던 최초의 대하^{大河} 오케아노스의 후손이다.

테티스는 암피트리테(네레우스의 딸이자 포세돈의 아내로, 일명 바다의 여왕으로 불린다-옮긴이)와 함께 네레이데스를 대표하는 여신이다. 다른 바다의 여신들처럼 테티스에게도 놀라운 변신 능력이 있다. 그녀는 사자, 불꽃, 종려나무, 새, 물고기 등 어떤 형태로든 자유자재로 변신할 수 있다. 바다의 여신인 테티스는 물처럼 유연해서 어떤 것으로도 그녀를 가두어두지 못한다. 그녀는 언제든 다른 모습으로 변신할 수 있어서 움켜쥐자마자 물처럼 손가락 사이로 빠져나가 아무도 붙잡을 수 없다.

테티스는 무엇으로도 붙잡아둘 수 없는 유연함과 변신 능력 덕분에, 그리스인들에게는 오직 몇몇 신만이 누렸던 강력한 힘의 상징으로 여겨진다. 특히 제우스의 첫 번째 아내 메티스가 그랬다. 우리가 익히 알고 있듯이, 제우스의 아내는 메티스만이 아니었다. 하지만 제우스는 메티스를 첫 부인으로 삼았다. 메티스가 지닌 믿을 수 없을 정도로 유연하고 섬세한 능력때문에 그녀가 낳는 자식은 언젠가 자기보다 더 영리하고 강해지리란 사실을 알았기 때문이다. 그래서 메티스가 임신하자마자 제우스는 이런저런 계략을 꾸며 서둘러 그녀를 삼켜버렸다. 그리하여 메티스는 제우스의 몸속에 있게 되었다. 그렇게 태어난 아이가 아테나고, 그 후로 메티스에게서 다른 자식은 태어나지 못했다.

그때부터 메티스의 불가사의한 변신 능력은 온전히 제우스의 것이 되었다. 따라서 그 후로 제우스를 이길 만한 아들은 태어나지 못했다. 하지만 인간의 운명은 그렇지 않다. 남자가 아무리 강하고 영리하더라도, 또한 아무리 위엄 있고 당당하더라도 시간과 나이의 무게가 그를 무겁게 짓누르는 날이 오기마련이다. 그때가 오면 그가 낳은 자식, 그의 무릎에서 뛰놀던 자식, 그가 지켜주고 키워낸 자식이 아버지보다 더 힘센 사내가 되어 아버지의 자리를 차지하게 된다. 하지만 신들의 세계에서는 제우스가 확고하게 자리를 구축하자 누구도 그를 물리치고 왕위를 차지할 정도의 힘을 갖지 못했다.

변신의 마법을 가진 테티스는 고혹적이고 매력적인 여신

이어서 두 신이 동시에 그녀를 사랑했다. 바로 제우스와 포세이돈이다. 둘은 서로 테티스를 차지하려고 다투었다.

훗날 신의 세계에서 제우스와 프로메테우스가 대립할 때 프로메테우스가 남몰래 간직하던 무기, 즉 프로메테우스의 비장의 무기는 오로지 그만이 알고 있는 바로 그 치정 싸움에 얽힌 무시무시한 비밀이었다. 그 비밀이란, 제우스가 바라는 대로 테티스와 결합하면 둘 사이에서 태어나는 자식이 언젠가 제우스를 물리치리라는 예언이었다. 제우스가 자신의 아버지인 크로노스에게 그랬고, 크로노스가 자신의 아버지인 우라노스에게 그랬던 것처럼! 따라서 세대 간의 싸움, 즉 젊은이와 노인, 아들과 아버지를 대립시키는 경쟁 관계가 영원히 신계에서도 계속되면서 제우스가 우주의 군주로서 확립하며 확고부동하길 원한 질서가 끝없이 도전받게 된다는 예언이었다.

그런데 제우스는 그 비밀을 어떻게 알아냈을까? 제우스가 프로메테우스와 화해하면서 그 비밀을 밝힌다는 조건으로 헤라클레스를 시켜 프로메테우스를 풀어주게 했다는 이야기가 있다. 따라서 제우스는 자신에게 닥칠 위험을 미리 알게 되었고, 포세이돈 역시 마찬가지였다. 결국 두 신 모두 테티스를 차지하기를 포기했다. 그럼 테티스는 영원히 처녀로 남아 사랑을 경험하지 못했을까? 그렇지 않다. 제우스와 포세이돈은 너그러운 신들이었다. 그들은 테티스를 한 인간과 결혼시킴으로써 두 가지 문제를 동시에 해결했다. 테티스와 함께, 때가 되면 모든 것을 젊은이에게 양보해야 한다는 숙명을 인간에게 넘겨주었다. 테티스는 모든 면에서 뛰어난 아이를 낳게 된다. 그 아이는 모든 면에서 아버지를 능가한다. 인간계에서 그는 전사의 덕목을 완벽하게 갖춘 영웅의 모델이 된다. 과연 그 아이는 누구일까? 바로 테티스와 펠레우스의 아들 아킬레우스다. 아킬레우스는 트로이 전쟁에서 중요한 역할을 맡는다. 그러므로 트로이 전쟁의 발단은 테티스를 둘러싼 제우스와 포세이돈의 삼각관계였다 해도 과언이 아니다.

펠레우스와 테티스의 결혼에 숨은 의미

제우스와 다른 신들은 프티아 국왕인 펠레우스를 여신 테티스와 결혼시키기로 만장일치로 동의했다. 그럼 테티스의 동의는 어떻게 얻어냈을까? 아무리 제우스라 하더라도 언젠가는 죽기 마련인 일개 인간과의 불명예스러운 결혼을 어떻게 설득했을까? 신들에게 그렇게 신분이 낮은 인간과 결혼하라고 강요하거나 중재할 수는 없는 노릇이었다. 따라서 바다의 신들을 굴복시킴으로써 원하는 것을 쟁취했던 다른 영웅들처럼 펠레우스 역시 테티스를 아내로 얻기 위해서는 독자적으로 일을 해결해야 했다. 변신하는 바다 괴물 프로테우스(바다의 노인이라 불리는 해신 중 하나로, 트로이 전쟁을 끝낸 후 귀향길에 어느 섬에서 발이 묶인 메넬라오스에게 붙잡혀 그에게 빠져나갈 방법을 알려준다─옮긴이)와 싸워 승리를 얻어냈던 메넬라오스처럼 말이다. 그래서 펠레우스는 해저 저택에 있던 테티스를 납치해 자신의 궁전으로 데려갈 계획을 세웠다.

펠레우스가 어느 화창한 날 바닷가에 온 것은 바로 그런 이유 때문이었다. 펠레우스는 테티스가 수면에 떠오르는 모습을 보고 그녀에게 말을 거는 척하다가 재빨리 그녀를 붙잡아 끌어당겼다. 테티스는 몸부림을 치며 온갖 형태로 변신을 했다. 하지만 펠레우스는 변신 능력이 뛰어난 여신을 붙잡기 위해선 힘껏 거머쥐고 절대로 놓지 않는 방법밖엔 없다고 미리 단단히 주의를 받은 터였다. 여신의 몸에 팔을 둘러 두 손을 깍지 낀 채 그녀가 멧돼지, 사나운 사자, 뜨거운 불, 물 등 어떤 형태로 변해도 절대 달아날 수 없도록 있는 힘껏 옭아맸다. 결국 테티스는 자신이 사용할 수 있는, 그러나 한계가 있는 변신이라는 무기를 그만 포기할 수밖에 없었다. 할 수 있는 모든 변신을 다 해본 후 결국 자신이 가진 본래의 젊고 아름다운 여신의 모습으로 돌아왔다. 테티스가 졌다.

테티스가 자신을 옥죄고 있는 펠레우스에게서 벗어나려고

마지막으로 했던 변신 형태는 오징어였다. 그때부터 펠레우스와 테티스가 몸싸움을 벌인 좁다란 반도는 세피아곶, 즉 오징어 곶이라 부르게 되었다. 그렇다면 왜 하필 오징어였을까? 오징어는 위협을 느끼면 검은 먹물을 내뿜어 몸을 완전히 감춘 뒤 자신이 발산한 어둠 속으로 사라지는 습성이 있기 때문이었다. 그것이 테티스의 마지막 카드였다. 테티스는 오징어처럼 먹물을 내뿜었다. 하지만 펠레우스는 시커먼 어둠을 덮어쓰고도 꿋꿋이 버티며 포옹을 풀지 않았기에 테티스는 결국 벗어나기를 포기했다.

그렇게 해서 결혼이 성사되었고 펠레우스는 펠리온산 정상에 올라 자축했다. 펠리온산은 신들과 인간들의 거리가 가까운 산이기도 하지만, 실은 모두가 한자리에 모인 가운데 불공정한 교환이 이루어지게 될 산이었다. 신들이 여신과의 결합이라는 특권으로 펠레우스에게 보낸 것은 그 결혼이 장차 인간들에게 가져다줄 온갖 위협이었다. 신들은 인간들이 원하지 않는 위협을 은근슬쩍 인간 세계로 밀어 넣었다. 어찌 되었든 신들은 찬란한 하늘의 올림포스산에서 내려와 결혼식이 거행되는 펠리온산 정상에 모두 모였다.

펠리온산은 신들과 인간들이 만나는 장소일 뿐만 아니라 한편으로는 켄타우로스들, 특히 그들 중 가장 늙고 유명한 케이론의 휴양지였다. 켄타우로스는 양면적인 신분에 위상도 모호했다. 그들은 인간의 머리와 말의 몸을 가진, 성격이 난폭한 반인반마의 괴물이다. 잔인하기 짝이 없는 인간 이하의 짐승 같은 존재인 동시에 영웅을 길러내는 초인적 존재이기도 했다. 난폭한 성격으로 말하자면, 켄타우로스는 술에 취해 여자들을 겁탈하기도 했다. 반면에 케이론처럼 지혜와 용기의 귀감이 되기도 하여 진정한 영웅이 되고자 하는 젊은 청년들은 그들로부터 지혜와 용기, 사냥, 무기술, 노래, 춤, 추론법, 자기 절제 방법 등과 같은 온갖 미덕을 배워야 했다. 이는 바로 케이론이 장차 영웅이 될 숱한 아이들과 특히 아킬레우스에게 가르치게 될 미덕이기도 했다.

그렇게 펠리온산에서 신들과 인간들, 동물과 초인적 존재들이 한데 어울린 가운데 펠레우스와 테티스의 결혼식이 거행되었다. 무사이가 결혼 축가를 부르고 신들은 저마다 선물을 하나씩 가져왔다. 펠레우스는 물푸레나무 창과 헤파이스토스가 직접 만든 갑옷, 두 필의 멋진 불멸의 말 발리오스와 크산토스를 받았다. 마치 바람처럼 세상 그 무엇도 따라잡을 수 없을 정도로 빠른 이 말들은 말 울음소리가 아닌 인간의 말을 했다. 죽음의 운명이 전장에서 인간들을 위협할 때 이 말들은 마치 먼 곳에 있는 신들이 곁에 와서 이야기하듯 예지적인 이야기들을 인간의 목소리로 들려주었다. 아킬레우스와 헥토르의 전투에서 헥토르가 패배하여 죽은 후, 이 말들은 아킬레우스에게 머잖아 그도 죽게 되리라고 알려준다.

환희 속에 노래와 춤이 어우러지며 한바탕 축제가 열리고 신들이 펠레우스에게 하사품을 내리고 있을 때, 펠리온산에 초대받지 못한 불화와 질투, 증오의 여신 에리스가 나타났다. 에리스는 초대받지 않았는데도 근사한 사랑의 선물을 들고 결혼식장에 불쑥 나타났다. 사랑하는 사람을 향한 정열의 증거물인 황금 사과였다. 에리스는 모든 신이 참석한 축제 한가운데에 그 매혹적인 선물을 던졌다. 황금 사과에는 다음과 같은 글귀가 씌어 있었다. '가장 아름다운 여신에게.' 그곳에 있던 세 여신은 저마다 그 사과의 주인은 당연히 자신이 되어야 마땅하다고 생각했다. 바로 아테나와 헤라와 아프로디테였다. 과연 누가 그 사과를 가져갈까?

눈부시게 빛나는 황금 사과는 그곳 펠리온산의 정상에 놓인 채 주인이 나타나주기를 기다렸다. 신들과 인간들이 한데 모였고, 펠레우스는 온갖 마법의 힘을 이긴 끝에 마침내 테티스를 붙잡는 데 성공해 결혼반지를 나누어 낀 참이었다. 바로 그 순간에 던져진 그 사과 때문에 트로이 전쟁이 일어난다. 트로이 전쟁은 단지 인간 역사의 우연 속에서 시작된 것이 아니라 신들과 인간들의 관계로 생긴 좀더 복잡한 상황에 뿌리를 두고 있었다. 신들은 늙는 것도, 세대 간의 계승 문제로 싸움이 벌어지는 것도 원하지 않았기에 그것을 인간들의 운명으로 돌리는 대신 그들에게 여신을 아내로 제공했다. 그렇게 해서 그 비극적인 상황이 돌발하게 되었다. 남자와 여자라는 서로 다른 존재가 화합하는 결혼식 한가운데에서 대립과 전쟁의 신 아레스 그리고 일치와 화합의 여신 아프로디테가 나란히 얼굴을 맞댄 것이다. 사랑, 열정, 유혹, 에로틱한 쾌락은 어떤 면에서는 상대를 이기고자 하는 열망, 그 폭력의 다른 측면이다. 그리고 남녀가 결합하여 새로운 세대를 형성하면, 즉 인간이 결혼을 하고 번식을 함으로써 땅이 활발하게 경작되거나 이용된다면 인간들의 수는 크게 늘어난다.

그래서 그리스인들은 트로이 전쟁이 벌어진 진짜 이유는 인구가 급격히 증가하자 신들이 그 소란스러운 무리에 짜증이 나서 땅 위를 깨끗이 치우길 원했기 때문이라고 말한다. 신들이 대홍수를 일으키기로 결심했다는 바빌로니아인들의 '노아의 대홍수' 이야기에서처럼 말이다. 인간들은 지나칠 정도로 소란스럽게 굴었다. 한쪽은 신들이 서로를 바라보며 명상에 잠기는 더없이 찬란하고 조용한 세상인데, 다른 한쪽에는 흥분한 채 목이 쉬도록 소리 지르고 싸우는 인간들이 있었으니, 신들이 생각하기에는 전쟁이야말로 문제를 해결할 적당한 방책이었을 터다. 다시 고요로 돌아가기 위해서다.

인간 파리스의 선택을
기다리는 세 여신

그렇게 해서 트로이 전쟁으로 이어지는 시나리오의 첫 막이 끝났다. 가장 아름다운 여신에게 주어지는 황금 사과는 과연 누구에게 돌아갈까? 신들은 사과를 잘라 나눌 수도 없었다. 만일 제우스가 한 여신을 선택했다면 다른 두 여신의 원망을 샀을 것이다. 제왕인 제우스는 이미 세 여신 각자에 속한 권력과 영토와 특권을 확고히 결정해놓았다. 그런데 아내인 헤라 편을 든다면 편파적이라고 지탄받을 테고, 아프로디테 편을 든다면 사랑의 욕망 앞에 저항하지 못한다는 증거가 될 판이었다. 그래서 제우스로서는 도저히 어느 한 여신의 손을 들어줄 수가 없었다. 그러자 신들은 떠맡고 싶지 않은 결정의 책임을 다시 한 평범한 인간에게 떠넘겼다. 인간들이 스스로 원하지 않았던 불행이나 죽음의 운명을 멋대로 인간의 몫으로 떠넘겼듯이.

이제 두 번째 막이 오른다. 장소는 이데산이다. 트로이에 위치한 이곳에서는 한 젊은 영웅이 열심히 단련 중이었다. 도시나 경작지와는 동떨어진 척박하고 황량한 고지대인 이곳은 목동과 가축, 들짐승과 사냥꾼 외에 어떤 동반자도 없는 고독한 공간이었다. 그곳에서 야성적인 한 청년이 영웅이 되기 위해 용기와 인내심, 통제력을 기르며 심신을 연마하고 있었다.

세 여신의 경쟁을 해결하기 위해 선택된 청년의 이름은 파리스였다. 어린 시절에 불리던 또 다른 이름은 알렉산드로스였다. 헤르메스가 세 여신을 수행하여 이데산으로 내려가고 있을 때 파리스는 그곳에서 아버지의 왕실 소 떼를 지키고 있었다. 말하자면 왕실 소몰이꾼 역할을 하는 목동 겸 왕자로서, 꽃 같은 청춘기를 맞은 아름다운 청년이었다. 사실 파리스는 아나톨리아 연안에 자리 잡은 대단히 부유하고 강력한 거대 도시 국가 트로이의 왕 프리아모스와 왕비 헤카베의 막내아들이었다.

왕비 헤카베는 출산이 임박했을 무렵에 트로이에 불을 지르는 횃불을 낳는 기이한 꿈을 꾸었다. 당연히 그녀는 예언자나 해몽에 탁월하기로 소문난 친척들에게 그 꿈이 무슨 의미냐고 물었다. 그녀가 들은 얘기는 제법 자명했다. 그녀가 낳는 아이가 불과 불꽃으로 트로이를 멸망시키리라는 얘기였다. 어떻게 하면 좋을까? 헤카베는 할 수 없이 옛사람들이 하던 대로 했다. 아이를 직접 죽이지 않고 죽음에 맡기는 것, 즉 내버리는 방법이었다.

프리아모스는 목동 하나를 불러 아이를 아무도 없는 곳에 내버리도록 했다. 그곳이 바로 젊은 영웅이 홀로 수련에 매진하던 고독한 장소였다. 경작지나 사람들이 왕래하는 평야가 아니라 인간들로부터 멀리 떨어져 들짐승들이나 오가는 산허리, 먹을 것도 돌봐줄 이도 하나 없는 황량한 곳이었다. 아이를 그런 곳에 내버린다는 건 손에 피를 묻히지 않고 아이를 이 세상에서 없애는 길이었다.

하지만 늘 그렇듯이 아이는 죽지 않았다. 우여곡절 끝에 다시 나타났을 때 그는 죽음의 시련을 겪고 빠져나왔음을 분명하게 드러내는 자질들을 지니고 있었다. 태어나면서부터 죽음의 문턱을 무사히 건넜다는 사실은 그에게 예외적 존재이자 선택된 존재로서의 광채를 부여했다. 그럼 버려진 파리스에게는 그 사이에 어떤 일이 있었을까? 처음 며칠 동안은 웬 곰 한 마리가 젖을 먹여 목숨을 부지해주었다. 걷는 모습이나 새끼들을 돌보는 모습이 흡사 인간처럼 보이는 암곰이었다. 암곰이 잠시 아기에게 젖을 먹였고, 그다음에는 이데산을 왕래하던 왕의 목동들이 그를 발견하여 데려갔다. 목동들은 물론 그 아이가 누구인지도 모르는 채 길렀다. 파리스라는 본명을 몰랐으므로 알렉산드로스라고 불렀다.

세월이 흘렀다. 어느 날 궁전의 특사가 소 떼 중에서 가장 잘 생긴 황소를 찾으러 왔다. 프리아모스와 헤카베가 자신들이 내버린 아이와 헤어진 날을 기리고 죽은 아이를 애도하기 위해 제물로 바칠 소였다. 하지만 선택된 소가 하필 젊은 알렉산드로스가 가장 아끼던 소여서 그는 소를 구하기 위해 뒤를 쫓아갔다. 망자를 기리는 제사 의식이 있을 때면 언제나 제사 외에도 권투나 레슬링, 투창 같은 경기가 벌어지곤 했다. 젊은 알렉산드로스도 경기에 참가하여 프리아모스의 다른 아들들과 함께 트로이의 엘리트 젊은이들과 경합을 벌였다. 그리고 모든 경기에서 우승을 차지했다.

모두 어리둥절하여 저토록 아름답고 강하며 기량마저 뛰어난 저 낯선 목동은 누굴까 수군거렸다. 프리아모스의 아들 중 하나인 데이포보스는 겁을 먹고 누구보다 월등한 그 불청객을 죽이기로 마음먹었다. 데이포보스가 추격해오자 알렉산드로스는 제우스의 신전으로 숨어들었다. 그곳에는 마침 누이인 카산드라도 있었다. 미모가 빼어난 카산드라는 태양의 신 아폴론의 사랑을 받았으나 그의 구애를 거절했다. 그래서 거절에 대한 앙갚음으로 아폴론은 카산드라에게 미래를 예견할 수 있는 능력을 주었다. 대신 아무도 그녀의 예언을 믿지 않게 하여 쓸모없는 재능 때문에 오히려 더 불행해지도록 했다. 동생을 알아본 카산드라는 데이포보스에게 이렇게 말했다.

"조심해. 그 낯선 청년은 우리 동생 파리스야."

파리스이자 알렉산드로스인 그는 버려질 때 입고 있던 배내옷을 보여주었다. 그 옷을 본 프리아모스와 헤카베는 이내 아들을 알아보았다. 헤카베는 기뻐서 어쩔 줄 몰랐고 선량한 늙은 왕 프리아모스 역시 자식을 되찾아 몹시 기뻤다. 그렇게 해서 파리스는 다시 왕가에 합류했다.

이제 다시 이데산으로 돌아가보자. 세 여신이 제우스의 명령대로 헤르메스의 인도를 받아 그를 찾아왔을 때, 파리스는 이미 왕자의 자리를 되찾은 후였지만 여전히 목동으로 지내며 소 떼를 돌보고 있었다. 그는 이데산의 남자였다. 파리스는 헤르메스와 세 여신이 다가오는 모습을 보고 놀란 한편 내심 불안했다. 대체로 여신이 인간 앞에 공공연히 모습을 드러낼 때는 그다지 좋은 일이 생기지 않았기 때문이다. 아무도 신을 볼 권리가 없었으니까. 대단한 특권인 동시에 위험한 일이었다. 그래서 아테나를 보았던 테이레시아스는 그 대가로 시력을 잃었다고 한다. 그리고 바로 그 이데산에서, 하늘에서 내려온 아프로디테는 훗날 아이네아스(트로이 전쟁의 영웅이자 훗날 로마의 시조가 되는 인물-옮긴이)의 아버지가 되는 안키세스와 결합했다. 아프로디테와 잠을 잔 평범한 인간 안키세스는 이튿날 아침 여신의 아름다움을 보고 겁에 질려 이렇게 한탄했다.

전 이제 끝장이로군요. 전 앞으로 다시는 여자와 육체관계를 가질 수 없을 겁니다. 여신과 관계를 맺은 인간은 이제 평범한 인간 여인의 품에는 안기지 못할 테니까요. 그러니까 그런 인간의 삶과 눈, 생식력은 파멸된 거나 다름없지요.″

그러니까 말하자면 파리스도 겁에 질렸다는 뜻이다. 그러자 헤르메스가 안심시켜주었다. 헤르메스는 파리스에게 선택을 해야 한다고, 상을 수여해야 한다고, 이미 신들이 그렇게 결정했다고 설명했다. 그의 눈에 누가 가장 아름다워 보이는지 말해야 한다고 했다. 파리스는 몹시 난처했다. 세 여신의 아름다움은 물론 우열을 가릴 수 없었다. 그런 데다 여신들은 제각각 구미가 당기는 약속들로 그를 유혹했다. 저마다 자신을 뽑아준다면 자신만이 줄 수 있는 특권인 유일무이한 권력을 주겠노라고 맹세했다.

아테나는 이렇게 말했다.

"날 선택한다면 모든 전투에서 승리하게 해주겠다. 너는 온 세상이 부러워할 지혜를 얻게 될 것이다."

헤라는 이렇게 선언했다.

"만일 날 선택한다면 왕위를 얻게 해주마. 넌 전 아시아의 군주가 될 것이다. 제우스의 아내로서 내 침대 속에는 절대 권위가 새겨져 있으니 말이다."

한편 아프로디테는 이렇게 약속했다.

세 여신은 제각각 구미가 당기는 약속들로 파리스를 유혹했다.
저마다 자신을 뽑아준다면 자신만의 특권으로
유일무이한 권력을 주겠노라고 맹세했다.

산드로 보티첼리, 〈파리스의 심판〉(1485–1488), 키니궁전 소장.

"날 고른다면 넌 완전한 유혹자가 될 것이다. 세상에서 가장 아름다운 여인을 얻게 해주마. 이미 명성이 자자한 아름다운 헬레네를 너에게 주겠다. 그녀는 널 보는 순간 너에게 빠져들 것이다. 넌 그 아름다운 헬레네의 연인이자 남편이 되는 거지."

전투에서의 승리, 왕위, 아름다운 헬레네……. 결국 파리스는 헬레네를 선택했다. 이제 신들과 인간들 사이의 관계를 배경으로 이 이야기의 세 번째 막을 알리는 사건이 일어난다.

헬레네는
유죄인가 무죄인가

세 번째 막은 헬레네를 중심으로 펼쳐진다. 그럼 절세 미녀 헬레네는 또 누구일까? 헬레네 자체가 신들이 인간 세계에 침입한 결실이었다. 헬레네의 어머니 레다는 칼리돈의 왕 테스티오스의 딸이었다. 한창 젊은 나이의 레다는 스파르타 사람인 틴다레오스를 만났다. 틴다레오스는 파란만장한 정치 생활 끝에 조국에서 추방되어 테스티오스 곁에서 망명하던 중이었다. 빼앗긴 왕위를 되찾으러 스파르타에 돌아가기 전에 틴다레오스는 레다와 사랑에 빠져 그녀에게 청혼했다. 두 사람의 결혼식은 많은 하객의 축하를 받으며 성대하게 거행되었다.

그런데 레다의 빼어난 미모에 마음을 빼앗긴 이는 비단 틴다레오스만이 아니었다. 올림포스의 꼭대기에 있던 제우스도 그녀를 점찍었다. 그때부터 제우스는 헤라나 다른 애인들은 생각하지도 않고 오로지 한 가지 생각에만 골몰했다. 바로 그 젊은 여인과 사랑을 나누는 일이었다.

결혼식 날, 즉 틴다레오스와 레다가 한 침대를 쓰는 바로 그날 밤, 제우스는 백조로 변신하여 그녀를 찾아가 그녀와 결합했다. 레다는 틴다레오스의 아이들과 제우스의 아이들을 동시에 가졌다. 두 딸과 두 아들, 네 명의 아이들이었다. 또 흔히 제우스가 강제로 겁탈한 여인이 사실은 여신 네메시스였다고 전해지기도 한다. 그를 피하기 위해 네메시스는 거위로 변신했지만 제우스는 백조로 변신해 그녀와 교접했다. 그 일은 스파르타 근처의 타유게토스산 정상에서 일어났다. 산꼭대기에 거위인 네메시스가 알을 버리자(알이 두 개였다는 이야기도 있다) 한 목동이 서둘러 그것을 레다에게 전해주었다. 그 알 속에서 아이들이 껍데기를 깨고 나오자 레다는 그들을 자신의 아이들로 길렀다.

네메시스는 밤의 여신 닉스의 딸로 무시무시한 여신이었다. 닉스가 암흑의 신 에레보스와 결합하여 낳은 형제자매들인

타나토스(죽음), 모이라이(운명), 에리스(분쟁)와 같은 부류였다. 하지만 네메시스는 한편으로 밤의 여성적인 측면도 갖고 있었다. 즉 쾌락과 속임수를 규합하는 달콤한 거짓말(프세우데아)과 연정(필로테스)이다. 네메시스는 잘못에 대한 처벌을 감시하는 복수의 여신이기도 했다. 그녀는 죄인을 징벌하기 전에는, 그리고 지나치게 성공해 신들의 질투심을 자극할 정도로 거만해진 인간의 오만함을 꺾기 전에는 잠시도 쉬지 않았다. 어떤 이야기에서는 여신 네메시스가 인간들에게 신이 되지 못하는 불행의 대가를 치르게 하기 위해 평범한 인간 여인 레다의 모습을 빌렸다고 전하기도 한다.

그리고 네 아이에 대해서 말하자면, 쌍둥이 두 아들은 합하여 디오스쿠로이('제우스의 아들들'이라는 뜻. 동시에 이들은 틴다레오스의 아들들이기도 했다)라 불리는 카스토르와 폴리데우케스이고, 두 딸은 헬레네와 클리타임네스트라다. 그들은 다행인지 불행인지 신과 인간이 결합된 존재였다. 인간 남편인 틴다레오스와 신인 제우스의 씨앗이 네메시스-레다의 품속에 섞여 모든 것이 극명히 대립된 채 결합되어 있었다.

남자 쌍둥이 중 폴리데우케스는 제우스의 직계로 불멸의 존재인 반면, 카스토르는 틴다레오스의 아들이었다. 그래서 그들이 사촌들인 이다스와 린케우스에 맞서 싸웠을 때 카스토르는 죽어서 지옥에 떨어진 반면, 폴리데우케스는 부상을 입긴 했지만 싸움에서 이겨 제우스의 부름을 받아 올림포스산으로 영광스럽게 승천했다. 그렇지만 아버지도 타고난 속성도 달랐음에도 두 형제는 서로 결속되어 있는 쌍둥이였으므로 차마 서로 떨어질 수가 없었다. 그래서 폴리데우케스는 제우스로부터 형제와도 불멸성을 나누도록 허락을 받았다. 그래서 그들은 절반은 신들이 있는 하늘에서 쉬고, 나머지 절반은 죽은 자들이 있는 지옥인 지하 어둠의 왕국에 망명하는 혜택을 받았다.

클리타임네스트라와 헬레네 역시 이중의 비운을 갖고 태어난 자매였다. 클리타임네스트라의 운명은 인간인 틴다레오스의 딸이라고 전해지는 것처럼 온통 암울했다. 그녀는 자신의 가문인 아트레우스 혈통을 짓누르는 저주의 화신, 트로이의 승리자 아가멤논의 불명예스러운 죽음을 가져오는 복수의 정령이었다.

반면 제우스의 딸인 헬레네는 자신이 야기할 불행에서조차 유혹적인 힘과 함께 아름다운 광채를 빛내며 신의 후광을 발산했다. 남편도 아이들도 궁도 다 버리고 불륜의 연인인 젊은 이방인을 따라나선 그녀는 과연 유죄인가 무죄인가? 때로 사람들은 헬레네가 낯선 왕자의 동양적인 화려함에 매혹되어 욕망에 쉽게 굴복했을 거라고 말한다. 때로 사람들은 정반대로 헬레네가 자신의 의지와 상관없이 강제로 납치되었다고 단언하기도 한다.

어쨌든 한 가지 사실은 확실하다. 파리스와 함께 달아난 헬레네 때문에 트로이 전쟁이 발발했다는 사실이다. 그렇지만 전쟁이 일어난 것은 단지 아내를 되찾아야겠다고 결심한 한 남자의 질투심 때문만은 아니었다. 사태는 훨씬 더 심각했다. 타협과 환대, 이웃 관계, 맹세가 폭력, 증오, 분열이라는 극점과 충돌한 탓이다.

헬레네가 결혼 적령기에 이르자 아버지 틴다레오스는 진귀한 보석처럼 빼어난 미모의 딸을 보며 결코 아무 하고나 결혼을 시켜서는 안 되겠다고 생각했다. 그래서 그리스에 있는 미혼의 모든 젊은이, 왕족, 왕을 왕궁으로 불러들인 뒤 그들 가운데 가장 적합한 인물을 선택하려 했다. 그들은 한동안 왕궁에서 다 함께 지냈다. 틴다레오스는 그들 중 누구를 선택해야 할지 난감했다. 그런데 그에게는 오디세우스라는 대단히 영리한 조카가 있었다. 오디세우스는 헬레네의 아버지에게 이렇게 조언했다.

"해결책은 한 가지밖에 없습니다. 선택을 하시기 전에 우선, 그 선택은 틀림없이 파란을 일으킬 테니 모든 구혼자에게 만장일치로 한 가지 맹세를 받아놓으십시오. 헬레네가 어떤 결정을 내리든 그 선택을 받아들이고 모두 결혼식에 참석하겠다고 말입니다. 그러면 만일 선택된 사람에게 무슨 좋지 않

은 일이 생기더라도 그들은 모두 그 남편과 연대감을 느끼게
될 겁니다."

그렇게 해서 구혼자들은 모두 서약을 하고 헬레네에게 누
가 가장 마음에 드는지 말해달라고 요구했다. 헬레네가 선택한
사람은 메넬라오스(스파르타의 왕이자 탄탈로스 가문의 후손-옮긴
이)였다.

그런데 메넬라오스는 이미 파리스를 알고 있었다. 트로이
를 여행할 때 파리스가 그를 맞아주었던 인연이 있었기 때문이
다. 그래서 곧이어 파리스가 아이네아스를 동반하고 그리스에
들렀을 때 파리스는 우선 헬레네의 형제들인 디오스쿠로이에
게서 성대하게 접대를 받았고 이어서 메넬라오스의 초대로 헬
레네가 있는 스파르타에 들렀다. 메넬라오스는 손님인 파리스
에게 선물을 주면서 극진히 대접했다. 그러다 갑자기 메넬라오
스가 친척의 장례식에 참석해야 할 일이 생겼다. 그래서 그는
헬레네에게 자신을 대신해서 파리스를 따뜻하게 접대해주라
고 부탁하면서 떠났다.

메넬라오스가 장례식 참석을 위해 여행을 떠난 덕에 파리
스는 헬레네에게 매우 극진한 대접을 받았다. 메넬라오스가 스
파르타에 있었다면 왕궁의 여인들이 이방인과 친밀하게 지내
는 일은 불가능했을 터다. 엄연히 왕이 할 일이었으니까. 그런

데 졸지에 헬레네의 일이 되어버렸다.

파리스와 아이네아스는 잠시도 지체하지 않고 합의된 일이었든 강제였든 간에 아름다운 헬레네와 함께 배를 타고 트로이를 향해 떠났다. 메넬라오스는 스파르타에 돌아오기가 무섭게 형 아가멤논을 찾아가 헬레네의 배신과 무엇보다도 파리스의 반역을 알렸다. 아가멤논은 오디세우스와 부하들에게 예전의 구혼자들을 찾아가 맹세했던 연대감을 일깨워 소환하라고 명령했다.

온 그리스인이 집결하여 단순한 절세 미녀가 아닌, 그리스 여인이자 한 사람의 아내이자 왕비인 헬레네를 강탈해간 파리스에게 보복하고자 했다. 그렇지만 우선은 전쟁에 앞서 타협을 시도했다. 메넬라오스와 오디세우스가 먼저 사절단으로 트로이에 가서 문제를 순조롭게 풀어보기로 했다. 벌금이나 잘못에 대한 배상을 지불하는 방식으로 어떻게든 평화롭게 타협을 봐서 다시 우호 관계를 맺으려 애썼다.

일부 트로이 귀족들은 평화적인 해결책을 지지했다. 특히 데이포보스의 경우가 그랬다. 하지만 최후 결정은 원로들의 몫이었다. 그 사건은 왕실의 권한을 초월하는 일이었기 때문이다. 그리하여 메넬라오스와 오디세우스는 원로들의 회의에 참석하게 되었다. 그런데 그곳에 모인 프리아모스의 자손들은 일체의 타협을 거부했을 뿐만 아니라 심지어 오디세우스와 메넬라오스를 살려서 돌려보내서는 안 된다고 주장하기까지 했다. 하지만 주인으로서 그들을 맞아들인 데이포보스는 그들을 보호하는 입장을 고수했다. 결국 그들은 데이포보스 덕분에 목숨은 건졌지만 임무에는 실패한 채 그리스로 돌아가 타협이 물거품이 되었음을 알렸다. 이제 남은 건 전쟁뿐이었다.

짧은 인생,
불멸의 영광을 택하다

모든 그리스인이 트로이 원정을 열렬히 지지한 건 아니었던 모양이다. 심지어 오디세우스는 달아나려고까지 했다. 아내 페넬로페가 아들 텔레마코스를 막 낳은 참이었기 때문이다. 그는 아내와 어린 아들을 두고 원정을 떠나기에는 시기가 적절치 않다고 생각했다. 트로이 왕자에게 납치당한 헬레네를 되찾아오기 위해 전쟁을 벌인다는 소식을 들었을 때 그는 원정 의무를 회피하려고 미치광이 행세를 했다. 가장 지혜롭고 약삭빠른 오디세우스가 가장 단순한 체한 셈이다.

이타케섬까지 찾아가서 오디세우스에게 집결 명령을 전한 사람은 노장 네스토르였다. 네스토르는 당나귀 한 마리와 암소 한 마리를 묶은 쟁기를 끌고 오는 오디세우스를 발견했다.

영웅 오디세우스는 밀 대신 자갈들을 뿌리며 뒷걸음질을 치고 있었다. 네스토르를 빼고는 다들 어처구니없다는 듯 바라보았다. 하지만 지혜로운 네스토르는 영리해서 오디세우스가 늘 그렇듯 꾀를 내어 속임수를 쓰고 있음을 알아차렸다. 네스토르는 오디세우스가 뒷걸음질을 치며 쟁기를 미는 동안 어린 텔레마코스를 붙잡아 쟁기날 앞에 내려놓았다. 오디세우스는 질겁하며 아이가 다치지 않도록 얼른 품에 안아 들었다. 그렇게 해서 위장이 탄로 난 오디세우스는 결국 마지못해 원정을 떠날 수밖에 없었다.

한편 테티스의 남편인 늙은 펠레우스는 여러 자식을 두었지만 모두 죽고 남은 자식이라고는 아킬레우스뿐이었다. 어린 막내아들마저 언젠가 전쟁터로 떠날지 모른다고 생각하니 도저히 견딜 수가 없었다. 그래서 미리 선수를 쳐 어린 아들을 스키로스에 보내 그 섬의 공주들 속에 숨겼다. 아킬레우스는 그곳에서 소녀들 틈에 섞여 여장을 하고 지냈다. 어렸을 때 케이론과 켄타우로스 일족에게 양육되었던 아킬레우스는 이제 더는 남성성을 숨길 수 없는 나이가 되었다. 하지만 턱수염은 아직 채 자라지 않았고 털도 무성하지 않아 제법 매력적인 소녀처럼 보였다. 남자아이 같기도 여자아이 같기도 한 사춘기 나이의 중성적인 아름다움을 지닌 아킬레우스는 여자 친구들과 함께 태평하게 지냈다.

그러던 어느 날 오디세우스가 아킬레우스를 찾아 그곳에 왔다. 사람들은 그곳에는 남자아이가 없다고 했다. 그러자 오디세우스는 수예 재료를 판매하는 떠돌이 방물장수 행세를 하며 들여보내 달라고 했다. 50명의 소녀들 틈바구니에서 아킬레우스는 쉽사리 눈에 띄지 않았다. 오디세우스는 등에 지고 있던 채롱에서 소녀들에게 보여줄 물건들을 꺼내놓았다. 옷감, 자수품, 단추, 보석 등 갖가지 물건이 쏟아져 나오자 49명의 소녀는 앞을 다투어 감탄하며 물건들을 구경하는데, 유독 한 아이만 무관심하게 한쪽 구석에 있었다. 그러다가 오디세우스가 단검을 꺼내 들자 그 매력적인 어린 소녀가 황급히 단검으로 달려들었다.

순간 벽 뒤에서 전사의 트럼펫이 울리며 소녀들을 공포의 도가니에 몰아넣었다. 소녀들은 제각기 자신이 고른 물건을 들고 달아나는데 손에 단검을 든 아이만은 전투에 뛰어들기 위해 소리 나는 곳으로 향했다. 네스토르가 오디세우스의 정체를 밝혀낸 것처럼 오디세우스도 아킬레우스의 정체를 밝혀냈다. 그렇게 해서 이번에는 아킬레우스까지 전투에 뛰어들 채비를 갖추었다.

아킬레우스가 태어나기 전, 테티스는 아들 일곱 명을 낳았다. 여신 테티스는 자신의 아들들이 아버지처럼 평범한 인간이 되도록 내버려둘 수 없었다. 그래서 아이들을 불사신으로 만들

궁리를 했다. 테티스는 아이들을 불 속에 넣어 그들이 갖고 있는 부패의 원인인 습기를 없애려 했다. 하지만 모두 불 속에서 타죽고 말았다.

가엾은 펠레우스는 몹시 낙담했다. 그래서 아킬레우스가 태어나자 적어도 그 아이만큼은 살려야겠다고 결심하고 테티스가 아이를 불 속에 넣으려 할 때 다급히 아이를 가로챘다. 다행히도 불은 아이의 입술과 발뒤꿈치의 뼈만 살짝 스쳤을 뿐이었다. 그러자 펠레우스는 케이론에게 부탁해 펠리온산으로 가서 빠르게 잘 달렸던 어느 켄타우로스의 시체를 묻어주고 그 시체의 발뒤꿈치를 떼어내 어린 아킬레우스에게 옮겨주도록 했다. 그래서 아킬레우스는 아주 어렸을 때부터 사슴처럼 빨리 달렸다. 이 이야기가 첫 번째 판본이다.

또 다른 이야기에 따르면, 아킬레우스를 불사신으로 만들기 위해 테티스가 아이를 불 속이 아닌 스틱스강에 담갔다고 한다. 그 강은 산 자들과 죽은 자들을 가르는 지옥의 강이다. 지옥의 강에 잠긴 아킬레우스는 시련을 견뎌내고 살아서 나오며 대단히 특별한 기력과 장점을 얻었다. 단지 어머니가 붙잡고 있던 발뒤꿈치만 강물에 닿지 않아 그곳에만 죽음이 스며들었다. 어찌 되었든 아킬레우스는 대단히 빨리 달리는 전사이자 전혀 부상을 입지 않는 투사가 되었다.

여신과 인간의 불평등한 결혼의 결과 중 하나는 여신 테티

스에 결부된 모든 찬란함과 위력이 아킬레우스를 부분적으로
나마 감싸고 있었다는 점이다. 동시에 그의 형상은 비극적일
수밖에 없었다. 신이 되지 못한 아킬레우스는 평범한 인간으
로 살아갈 수도 죽을 수도 없었다. 하지만 아킬레우스가 비범
한 인물이라고 해서 불멸이 보장되는 것 또한 아니었다. 그 시
대의 모든 전사와 그리스인에게 귀감이 되는 가치를 지니고 있
었던 아킬레우스의 운명은 여전히 현재의 우리에게도 매혹적
이다. 아킬레우스는 빛과 어둠, 기쁨과 고통, 삶과 죽음이 굳게
얽혀 있는 비극적인 인간 존재의 유한함을 일깨운다. 태생부터
절반은 인간이고 절반은 신인 아킬레우스는 온전히 어느 한쪽
에 속하지 못하는 모호한 존재였다.

　삶의 문턱에서 첫걸음을 떼었을 때부터 아킬레우스가 나
아가야 하는 길은 두 갈래로 갈라졌다. 어떤 방향을 선택하든
그 방향으로 가려면 본질적인 나머지 한 부분은 포기해야 했
다. 연약한 인간들처럼 적당히 편하게 살 수도, 죽지 않는다는
특권을 보장 받을 수도 없었다. 삶을 즐긴다는 건 분명 유한한
피조물들에게는 가장 값진 것이며 무엇과도 견줄 수 없는 유일
한 것이다. 일단 잃고 나면 결코 되찾을 수 없는 유일한 것이기
때문에 불멸에 대한 모든 희망을 포기해야 한다.

　영원히 죽지 않기를 바라려면 어찌 보면 삶을 온전히 경험
하기도 전에 잃는다는 사실부터 받아들여야 한다. 만일 아킬레

우스가 연로한 아버지 펠레우스의 바람처럼 가족과 함께 프티아의 집에 안전하게 남기를 선택했다면 아마도 평화롭고 행복하게 오래도록 살면서 인간들에게 주어진 한정된 시간의 순환을 노후까지 모두 편력했을지도 모른다. 하지만 아무리 인간에세 행복을 가져다주는 최상의 삶이라 해도 죽고 나면 아무런 광채도 남지 않기 마련이다. 삶이 끝나는 순간 어둠 속에, 무 속에 잠기고 만다. 동시에 영웅은 완전히 그리고 영원히 사라진다. 하데스에 잠겨 이름도 얼굴도 기억도 없이 마치 애초에 존재한 적도 없었던 듯 흔적도 없이 세상에서 지워진다.

그러나 아킬레우스는 반대로 짧은 인생이지만 영원한 영광을 누리기를 선택했다. 모든 것을 버리고 갖은 위험을 감수하며 죽음에 몸을 맡긴 채 멀리 떠나는 길을 택했다. 안락함이나 부유함, 평범한 명예에 얽매이지 않고 목숨 건 전투에서 승리하는 영웅이 되고자 했다. 전장에서 노련하고 용맹한 적들과 맞부딪친다는 건 각자 자신의 가치를 입증하는 경쟁에 뛰어들어 자신을 시험하고 모두의 눈앞에서 자신의 탁월함을 과시하는 일이다. 그 탁월한 능력은 전사의 공훈으로 절정에 달하며 '아름다운 죽음'으로 완성된다. 그렇게 치열한 교전 속에서 한창 꽃피는 젊음의 사내다운 힘, 용기, 활력, 때 묻지 않은 청년의 품위는 결코 노년의 쇠락을 알지 못하리라.

마치 생의 불꽃이 순수한 광채 속에서 빛나려면 불이 붙는 그 순간에 꺼질 정도로 작열해야 하듯, 아킬레우스는 그렇게 꽃다운 젊은 생이 간직한 아름다움 속에서 영광스럽게 죽기를 선택했다.

짧은 인생과 불후의 영광, 세기에 세기를 거듭하며 이어지는 인간들이 차례차례 어두운 죽음의 침묵 속으로 사라질지라도 아킬레우스의 이름과 그의 모험, 무용담, 인품은 영원히 인간들의 기억 속에 살아남을지니.

오디세우스 또는
인간의 모험

Ulysse ou l'aventure humaine

그리스인이 승리했다. 트로이 성벽 앞에서 여러 해 동안 포위와 전투를 거듭하고 나서야 트로이는 함락되었다. 그리스인들은 승리를 거두고 점령했다는 사실에 만족하지 않았다. 트로이를 약탈하고 불을 질렀다. 그들이 트로이를 함락시킬 수 있었던 건 한 가지 계책 덕분이었다. 그 계책이란 트로이인들이 신들에게 바치는 경건한 제물인 줄 알고 도시 안에 들여놓은 유명한 목마였다. 목마 속에 숨어 있던 전위 부대가 나와 성문을 열자 그리스 군대는 삽시간에 도시 안으로 흩어져 눈에 띄는 대로 트로이인을 무참히 학살했다. 남자들은 살해당했고 여자와 아이들은 노예로 끌려가 남은 것이라곤 폐허뿐이었다.

그리스인은 마침내 일이 모두 끝났다고 생각했다. 하지만 바로 그때 그 거대한 전쟁의 다른 모험담이 모습을 드러낸다. 어떤 면에서 그리스인들은 승리에 도취해 벌인 극악무도한 범죄에 대한 대가를 치러야 했는지도 모른다.

출발부터 아가멤논과 메넬라오스 사이에 귀환에 관한 문

제로 불화가 불거졌다. 메넬라오스는 최대한 빨리 귀환하고 싶었다. 반면에 아가멤논은 그곳에 남아 자신들을 지지해주며 승리를 도와주었던 아테나를 비롯한 다른 신들에게 제물을 바치고자 했다.

오디세우스는 자신의 함대인 열두 척의 배를 이끌고 지체 없이 이타케를 향해 떠나는 편을 택했다. 그는 메넬라오스와 노장 네스토르가 탄 배에 동승했다. 하지만 테네도스섬에서 이번에는 오디세우스가 메넬라오스와 말다툼을 벌이는 바람에 다시 아가멤논과 합류해 트로이로 향했다. 오디세우스와 아가멤논은 동시에 대륙의 그리스까지 차지할 수 있으리라는 부푼 희망을 안고 함께 길을 떠났다.

하지만 신들의 계획은 전혀 달랐다. 바람, 폭풍우, 천둥이 휘몰아쳤다. 이내 함대는 흩어지고 많은 배가 침몰하여 전사들과 전투 장비들이 모두 가라앉았다. 운 좋게 집으로 돌아간 그리스인은 몇 안 되었다. 간신히 바다에서 목숨을 건진 사람들 가운데 일부는 집 앞에서 죽음을 맞기도 했다. 아가멤논이 그런 경우였다. 조국 땅에 발을 내딛자마자 아내 클리타임네스트라와 그녀의 정부 아이기스토스가 파놓은 함정에 빠졌다. 아가멤논은 아무 의심도 없이 그저 외양간을 되찾아 흡족한 용감한 암소처럼 득의양양하여 돌아왔다. 그러고는 두 공범의 손에 죽음을 맞았다(아가멤논의 죽음에 관해서는 트로이로 원정을 떠날 때 자신의 딸 이피게네이아를 제물로 바쳤기 때문이라든가 관련 인물들이 가문의 저주를 받았다든가 하는 여러 설이 있다-옮긴이).

아가멤논의 배들 사이에서 본대를 이루고 있던 오디세우스의 배들은 폭풍우로 산산이 흩어졌다. 오디세우스는 자신의 소함대와 함께 바다 위에 고립되었다. 호된 시련 끝에 간신히 트라키아에 상륙했을 때 그를 맞은 건 키코네스 부족의 적대감뿐이었다. 그러자 화가 난 오디세우스는 그들의 도시 이스마로스를 약탈했다. 그리고 다른 그리스 영웅들이 패자들에게 하듯 도시 주민 대부분을 죽였다. 하지만 한 사람만은 살려주었다. 바로 마론이라 불리는 아폴론의 신관이었다. 마론은 감사의 표시로 오디세우스에게 포도주 여러 부대를 선물했다. 그런데 그 포도주는 평범한 술이 아니라 신의 넥타르였다.

넥타르가 가득 담긴 가죽 부대를 두둑이 배에 실은 그리스인들은 크게 만족하여 강둑을 따라 야간 진영을 세우고 날이 밝기를 기다렸다. 그런데 적들이 도착한다는 소식을 전해 들은 시골의 키코네스족이 매복하고 있다가 날이 밝자마자 공격해 그들 중 상당수를 살해했다. 살아남은 사람들은 황망히 배에 올라 최대한 빠른 속도로 바다로 줄행랑을 쳤다. 이제부터 오디세우스의 모험이 시작된다.

망각의
나라로

그렇게 해서 형편없이 줄어든 오디세우스의 소함대는 다시 길을 떠났다. 한참 멀리까지 간 오디세우스는 말레아곶에 접근하다가 조국 이타케 연안을 발견하고는 드디어 고향에 돌아왔다고 생각했지만 배는 이내 곶을 지나쳐갔다. 모험이 끝났다고 생각하는 순간 오디세우스의 또 다른 모험이 시작되었다. 장차 벌어질 일에 비하면 그때까지의 모험은 고작해야 바다 너머 원정을 마치고 돌아오는 뱃사람의 귀로에 지나지 않았다.

말레아곶을 지나칠 때 불시에 폭풍우가 불어 오디세우스의 함대를 강타했다. 이레 밤낮으로 불어닥친 폭풍우로 소함대는 이전에 항해하던 곳과는 완전히 다른 장소로 떠밀려갔다. 이제 오디세우스는 자신이 어디에 있는지조차도 알 수 없게 되었다. 그때부터는 키코네스족처럼 비록 적일망정 인간인 이들을 더는 만나지 못하게 된다. 말하자면 익히 알고 있던 세상, 인간이 거주하는 세상의 경계를 벗어나 비인간의 공간인 다른 세상 속에 들어선다.

이제부터 오디세우스는 키르케나 칼립소처럼 넥타르와 암브로시아를 먹는 신적인 존재들이나 키클로페스나 라이스트리곤 같은 괴물들, 인육을 먹고 사는 식인귀들 같은 인간 이하의 존재들 외에는 만나지 못하게 된다. 그리스인들이 정의하는 인간은 빵을 먹고 포도주를 마시며 이방인을 융숭하게 대접할 줄 아는 존재다, 잡아먹는 게 아니라. 오디세우스와 부하들이 사나운 폭풍우에 휩싸여 내던져진 세상은 분명 정상적인 인간 세계와는 정반대였다.

오디세우스와 부하들은 폭풍우가 가라앉자마자 해변을 발견하고는 생경하기 짝이 없는 미지의 육지에 접근했다. 그곳에 누가 사는지 알아보고 식량을 구하기 위해 오디세우스는 부하 몇을 선발대로 보내 토착민들과 접촉하게 했다.

선발대는 만면에 미소를 띤 토착민들에게서 극진한 대접을 받았다. 그곳 사람들은 외국의 항해사들에게 음식을 나누어주었다. 그런데 그 땅의 거주민들은 망각의 음식인 로토스를 먹는 로토파고스족이었다. 그들은 보통 사람들이 빵과 포도주를 먹듯 향기가 그윽한 식물인 로토스를 먹었다. 그 달콤한 음식을 먹는 사람은 모든 것을 잊게 된다. 더는 자신의 과거를 기억하지 못해서 자신이 어디에서 온 누구이고 어디를 가는 중인지에 대한 모든 개념을 상실한다. 로토스를 삼키는 사람은 보통의 인간들과는 달리 과거에 대한 기억도 없고 자신이 누구인지도 모른 채 살아간다.

오디세우스가 선발대로 보낸 부하들은 동료들을 만나고서도 바다로 돌아가기를 거부하고 무슨 일을 겪었는지도 기억하지 못했다. 말하자면 모든 추억을 무력하게 만드는 어떤 행복감 속에 마비된 상태였다. 과거에 대한 집착도, 미래에 대한 계획도 없이 오로지 현재에 그대로 안주하기를 바랐다. 오디세우스는 그들의 뒷덜미를 잡아끌어 강제로 배에 태운 뒤 달아났다. 그러니까 처음 도착한 땅은 망각의 나라였다.

뒤따를 긴 모험 동안 일어나는 망각, 조국에 대한 기억의 말소, 조국으로 돌아가고자 하는 열망의 소멸 등은 오디세우스와 부하들이 치르는 모험이라는 무대에서 위험과 악을 표현한다. 인간 세계에 존재한다는 것은 태양빛 속에서 살아간다는 것, 다른 사람들과 마주 보며 관계를 맺고 살아간다는 것, 그리고 자신과 타인에 대해 기억하는 것이다. 그러나 그들은 정반대로 헤시오도스의 말처럼 어둠의 세력들인 밤의 여신 닉스의 자식들이 오디세우스의 함대와 오디세우스에게 차츰차츰 음험한 그림자를 드리우는 세상 속으로 들어간다. 먹구름은 내내 그들의 머리 위를 맴돌면서 망각에 몸을 내맡긴다면 영영 조국으로 돌아가지 못하리라고 위협한다.

키클롭스를 암흑 속에 빠뜨려
저주를 부르다

오디세우스와 부하들은 그렇게 로토파고스섬을 떠나 또 다른 모험을 향해 갔다. 항해를 계속하다가 소함대는 어느덧 한 치 앞도 보이지 않는 짙은 안개에 둘러싸였다. 그날 밤은 선원들이 노를 젓지 않아도, 앞에 무엇이 다가오는지 보이지 않아도 배는 저절로 앞으로 나아갔다. 그러다 아무것도 분간할 수 없어 미처 알아차리지 못하는 사이에 어느 작은 섬에 부딪혔다. 그들이 탄 배를 보이지 않는 그 섬으로 이끈 존재는 바다 자체였거나 혹은 신들이었을 것이다. 섬은 칠흑같은 어둠에 싸여 달조차 보이지 않았다. 한 치 앞도 분간할 수 없었다. 마치 망각의 섬에 이어 암흑의 문이 그들 앞에 열린 듯했다. 그곳 동굴에서 그들은 새로운 모험을 겪게 된다. 일행은 뭍에 상륙했다. 높은 언덕으로 이어지는 그 작은 섬은 이마 중앙에 외눈이 달린 거인족 키클로페스가 사는 곳이었다.

오디세우스는 섬의 한쪽 틈새에 안전하게 배를 대고 열두 명의 부하들과 함께 언덕 꼭대기까지 올라갔다. 그곳에서 동굴을 발견하고 먹을거리를 찾을 수 있으리라는 희망에 그 거대한 동굴 속으로 들어갔다. 안에는 곡식은 없었으나 양 떼와 치즈 그리고 아래쪽에 야생 포도밭이 있었다. 오디세우스의 부하들에게 떠오른 생각은 단 하나였다. 치즈를 조금 훔쳐서 뭔가 심상치 않은 기운이 느껴지는 그 거대한 동굴에서 최대한 빨리 달아나야 한다는 불길한 예감이었다. 부하들이 오디세우스에게 말했다.

"어서 이곳을 빠져나갑시다!"

하지만 오디세우스는 거절했다. 좀더 남아서 살피고 싶었다. 그곳에 누가 사는지 알아보고 싶다는 호기심이 발동했다. 오디세우스는 눈앞에 펼쳐지는 세상의 모든 것을 보고 싶고, 알고 싶고, 경험하고 싶었다. 설령 인간 이하의 세계에 던져졌다 하더라도. 오디세우스의 호기심은 언제나 그를 현실 밖의 세계로 밀고 갔는데, 이번에는 자칫 파멸로 치달을 우려가 있었다. 어쨌든 그의 호기심 때문에 부하 여럿이 죽음을 맞게 된다. 곧 키클롭스(키클로페스의 단수 명칭)가 양들과 염소들 그리고 숫양을 거느리고 돌아왔다.

키클롭스는 산처럼 거대했다. 그는 동굴 구석에 숨어서 두려움에 떨고 있는 벼룩처럼 작은 사내들을 금세 알아채지 못했다. 그러다 돌연 그들을 발견하고는 앞에 서 있는 오디세우스에게 물었다.

"넌 누구냐?"

오디세우스는 천연덕스럽게 딴소리를 했다.

"난 이제 배가 없소."

첫 번째 거짓말이었다. 엄연히 배가 기다리고 있는데도 그
는 계속 이렇게 말했다.

"내 배는 난파되었소. 그래서 이제 난 오로지 당신의 자비만
바랄 뿐이오. 내가 이곳에 온 건 당신에게 환대를 베풀어달
라고 부탁하기 위해서요. 우린 그리스인들이오. 우린 트로이
강가에서 아가멤논과 함께 용감히 싸워 그 도시를 점령했지
만, 지금은 이렇게 난파당한 불행한 사람들일 뿐이라오."

그러자 키클롭스가 대답했다.

"그래. 그래. 잘 알았다. 그런데 난 그런 이야기 따위에는 관
심 없어."

그러고는 오디세우스의 부하 가운데 둘의 발을 붙잡아 바

위벽에 머리를 으깬 뒤 그대로 꿀꺽 삼켰다. 그 모습을 본 다른 부하들은 공포로 얼어붙었고, 오디세우스는 비로소 자신이 처한 상황을 깨달았다. 밤이 되자 키클롭스는 어떤 그리스인도, 심지어 일개 대대가 와도 조금도 흔들리지 않을 만큼 커다란 바위로 동굴 입구를 막았다. 그러니 그곳에서 빠져나갈 희망은 전혀 없었다. 이튿날 아침에도 똑같은 일이 반복되었다. 키클롭스는 네 명을 더 먹었다. 둘은 아침에, 둘은 저녁에 먹었다. 이미 여섯 명을 삼켰으니 일원의 절반을 먹어치운 셈이었다. 키클롭스는 기분이 몹시 좋았다. 오디세우스가 달콤한 이야기로 그를 길들이려 하자 둘 사이에는 어느 정도 호의적인 관계가 형성되었다. 오디세우스는 이렇게 말했다.

"내가 당신에게 선물을 하나 하겠소. 마음에 들 거요."

얘기가 오가자 둘 사이에 개인적이고 우호적인 관계가 조금씩 생겨나기 시작했다. 키클롭스는 자신의 이름이 폴리페모스라고 소개했다. 그리고 오디세우스에게도 이름을 물었다. 누군가와 호의적인 관계를 맺으려면 통상 상대에게 자신이 누구며, 어디서 왔는지, 부모는 어떤 사람들이고 조국은 어디인지 말해야 하는 법이다. 오디세우스는 자신이 '우티스', 즉 아무도 아니라고 말했다.

"내 부모와 친구들이 내게 준 이름은 우티스요."

여기에는 말장난이 있다. '우-티스$^{ou-tis}$'라는 두 음절은 달리 말하면 '메-티스$^{mè-tis}$'로 대체될 수 있기 때문이다. 그리스어로 '우^{ou}'와 '메^{mè}'는 부정의 형태소인데, '우티스'는 아무도 아니라는 뜻이고 '메티스'는 지략을 의미한다. 물론 '메티스'라고 말하면 즉시 지략의 영웅인 오디세우스를 떠올리게 된다. 오디세우스는 막다른 궁지에서도 출구를 찾아내고, 사람들을 부질없는 이야기로 속여 곤경에서 능란하게 빠져나가는 재주가 있었다.

"우티스, 아무도 아니다! 나도 너에게 선물을 하나 하지. 널 제일 마지막으로 잡아먹어 주마."

폴리페모스는 선심 쓰듯 말했다.

오디세우스는 그에게 선물을 건넸다. 전에 마론이 주었던 포도주, 바로 신의 넥타르였다. 폴리페모스는 넥타르의 맛을 보더니 달콤한 맛에 매료되어 더 마셨다. 그러고는 치즈와 좀 전에 삼킨 두 사람으로 포식을 한데다 포도주에 취해서 이내 곯아떨어졌다.

오디세우스는 그 틈에 거대한 올리브나무를 뾰족하게 다듬어 말뚝을 만든 뒤 불에 달구었다. 살아남은 부하들 모두 합심하여 일을 마친 뒤 뜨거운 말뚝을 폴리페모스의 외눈에 찔러 넣었다. 폴리페모스는 울부짖으며 잠에서 깨어났지만 하나뿐인 눈은 이미 멀어버렸다. 폴리페모스 역시 암흑에 빠져든 셈이다. 그러자 당연히 비명을 지르며 도움을 청했다. 곧 주위에 있던 키클로페스족이 달려왔다. 키클로페스족은 제각각 자신의 집에서 혼자 사는 데다 모시는 신도 주인도 없어서 집 밖 세상은 전혀 알지 못했다. 그들이 소리를 듣고 달려왔지만 동굴이 막혀 있었으므로 동굴 밖에서 소리쳐 물었다.

"폴리페모스, 폴리페모스, 무슨 일이냐?"

"아, 끔찍해, 누가 날 죽이려고 해!"

"도대체 누가 너한테 그런 고약한 짓을 한단 말이냐?"

"아무도 아니다, 우티스!"

"아니, 아무도 널 괴롭히지 않았다면서 왜 귀 따갑게 떠들고 야단이냐?"

그리고 그들은 돌아가 버렸다.

오디세우스는 교묘히 재주를 부려 이름 뒤로 모습을 감춤으로써 목숨을 구했다. 하지만 아직 끝이 아니었다. 집채만 한 바위로 막힌 동굴을 빠져나가야 했기 때문이다. 동굴을 빠져나가기 위해 오디세우스가 떠올린 유일한 묘책은 남은 여섯 명

각자가 버들가지로 양들의 배 밑에 몸을 묶는 방법이었다. 그리고 자신도 폴리페모스가 가장 아끼는 숫양의 두툼한 양털에 달라붙었다. 폴리페모스가 동굴 문 앞으로 가서 입구를 막고 있던 돌을 옮기자 양들이 그의 다리 사이로 빠져나가기 시작했다. 폴리페모스는 그 틈에 그리스인들이 단 한 명도 빠져나가지 못하도록 한 마리씩 일일이 등을 더듬어 확인했다. 그는 그리스인들이 밑에 숨어 있다는 사실을 알아채지 못했다. 오디세우스와 숫양이 밖으로 나갈 때가 되자 폴리페모스는 유일한 대화 상대였던 숫양에게 이렇게 말을 건넸다.

> "그 끔찍한 짐승 '아무도 아니다'가 날 어떤 지경에 빠뜨렸는지 보렴. 내 이 대가를 반드시 치르게 하고야 말 테다."

숫양은 출구로 나갔고, 동시에 오디세우스도 함께 빠져나갔다. 폴리페모스는 그리스인들이 아직도 동굴 속에 있다고 생각하고 다시 돌을 밀어놓았지만 이미 밖으로 모두 빠져나간 후였다. 그들은 배가 숨겨져 있는 포구까지 바위투성이의 좁다란 길을 전속력으로 달려 내려갔다. 그리고 얼른 배 위로 뛰어올라 닻을 끌어올린 뒤 연안에서 멀어졌다. 저 멀리서 폴리페모스가 동굴 근처에 있는 바위 꼭대기에 우뚝 서서 그들을 향해 거대한 돌들을 마구 던지고 있는 모습이 보였다. 그때 오디세우스는 자만과 허영의 기쁨을 이기지 못하고 의기양양하여 이렇게 소리쳤다.

> "폴리페모스, 혹시 누군가 너에게 네 외눈을 누가 멀게 했느냐고 묻거든 오디세우스가 그랬다고 대답해주거라. 라에르테스의 아들, 이타케섬의 오디세우스, 트로이의 승리자, 트로이의 약탈자 오디세우스 말이다!"

하늘에 대고 침을 뱉으면 그 침은 제 얼굴에 떨어지게 마련이다. 폴리페모스는 모든 대양의 위대한 신 포세이돈의 아들이었다. 포세이돈은 대양의 신일 뿐 아니라 지진과 같은 지하의 모든 일을 관장했고 폭풍우 또한 그의 소관이었다. 폴리페모스는 오디세우스에게 저주를 내렸다. 저주는 저주를 받을 사람의 이름을 지적할 때만 효력이 있다. 만일 그가 '아무도 아니다'라고 말했다면 저주는 효력이 없었을 테지만, 폴리페모스는 아버지 포세이돈에게 오디세우스의 이름을 대며 복수를 부탁했다. 그래서 오디세우스는 부하들이 모두 죽고 홀로 남아 길을 잃고 난파당한 채 살아남아 천 가지 고통을 감내하기 전에는 조국 이타케에 돌아갈 수 없게 된다. 설사 만에 하나 살아남아 고향으로 돌아간다 해도 자신의 배를 타고 가지 못하고 이방인으로서 낯선 배를 타고 돌아가게 될 운명이었다.

자만과 허영의 기쁨을 이기지 못한 오디세우스는
폴리페모스에게 자신의 정체를 밝혔다.
결국 오디세우스는 암흑과 죽음의 극한까지 몰리는
끔찍한 시련을 겪는다.

아널드 뵈클린, 〈오디세우스와 폴리페모스〉(1896), 보스턴미술관 소장.

포세이돈은 아들 폴리페모스의 부탁을 들어주었다. 이후 포세이돈 때문에 오디세우스는 암흑과 죽음의 극한까지 몰리며 끔찍한 시련들을 겪는다. 후에 오디세우스의 위대한 수호자인 아테나가 설명하듯, 포세이돈은 자신의 아들이 당한 일을 도저히 용납할 수 없었기 때문에 아테나도 차마 나서지 못했다. 그래서 오디세우스의 방랑이 모두 끝난 뒤 귀향할 때에 가서야 모습을 드러낸다. 왜 그랬을까? 오디세우스가 어둡고 음침한 여정이라는 험난한 대장정에 오른 건 폴리페모스의 눈을 멀게 해서 그의 외눈을 어둠 속에 내팽개친 죄의 대가였기 때문이다.

아름다운 마녀
키르케와의 사랑

배는 폴리페모스의 섬에서 멀어져 아이올리아섬에 이르렀다. 그 섬의 위치를 알아내려는 사람들도 있었지만 딱히 위치를 설명할 수 없는 장소이기도 하다. 아이올리아섬은 완전히 고립되어 원을 그리는 청동 울타리 같은 높은 바위 성벽으로 사방이 둘러싸여 있었다. 그곳에는 바람의 신 아이올로스가 어느 누구와도 접촉하지 않은 채 가족과 함께 살고 있었다. 아이올로스가족은 그들만의 폐쇄적인 가족제도 속에서 근친상간으로 대를 이었다. 따라서 그들은 철저한 고독과 완전한 고립 속에서 지냈다.

아이올리아섬은 바닷길의 방향이 정해지는 곳이자 수중 공간의 모든 방향이 집결하는 분기점이었다. 아이올로스는 이쪽저쪽으로 바람을 불어 바닷길을 열거나 닫기도 하고 이따금 뒤섞어 혼돈스럽게 만들기도 하는 바람의 주인이다. 아이올로스는 오디세우스가 《일리아스》에서 찬양하는 트로이 전쟁의 영웅인 만큼 친절하고 다정하게 맞아주었다. 오디세우스는 아이올로스에게 세상에 떠도는 이야기, 아이올로스와는 완전히 동떨어진 세간의 소문을 전해주었다. 아이올로스는 바람의 주인일 뿐 그 외의 다른 권력은 갖고 있지 않았다. 오디세우스는 이야기를 하고 아이올로스는 대단히 행복하게 이야기를 들었다. 그렇게 며칠이 지나자 아이올로스는 이렇게 말했다.

"자네가 내 섬에서 다시 떠나는 데 필요한 것을 주겠네. 별 탈 없이 항해해서 이타케로 곧장 갈 수 있도록 말일세."

그러고는 가죽 부대 하나를 건네주었다. 이번에는 마론이 주었던 것 같은 포도주가 아니라 모든 바람의 근원, 모든 폭풍우의 씨앗이 담긴 부대였다. 아이올로스는 오디세우스의 배들을 곧장 인도할 바람을 제외하고는 나머지 모든 바닷바람을 그 가죽 부대 안에 조심스럽게 담아 묶어 놓았다. 그리고 오디세우스에게 만일 바람들이 빠져나가면 무슨 일이 일어나도 통제하지 못하게 될 테니 절대로 가죽 부대에 손대지 말라고 충고했다.

"보게, 이제 우주 속에서 부는 유일한 바람은 자네를 고향 이타케섬으로 인도할 이 바람뿐이라네."

나머지 일원들이 모두 배 위에서 자리를 잡은 뒤 이타케를 향해 곧장 출발했다. 저녁이 되자 배 위에 서 있던 오디세우스는 멀리 이타케 연안을 발견했다. 드디어 조국의 뭍을 본 그는 너무도 행복하여 잠이 들고 말았다. 마치 그가 폴리페모스의 외눈을 감겼던 것처럼 눈꺼풀이 무겁게 내려앉고 말았다. 그 역시 밤의 세계인 히프노스, 즉 잠의 세계 속으로 빨려 들어갔다. 그는 불침번을 서는 것도 잊은 채 이타케를 향해 물결치며 나아가는 배 위에서 잠이 들었다. 부하들은 아이올로스가 저 가죽 부대 속에 무엇을 담아주었을까 궁금해하며 분명 대단히 귀중한 뭔가가 들어 있으리라고 추측했다. 마침내 이타케 연안에 거의 다 왔을 무렵, 그들은 끝내 호기심을 참지 못하고 가죽부대를 열었다. 그러자 바람들이 뒤죽박죽 빠져나왔고 바다는 고삐 풀린 듯 요동하며 사납게 물결쳤다. 그리고 배는 진로를 바꾸어 온 길을 다시 거슬러가기 시작했다. 몹시 화가 난 오디세우스는 자신이 떠났던 아이올로스의 섬으로 돌아갔다. 아이올로스는 오디세우스에게 당신이 그렇게 했느냐고 물었다.

"제가 그런 것이 아닙니다. 물론 잠이 든 제 실수이기도 하죠. 전 그만 졸음을 이기지 못해 밤새워 지키는 것을 잊고 말았습니다. 그 결과 제 부하들이 가죽 부대를 연 겁니다."

이번에는 아이올로스도 그를 다정하게 맞아주지 않았다. 오디세우스는 아이올로스에게 애원했다.

"제가 다시 떠날 수 있도록 해주십시오. 저에게 한 번만 더 기회를 주십시오."

하지만 아이올로스는 화가 나서 오디세우스에게 인간 중에서 가장 보잘것없는 최악의 인간이고, 이제는 하찮기 짝이 없는 존재이며, 신들의 저주를 받은 인간이라고 쏘아붙였다.

"그런 불운이 자네에게 닥쳤다는 건 자네가 저주를 받았다는 이야기일세. 더는 자네 말을 듣고 싶지 않군."

그래서 오디세우스와 부하들은 기대와 달리 아이올로스로 부터 아무런 도움도 얻지 못한 채 다시 떠나갔다.

다시 항해를 하던 오디세우스의 배는 라이스트리곤들의 섬이라는 새로운 곳에 도달했다. 그곳은 번듯한 항구도 여러 곳 있는 도시 국가였다. 언제나 다른 사람들보다 영리한 오디 세우스는 일종의 천연 항구로 통하는 곳에 정박하는 대신 조금 뒤쪽에 외따로 떨어진 작은 만에 배를 숨겼다. 그리고 그동안 갖은 모험을 겪은 탓에 더욱 신중해져서 자신이 직접 가지 않 고 부하들을 보내 어떤 사람들이 사는 곳인지 알아보도록 시켰 다. 오디세우스의 부하들은 도시로 이어지는 비탈길을 오르다 가 나이 지긋한 시골 아낙네처럼 보이는 기골이 장대하고 풍만 한 처녀를 만났다. 그들은 자신들보다 훨씬 크고 건장한 여인 의 모습에 압도되었다. 여인은 그들을 집으로 초대했다.

> "이 나라의 왕이신 제 아버지께서는 당신들을 맞을 준비가 되어 있어요. 아버지께선 당신들이 원하는 것은 뭐든지 주실 거예요."

그 말에 그들은 무척 반가우면서도 상냥한 거구의 처녀를 내심 미심쩍게 바라보았다. 여인은 힘도 무척 세 보였다. 아무 튼 그들은 라이스트리곤들의 왕 앞에 도착했는데, 왕은 그들을 보자마자 냉큼 한 명을 붙잡아 삼켜버렸다. 오디세우스의 부하들은 허둥지둥 배를 향해 질주하며 소리쳤다.

"어서 달아나, 이곳에서 멀리 달아나라고!"

그 사이에 왕이 불러 모은 라이스트리곤들이 일제히 밖으로 달려 나왔다. 아래쪽에 있는 여러 척의 배 위에서 최대한 빨리 그곳을 떠나려고 분주히 움직이는 그리스인들의 모습이 보였다. 라이스트리곤들은 다랑어를 낚듯 그들을 붙잡아 먹어치웠다. 오디세우스가 조금 거리를 두고 교묘하게 위장해놓은 배 위에 있던 사람들을 제외하고 다른 부하들은 거의 죽고 말았다. 결국 오디세우스는 달랑 하나 남은 배와 살아남은 부하들과 함께 다시 길을 떠났다.

마지막 한 척 남은 오디세우스의 배가 이번에 다다른 곳은 지중해의 아이아이에섬이었다. 오디세우스와 부하들은 배를 정박시킬 만한 장소를 발견하고 뭍 위를 조심스레 탐색했다. 바위들과 나무 한 그루 그리고 식물들이 보였다. 오디세우스와 부하들은 쉽사리 경계를 늦추지 않았다. 심지어 어떤 부하는 움직이려 하지도 않았다. 오디세우스는 부하들을 다독여 섬을 탐색하게 했다.

스무 명 남짓한 정찰대원들은 꽃이 만발한 아름다운 궁을 발견했다. 사방이 고요했다. 조금 불안한 점이 있다면 다소 수상적은 주위 경관이었다. 정원에는 사자나 늑대 같은 야생동물들이 꽤 많았는데 놀랍게도 매우 다정하게 곁으로 다가와 다리에 몸을 비벼대는 것이었다. 그들은 너무 놀라 이번에는 야생농물늘은 온순하고 오히려 사람들이 위협적인 거꾸로 된 세상에 와 있다고 생각했다. 문을 두드리자 대단히 아름다운 젊은 여인이 문을 열어주었다. 여인은 아름다운 목소리로 노래하면서 실을 잣고 천을 짜던 중이었다. 여인은 그들에게 들어와 앉으라고 권한 뒤 다정하게 음료수를 건넸다. 음료수 속에는 한 방울만 마셔도 바로 돼지로 변하는 마법의 약이 섞여 있었다. 아니나 다를까 그들 모두 뺏뻣한 돼지 털에 돼지 울음소리를 내며 뒤뚱뒤뚱 걷는 영락없는 돼지로 변해버렸다. 사실 그 여인은 마법사 키르케였다. 키르케는 자신의 새 가축이 된 돼지들을 보고 즐거워했다. 그녀는 서둘러 그들을 돼지우리 속에 가둔 뒤 돼지에 걸맞은 먹이를 주었다.

정찰을 떠난 부하들이 한참이 지나도 돌아오지 않자 오디세우스와 나머지 부하들은 슬슬 걱정이 되기 시작했다. 그래서 오디세우스는 부하들을 찾아 직접 섬 깊숙이 들어갔다. 그때 짓궂고 속임수를 잘 쓰는 신 헤르메스가 홀연히 나타나 자초지종을 설명해주었다.

"마법사의 짓이다. 그녀가 네 동료들을 돼지로 바꾸어놓았지. 틀림없이 너에게도 똑같은 음료수를 건넬 게다. 하지만 내가 특별히 너에게는 변신을 피해 네 본모습을 지킬 수 있는 해독제를 주마. 넌 영원히 너 자신인 오디세우스로 남으리라."

헤르메스는 이어서 그에게 약초를 건넸다. 오디세우스가 이번엔 자신이 직접 가보겠다고 결연히 나서자 다들 극구 말렸다.

"그만두십시오. 돌아오지 못하는 걸로 보아 전부 죽은 게 틀림없습니다."
"아닐세, 내가 가서 그들을 구해오겠어."

오디세우스는 헤르메스가 준 해독제를 삼킨 뒤 옆구리에 검을 차고 마법사를 찾아갔다. 키르케는 곧장 그를 맞아들여 금장식이 된 아름다운 의자에 앉혔다. 오디세우스는 시치미를 뚝 떼고 그녀가 이끄는 게임에 잠자코 응했다. 키르케가 마법의 약을 탄 음료수를 건네자 머뭇거리지도 않고 단숨에 받아마셨다. 키르케는 오디세우스를 관찰하며 기다렸다. 하지만 오디세우스는 돼지로 변하지 않고 여전히 호감 가는 미소를 머금은 채 그녀를 바라보다 느닷없이 옆구리에 차고 있던 검을 꺼내들고 달려들었다. 키르케도 이내 오디세우스를 알아보고 이렇게 말했다.

"당신이 바로 오디세우스로군요. 당신에게는 내 마법이 통하지 않으리란 걸 알고 있었어요. 원하는 게 뭐죠?"
"우선 내 부하들을 풀어주시오."

오디세우스와 키르케는 일종의 대결을 벌인 셈이었지만, 어느새 그들 사이에 화합이 이루어졌다. 그때부터 오디세우스와 키르케는 다정한 연인이 되어 함께 살았다. 하지만 우선 부하들부터 풀어주어야 했다. 그런데 키르케는 왜 그들을 돼지로 변하게 했을까? 그녀는 자신의 섬에 접근하는 모든 나그네를 비슷한 처지로 만들었다. 왜일까? 고독했기 때문이다. 떠나갈 수 없는 생명체들에 둘러싸이고 싶었기 때문이다. 나그네들을 짐승들로 변신시키면 고향으로 돌아갈 생각이나 과거는 물론이고 심지어 자신들이 인간이라는 사실조차 잊었다. 이는 실제로 오디세우스의 부하들에게 닥친 일이기도 했다.

하지만 그렇다 해도 그들은 정신을 완전히 잃지 않고 분별력을 간직하고 있었다. 그래서 오디세우스를 보자 그를 알아보고 매우 기뻐했다. 키르케가 지팡이로 살짝 건드리자 단번에 인간의 형상을 되찾았을 뿐만 아니라 시련을 겪기 전보다 훨씬 더 젊고 잘생기고 호감 가는 모습이 되었다.

그들이 돼지에서 다시 인간이 되는 모습은 일종의 통과의례처럼 보인다. 마치 죽음을 흉내 낸듯한 경험을 통해 훨씬 더 젊고 잘생기고 생명력 넘치는 모습을 되찾기 위해 거쳐야만 했던 과정처럼. 키르케는 그들을 죽일 수도 있었다. 그랬더라면 그들은 더는 우리 인간처럼 생각을 가진 존재가 되지 못했을 터다. 죽음은 어둠으로 완전히 둘러싸이는 것이다. 죽은 자들은 더 이상 생각을 하지 못한다. 오직 단 한 사람, 우리가 머지 않아 만나게 될 테이레시아스만 제외하고. 어쨌든 오디세우스의 부하들이 겪은 변신은 완전한 죽음은 아니었다. 단지 짐승으로 변해 인간 세계로부터 잠시 멀어졌을 뿐이었다. 키르케는 그들이 과거를 잊게 했지만 동물 상태에서 벗어나면서 새로운 젊음의 광채에 감싸이도록 만들었다.

그 후 오디세우스와 키르케는 사랑을 나누면서 소박하고 평화롭게 살았다. 아마도 어떤 사람들이 단언하듯 둘은 아이도 낳았을 수 있지만 그 부분에 대해서는 확실한 바가 없다. 그저 그들은 서로를 사랑했다. 키르케는 아름다운 목소리로 노래를 불렀고 오디세우스는 처음에는 몹시 불신하여 뒤에 멀찌감치 떨어져 있던 부하들을 가까이 오도록 설득했다.

"이리들 오게, 이리 오라고. 자네들은 이제 전혀 위험하지 않 다니까."

그들은 그곳에서 오랫동안 지냈다. 마법사 키르케는 곁에 다가오는 모든 사람을 돼지나 야생동물로 변신시키는 잘못을 저지르긴 했지만 식인귀도 못된 마녀도 아니었다. 그들이 자신 과 함께 있는 동안만큼은 행복하게 지낼 수 있도록 필요한 모 든 배려를 해주었다. 그렇지만 키르케의 침대에 접근할 수 없 었던 탓에 분명 오디세우스만큼 삶을 즐기지 못했던 부하들은 시간이 더디게 느껴지기 시작했다. 그래서 오디세우스에게 이 제 돌아갈 때가 되었다고 보챘다. 뜻밖에도 키르케는 반박하지 도 않고 그를 붙잡아두려 애쓰지도 않았다. 그저 담담히 이렇 게 말했다.

"당신이 떠나고 싶다면 떠나야겠죠."

그리고 키르케는 그들이 무사히 여행을 마무리할 수 있도 록 자신이 줄 수 있는 모든 정보를 아낌없이 주었다. 특히 오디 세우스에게 이렇게 당부했다.

"내 말 잘 들어요. 당신 항해의 다음 단계는 키마이라들의 나

라예요. 그곳은 낮이 존재하지 않는 밤의 나라랍니다. 지옥
세계의 입이 열리는 끝없는 안개의 나라죠."

이제는 단지 과거와 인간성을 잊고 인간의 극한에 던져지
는 문제가 아니라 죽은 자들의 세계 문턱까지 접근해야 하는
심각한 문제였다. 키르케는 오디세우스에게 그가 가게 될 길에
대해 설명했다.

> "당신은 어떤 장소에 배를 대고 육지에 내리겠죠. 그곳에서
> 구덩이를 보게 될 거예요. 밀가루를 가져가요. 그리고 숫양
> 한 마리를 붙잡아 목을 자른 뒤 그 피를 뿌려요. 그러면 죽은
> 이들의 혼령들이 땅으로 올라오는 모습이 보일 거예요. 그때
> 그중에서 테이레시아스의 영혼을 발견하면 그를 붙잡아서
> 당신이 죽인 숫양의 피를 마시게 해요. 그러면 그는 생명력
> 을 되찾고 당신이 어떻게 해야 하는지 말해줄 거예요."

이름도 얼굴도 없는
존재들이 주는 교훈

결국 오디세우스와 부하들은 다시 길을 떠나 키르케가 일러준

곳에 도착했다. 오디세우스는 키르케의 말대로 구덩이를 만나자 그곳에 밀가루를 쏟고 숫양의 목을 잘라 피를 준비했다. 그러자 예전에 그가 주장했던 것처럼 우티스, 즉 아무도 아닌 이들의 무리가 눈앞에 나타났다. 이름도 얼굴도 없는 그들은 이제는 눈에 보이지도 않고 아무것도 아닌 존재들이었다. 한때는 개별적인 존재들이었을 테지만 이제는 누가 누구인지도 알 수 없고 존재 자체가 서로 불분명한 무리를 이루고 있었다. 오디세우스 앞으로 줄지어 지나가는 그 무리에서는 명확히 알아들을 수 없는 소름 끼치는 소리가 들려왔다. 이름 없는 그들은 말을 하지 못했으므로 그 소리는 혼돈의 소리였다.

오디세우스는 눈앞에 펼쳐진 광경에 숨이 막힐 듯한 두려움을 느꼈다. 마치 보는 이의 눈과 귀가 형태 없는 용암 속에서 완전히 녹아내리는 듯 위협적인 광경이었다. 능란하던 그의 달변도 알아들을 수 없는 소리에 파묻혔고 그의 명예와 명성 모두 어둠 속에서 길을 잃고 잊히고 말 위태로운 순간이었다. 그때 테이레시아스가 나타났다.

오디세우스가 숫양의 피를 마시게 하자 테이레시아스는 어서 페넬로페가 기다리고 있는 집으로 돌아가라고 말했다. 그 외에도 오디세우스는 아가멤논을 포함한 몇몇 영웅들과 자기 어머니의 어렴풋한 형체도 볼 수 있었다. 또 아킬레우스를 발견하고 그에게 이것저것 물었다. 오디세우스가 준 피를 조금 마시고 기력을 찾은 아킬레우스가 말했다. 온 세상으로부터 명성을 찬양받고 찬란한 빛을 불태우며 살았던 영웅의 귀감인 아킬레우스는 과연 무슨 말을 했을까? 혹시 지옥에서조차 우월함을 인정받고 있었을까? 아킬레우스의 말을 한번 들어보자.

> "난 거름 속에서 사는 평범한 진흙투성이 농부가 되고 싶다네. 하데스의 암흑 속에서 사는 영웅 아킬레우스가 되기보다는 가장 가난한 촌부라도 좋으니 태양빛을 받으며 살고 싶어."

아킬레우스가 《오디세우스》에서 한 말은 《일리아스》에서 큰소리쳤던 내용과는 정반대였다. 짧고도 영광스러운 삶과 길지만 아무 영광도 없는 삶 중에서 선택을 해야 했을 때 아킬레우스에게는 한 치의 망설임도 의혹도 없었다. 아름다운 죽음으로 마감하는 짧은 인생이 다른 무엇보다 더욱 가치 있는 일이라고 생각해서 영광스러운 삶을, 한창 젊은 나이에 영웅답게 죽기를 선택했음이 분명하다. 그런데 이제 그는 정반대로 말하고 있었다. 일단 죽고 나니, 만일 선택을 다시 할 수만 있다면 죽은 자들의 세상 속 위대한 아킬레우스이기보다는 그리스에서 가장 척박한 땅에서 찢어지게 가난하고 비참하게 살더라도 차라리 평범한 농부로 살기를 간절히 원하고 있었다.

오디세우스는 그 고백을 듣고는 다시 길을 떠났다. 그는 키르케에게 다시 들렀다. 키르케는 이번에도 역시 반갑게 맞으며 그와 부하들에게 빵과 포도주를 내어주고 길을 가르쳐주었다. 특히 지독히 위험한 플랑크타이, 즉 떠도는 암초들을 만났을 때 어떻게 해야 할지 자세히 일러주었다. 그 암초들은 고정되어 있지 않고 흩어져 있다가 누군가 그 사이로 지나갈 때면 서로 뭉치는 위험한 바다 괴물이었다. 그 괴물들을 피하려면 카리브디스와 스킬라 사이로 항해해야 했다. 그런데 카리브디스는 그들을 송두리째 삼켜버릴지도 모르는 소용돌이고, 스킬라는 하늘까지 치솟은 암초 위에서 지나가는 배들을 노리고 있다가 사람들을 잡아먹는 바다 괴물이었다.

키르케는 또 카리브디스냐 스킬라냐 하는 어려운 선택 외에도 작은 섬 위의 세이렌과도 마주치게 되리라고 일러주었다. 그 앞을 지나가다가 세이렌의 노랫소리를 듣는 사람들은 모두 난파되었다. 뱃사람들이 세이렌이 부르는 노래의 매력을 뿌리치지 못하고 배를 몰고 곧장 암초로 돌진하기 때문이었다. 오디세우스 역시 배 위에 서 있다가 노래하는 세이렌들이 있는 암초를 발견했다.

꾀 많은 오디세우스는 그 위기를 어떻게 모면했을까? 그는 밀랍을 구해놓았다가 아름다운 목소리로 노래하는 반인반조*人半鳥 세이렌들이 앉아 있는 작은 섬이 보이자마자 모든 부하의 귀를 밀랍으로 막아 아무 소리도 듣지 못하게 했다. 하지만 정작 자신은 그 소리를 듣고 싶은 욕망을 포기하지 않았다. 오디세우스는 성실성과 추억을 소중하게 여기는 남자일 뿐만 아니라 키클로페스 일화에서 보았듯이 궁금한 건 알아선 안 될 일까지도 꼭 알아내야 직성이 풀리는 사내였다. 그는 세이렌들의 노래를 듣지 않고는, 그들이 무슨 노래를 어떻게 부르는지 알아내지 않고는 그대로 지나칠 수가 없었다. 그래서 귀를 막지 않은 채, 대신 움직일 수 없도록 돛대에 몸을 단단히 묶었다. 배가 세이렌의 섬에 가까이 다가가는 순간, 갑자기 그리스인들이 '갈레네'라고 부르는 것, 즉 완전한 고요가 찾아왔다. 바람도 멎고 아무 소리도 들리지 않는 고요한 상태에서 배는 그대로 멈추었다. 그때 세이렌들이 노래하기 시작했다.

세이렌들은 무슨 노래를 불렀을까? 세이렌들은 마치 무사이들이라도 되는 양, 흡사 호메로스와 고대 그리스 음유시인들에게 영감을 불어넣어 영웅들을 찬양하게 했던 기억의 여신의 딸들인 양 오디세우스를 향해 노래하기 시작했다.

"오디세우스, 오디세우스, 명예로운 이여, 그렇게도 많은 사랑을 받았던 오디세우스, 오세요, 이리로 오세요. 우리의 노래를 들어봐요. 우리가 모두 들려줄게요, 우리는 영웅들의 영광을 노래할 거예요. 당신의 영광을 노래할 거예요."

세이렌들은 위대한 진실을, 그러니까 그동안 일어난 일을 그대로 노래했다. 한편 세이렌의 섬 주위 모래톱 위에서는 섬을 뒤덮을 만큼 수북이 시체들이 태양 아래에서 썩고 있었다. 다들 세이렌의 부름에 굴복하여 죽은 자들이었다. 세이렌은 알고자 하는 욕망의 부름, 에로틱한 매혹인 동시에 죽음이나. 그들이 오디세우스에게 들려준 내용은 어떤 면에서는 그가 빛과 어둠의 경계를 넘어 더는 세상에 존재하지 않게 될 때, 바로 내가 지금 이야기하고 있는 모험담의 주인공인 이야기 속의 오디세우스가 될 때 사람들이 그에 대해 이야기할 내용이기도 했다.

　　세이렌들은 오디세우스가 버젓이 살아 있는데도 마치 이미 죽은 사람인 듯, 아니 그보다는 그가 산 자들과 죽은 자들, 즉 삶과 죽음의 경계 속 시공간에 있는 것처럼 노래했다. 삶의 빛과 죽음의 어둠을 가르는 경계는 흐릿하고 불분명해서 누구든 넘어갈 수 있었다. 세이렌들은 바로 그 경계 너머 죽음을 향해 오디세우스를 유혹하고 있었다. 불멸의 명예를 가져다줄 수 있는 죽음, 아킬레우스가 살아 있었을 때는 그토록 갈망했건만 이제 더는 원치 않는다고 말한 영광스러운 죽음을 향해서.

　　오디세우스는 배가 서서히 지나가는 동안 세이렌들의 노랫소리를 들었다. 그가 세이렌들의 곁으로 가려고 몸부림을 치자 부하들은 밧줄을 더욱 세게 조였다. 마침내 배가 세이렌들로부터 완전히 멀어지자, 이번에는 서로 합류하여 부딪히는 암초들이 나타났다. 오디세우스는 카리브디스보다는 차라리 스킬라 쪽을 택했다. 하지만 배가 지나가려는 순간 부하 몇 명이 여섯 개의 개 머리에 다리 열두 개가 달린 괴물 스킬라에게 붙잡혀 산 채로 삼켜졌다. 몇 명만 겨우 위기를 모면하고 살아남았다.

잠시 후 그들은 다른 섬 트리클라리아, 즉 태양의 땅에 도착했다. 그 섬은 모든 것을 굽어보는 눈인 태양신의 땅이었다. 섬에는 신의 가축 떼가 있었는데 그 가축들은 번식할 필요가 없는 불멸의 존재들이었다. 가축의 수는 한 해의 날들에 해당하는 수치로 고정되어 있었다. 여기서 하나라도 더하거나 빼서는 안 되었다. 테이레시아스가 그 근사한 짐승들에 대해 오디세우스에게 밝힌 계시는 다음과 같다.

"태양의 섬을 지나갈 때 어떤 일이 있더라도 신성한 가축들에 손을 대선 안 된다. 한 마리도 건드리지 않는다면 그땐 집으로 돌아갈 수 있는 기회가 주어진다. 하지만 한 마리라도 건드리는 날엔 전부 물거품이 될 것이다."

당연히 태양의 섬에 이르기 전에 오디세우스는 그 말을 기억하고 부하들에게도 경고했다.

"우리가 지나치게 될 저곳에는 풀을 뜯어먹는 태양의 가축들이 있을 것이다. 하지만 절대 짐승들에게 손을 대선 안 된다. 그 짐승들은 건드려선 안 되는 신성한 가축들이다. 태양이 질투심 많은 보살핌으로 굽어살피는 짐승들이다. 그러니 우리는 저 섬에 내리지 않고 배 위에서 우리의 식량을 먹을 것이다."

하지만 부하들은 몹시 지친 상태였다. 절체절명의 위기를 연달아 겪은 데다 동료들을 잃기도 했다. 기진맥진하고 녹초가 된 부하들은 오디세우스에게 이렇게 대꾸했다.

"오디세우스 님이야 무쇠 같은 인간이니까 쉴 필요가 없겠지요!"

에우리로코스가 나머지를 대표해서 말했다.

"그러지 말고 잠깐 멈춰 쉽시다."

오디세우스는 마지못해 이렇게 말했다.

"좋다. 하지만 키르케가 준 식량 외에는 절대 아무것도 건드려선 안 된다."

키르케 자신은 넥타르와 암브로시아를 먹었지만 오디세우스와 부하들에게는 인간의 음식인 빵과 포도주를 내주었다. 그들은 배를 정박하고 모래사장으로 내려가 음식을 먹었다. 그런데 이튿날부터 폭풍우가 일더니 며칠 밤낮으로 쉬지 않고 불어와 도저히 섬을 떠날 수 없게 되었다. 그들은 섬에 고립되어 차츰차츰 가지고 있던 식량을 축내기 시작했다. 허기가 그들을 졸라매어 위장을 괴롭혔다.

허기인 리모스는 고대 시인 헤시오도스가 언급한 것처럼 범죄, 어둠, 망각, 수면과 함께 밤의 여신이 낳은 자식들 중 하나였다. 망각, 수면, 배고픔……, 이 음침한 밤과 어둠의 세력들이 호시탐탐 기회를 엿보고 있었다.

그중에 허기가 제일 먼저 폭발했다. 그러자 그들은 낚시를 했다. 이따금 물고기를 한 마리씩 낚긴 했지만 그걸로는 성에 차지 않았다. 이제 식량이 거의 동났다. 오디세우스는 이번에도 부하들로부터 멀찌감치 떨어져 섬 꼭대기에 올라 망을 보다가 잠이 들었다. 우리의 오디세우스는 또 한 번 신들이 보낸 수면의 밤에 둘러싸였다. 그가 자는 동안 허기는 자유로이 활보하고 에우리로코스의 입을 빌려 동료들에게 이렇게 말했다.

"여기서 이대로 굶어 죽을 순 없지 않겠나. 저 멋진 암소들을
보게. 보기만 해도 군침이 돌지 않나."

오디세우스가 어둠의 세계에 갇혀 감시하지 못하는 틈을
타서 부하들은 소 떼를 에워쌌다. 그들은 짐승 몇 마리를 사냥
하여 미끼로 사용했다. 그리고 소들을 추격해서 구석으로 몬
뒤 목을 잘라 일부 덩어리는 냄비에 넣어 삶고 나머지는 불에
구웠다. 그제야 섬 꼭대기에 있던 오디세우스가 잠에서 깨어났
다. 온 섬에 진동하는 고기 굽는 냄새를 맡는 순간 끔찍한 불안
감에 휩싸여 신들을 향해 이렇게 소리쳤다.

"신들이시여, 저를 속이셨군요. 절 달콤한 수면이 아닌 망각
과 죽음의 어둠 속으로 보내놓고 이제 제게 그 죄를 물으려
하시나이까."

오디세우스가 내려와 부하들에게 욕설을 퍼부었지만 경고
고 약속이고 모두 잊은 그들은 그저 먹는 것 외에는 아무 생각
이 없었다.

그때 신기한 일이 일어났다. 조각조각 토막 내어 요리된 짐
승들이 마치 살아 있기라도 한 듯 우는 것이었다. 분명 죽었는
데 여전히 살아 있었다. 사실 그 소들은 불사신이었다. 마치 들

짐승 사냥하듯 일탈적인 방식으로 죄를 범하며 그 짐승들을 희생시킨 짓은 야성적인 것과 문명화된 것을 혼동한 행위였다. 이상한 일들이 계속 일어나는데도 오디세우스의 부하들은 멈추지 않고 한참을 게걸스레 먹더니 잠이 들었다. 일순 파도가 잠잠해지며 바람이 멈추었다. 그래서 그들은 다시 바다로 나갔다. 그들이 배에 올라 섬을 떠나자마자 태양신 헬리오스가 제우스를 향해서 울분을 터뜨렸다.

"놈들이 한 짓을 보십시오! 저자들이 내 가축들을 죽였습니다. 원수를 갚아주십시오. 당신이 내 원수를 갚아주지 않는다면 태양인 나는 창공에 있는 불멸의 신들을 위해 빛을 내는 일도, 인간들을 위해 빛을 발산하는 일도 그만두겠습니다. 그러면 지상에서는 더는 밤낮이 이어질 수 없겠지요. 난 차라리 저 아래에 있는 죽은 자들을 위해 빛을 밝히겠습니다! 하데스에 내려가서 내 빛으로 어둠을 비추겠단 말입니다. 그러면 당신은 어둠 속에 있게 될 테고 신들도 인간들도 마찬가지겠지요."

그러자 제우스가 헬리오스를 달래며 이렇게 약속했다.

"내가 다 알아서 하겠네."

오디세우스는 부하들이 신성한 것과 세속적인 것, 사냥감과 제물을 혼동하는 죄를 저지르도록 방치함으로써 밤이 태양으로 빛나고 태양이 빛나는 곳에 밤이 자리 잡을지도 모르는 화를 자초했다. 그들은 배를 타고 다시 출발했지만 채 몇 미터도 못 갔을 때 천상의 제우스가 하늘을 어둡게 했다. 배는 순식간에 어둠 속에 갇혔고, 파도가 드높아지며 벼락이 배를 강타하여 돛대가 부러지고, 사람들은 부러지는 돛대에 머리가 깨져 물속에 빠졌다. 이리저리 떠밀리던 배는 이내 뒤집혀 산산이 부서졌다. 오디세우스의 부하들은 모두 까마귀 떼 같은 신세가 되어 파도에 이리저리 떠밀렸다. 부서진 배의 조각을 움켜쥔 오디세우스는 그 후 아흐레 동안 바다 위에서 표류하는 신세가 된다. 아흐레가 끝날 무렵, 파도는 완전히 탈진한 오디세우스를 칼립소의 섬 해안에 내려놓는다.

시간도 멈춘 칼립소의 섬에서

배는 벼락을 맞아 부서졌고, 그때까지 목숨이 붙어 있던 오디세우스의 부하들 모두 물에 빠진 까마귀 떼처럼 파도에 떠밀렸다. 오디세우스만이 간신히 목숨을 건졌다. 오디세우스가 떠다니는 배의 파편 중 돛대 조각에 매달리자마자 물살이 방향을 바꾸어 그를 다시 카리브디스 쪽으로 이끌었다. 거기서 오디세우스는 다시 극적인 상황에 처하지만 거의 기적적으로 살아남았다. 혼자 남은 채 온몸에 진이 다 빠진 그는 아흐레 동안 바람이 이끄는 대로 물살에 제멋대로 휩쓸리며 세상 끝까지 떠밀려갔다. 그러다 완전히 탈진하기 직전에 칼립소의 섬에 이르렀다. 그곳은 세상 끝의 섬으로, 광대한 바다를 사이에 두고 신들과 인간들로부터 분리되어 있었다. 어디에도 없는 섬이었다. 탈진해 쓰러져 있는 오디세우스를 칼립소가 데려갔다. 오디세우스와 부하들이 도움을 청하러 직접 찾아갔던 키르케의 섬에서와는 달리 이번에는 칼립소가 오디세우스를 직접 구했다.

오디세우스는 그곳에서 영원의 시간 동안 머물게 된다. 5년인지, 10년인지, 15년인지는 별로 중요치 않다. 시공간 너머에 있는 그 섬에는 시간이 존재하지 않기 때문이다. 하루하루 오늘과 내일이 같은 나날이었다. 그는 칼립소와 사랑에 빠져 다른 어느 누구와도 마주치지 않고 오로지 둘만의 절대 고독 속에서 끝없이 그녀와 얼굴을 맞대고 사랑에 찬 시간을 보냈다. 아무것도 부족하지 않고 아무 일도 일어나지 않으며 아무 사건도 없는 시간 속에서 매일의 하루는 여느 날들과 다르지 않았다. 오디세우스는 칼립소와 함께 세상 너머, 시간 너머에 있었다. 칼립소는 오디세우스에 관한 한 충만한 사랑과 배려 그 자체였다. 그런데 그녀 또한 그리스어로 '감추다'는 뜻의 동사 칼립토에서 비롯된 칼립소라는 이름이 암시하듯, 모든 것의 바깥에 존재하는 공간 속에 감추어진 여자이고 한편으로는 오디세우스를 모든 시선으로부터 감추는 여자였다.

작은 천국에
감춰지다

오디세우스의 모험에 대한 호메로스의 이야기는 이렇게 시작된다. 10년 동안 영웅 오디세우스는 그렇게 칼립소의 섬 오기기아에서 감춰진 채 지냈다. 오디세우스는 님프 칼립소와 함께 지내며 여행의 끝에, 긴 모험의 끝에 이르렀다. 거기서 모든 일이 매듭지어지고 모든 것이 제 역할을 하게 된다. 원한과 증오에 차서 오디세우스를 추격하던 포세이돈이 아무 의심도 하지 않는 틈을 타서 비로소 아테나가 개입한다. 포세이돈은 종종 그랬듯이 신비로운 존재들인 에티오피아인들과 함께 연회를 즐기기 위해 그들의 나라로 떠나고 없었다. 에티오피아인들은 언제나 젊고 제비꽃 내음을 풍기며 부패를 모르는 사람들이었다. 심지어 일도 하지 않았다. 황금시대 시절처럼 매일 아침 초원에는 이미 요리된 음식들로 식탁이 차려져 있었기 때문이다.

그들은 세상의 양 끝인 동쪽 끝과 서쪽 끝에서 살았다. 포세이돈은 세상의 양 끝으로 찾아가 그들과 함께 먹고 즐겼다.

아테나는 그 틈을 타서 아버지 제우스에게 이런 식으로 계속 놔두어서는 안 된다고 말했다. 트로이 땅에서 목숨을 건진 다른 그리스 영웅들은 이미 고향으로 돌아가 가족과 아내와 재회했으나 유독 한 사람, 자신이 특별히 총애하는 오디세우스만이 그곳 칼립소의 섬에 갇혀 있다고 호소했다. 딸 아테나의 고집과 포세이돈의 부재 앞에서 제우스는 결단을 내려야 했다.

제우스는 드디어 운명의 주사위를 던졌다. '오디세우스는 돌아가야 한다.' 이제 결정은 내려졌으나 아직 칼립소가 그를 놓아주어야 하는 일이 남아 있었다. 그래서 제우스는 헤르메스에게 그 일을 맡겼다. 헤르메스는 그 임무가 별로 달갑지는 않았지만 한 번도 오기기아섬에 가본 일이 없어 호기심이 발동했다. 칼립소는 끝없이 펼쳐진 드넓은 바다 너머에서 신들과 인간으로부터 멀리 떨어져 지냈기 때문이다.

헤르메스는 샌들을 신고 번개처럼 빠르게 움직였다. 내키지 않지만 제우스의 명이라 별수없이 따른다고 투덜대며 칼립소의 섬에 도착한 헤르메스는 그곳을 보는 순간 단번에 매료되었다. 그 작은 섬은 천국과 흡사했다. 정원과 숲, 분수, 샘, 꽃, 동굴이 있었으며, 하나같이 칼립소가 오디세우스와 사랑을 나누면서 아름답게 꾸미고 장식해놓은 것들이었다. 헤르메스는

오디세우스 또는 인간의 모험 *Ulysse ou l'aventure humaine*

눈이 부셨다. 그는 칼립소에게 다가갔다. 둘은 한 번도 만난 일이 없었지만 단박에 서로를 알아보았다.

"그래, 친애하는 헤르메스 님, 무슨 일로 여기까지 행차하셨나요? 당신을 만나기란 흔한 일이 아니지요."

그러자 헤르메스는 이렇게 대답했다.

"사실 나도 임무만 아니었다면 이곳에 오지도 않았겠지만 제우스 님의 명이라 할 수 없이 온 거요. 모든 것이 결정되었소. 당신은 오디세우스를 떠나보내야만 하오. 제우스 님은 트로이의 영웅들 가운데 오디세우스만이 집에 돌아가지 못할 이유가 없다고 생각하고 계시오."

칼립소가 대꾸했다.

"쓸데없는 군소리는 그만두시지요. 난 왜 당신들이 오디세우스를 돌려보내려고 하는지 알고 있어요. 그건 당신들 신들이 인간들보다 더 한심하고 나쁘기 때문이에요. 당신들은 질투가 심하죠. 여신이 일개 인간과 함께 산다는 게 당신들로선 참을 수 없는 일일 거예요. 몇 년 전부터 난 내 침대에서 그 남자와 조용히 지냈어요. 그게 당신들 신경을 건드린 거죠."

하지만 선택의 여지가 없음을 알고 이렇게 덧붙였다.

"하지만 좋아요. 알았어요. 그를 돌려보내겠어요."

헤르메스는 올림포스산으로 돌아갔다. 오디세우스의 모험은 인간들의 세상으로부터 멀리 떨어진 죽음의 나라, 키마이라들의 나라, 빛의 세상의 경계까지 그를 이끌었다. 그리고 이제는 신들의 농간에 빠져 드넓은 바다 위에 고립된 채 장외로 밀려나 있었다. 그의 방랑은 거의 10년 동안 칼립소와의 고독한 사랑의 이중주 속에 멈춰 있었다.

헤르메스가 칼립소의 동굴에 들어갔을 때 오디세우스는 무얼 하고 있었을까? 오디세우스는 혼자 곶으로 나가 물거품이 이는 바다를 마주한 채 온몸을 들썩이며 울고 있었다. 그는 완전히 무기력한 상태였다. 내면에 있는 모든 축축한 생명력이 눈으로, 피부로 빠져나오고 있었다. 더는 견딜 수가 없었다. 오디세우스의 마음속에는 지난 삶에 대한 회한, 조국 이타케와 아내 페넬로페에 대한 그리움만 가득했다.

칼립소 역시 오디세우스가 여전히 돌아갈 생각을 하고 있다는 사실을 모를 리가 없었다. 다만 칼립소는 오디세우스가 언젠가 '귀환을 잊기'를, 그래서 자신이 예전에 어떠했는지 더는 기억하지 못하기를 바랐다. 어떻게 하면 될까? 오디세우스는 죽은 자들의 세계에도 갔었고, 그곳에서 유령들을 통해 죽는다는 것이 얼마나 끔찍한 일인지를 깨달았다. 그리고 아킬레우스에게서 생명도 의식도 없는 유령 상태가 된다는 것, 익명의 그림자가 된다는 것이 한 인간이 상상할 수 있는 가장 끔찍한 미래라는 이야기를 들었다. 그래서 칼립소는 그에게 불멸의 존재가 되어 더는 노화와 죽음을 두려워할 필요 없이 영원히 젊게 살 수 있도록 해주겠다고 제안했다.

칼립소는 자신이 하는 약속의 의미를 잘 알고 있었다. 사실 그녀가 무시할 수 없었던, 온 세상이 알고 있는 이야기가 있었다. 바로 새벽의 여신 에오스가 티토노스라는 대단히 아름다운 청년과 사랑에 빠진 이야기였다. 에오스는 티토노스와 함께 살기 위해 그를 납치했다. 그러고는 제우스에게 그 청년 없이는 하루도 살 수 없다며 그와 헤어지지 않도록 불사신으로 만들어달라고 애원했다. 그러자 제우스는 빈정대는 미소를 지으며 이렇게 말했다.

"좋아, 불사신으로 만드는 일쯤이야 어렵지 않지."

머잖아 올림포스산에 있는 에오스의 궁전으로 청년 티토

칼립소는 오디세우스가 언젠가 귀환을 잊기를,
그래서 자신이 예전에 어떠했는지
더는 기억하지 못하기를 바랐다.
그래서 그에게 불멸을 주겠다고 제안했다.

게라르트 데 라이레세, 〈칼립소에게 오디세우스를 떠나보내라고 하는 헤르메스〉(1670경),
클리블랜드 미술관 소장.

노스가 결코 죽지 않는 특권을 얻은 채 도착했다. 그러나 얼마 간의 시간이 지나자 티토노스는 노인보다 더 나쁜 상태가 되었 다. 젊음은 유지하지 못한 채 다만 죽지 않는 특권만을 받았기 때문이었다. 150년인가 200년쯤을 살고 나니 완전히 쪼글쪼글 한 벌레처럼 되어 더는 말도 못하고, 움직이지도 못하고, 아무 것도 먹지 못했다. 그야말로 살아 있는 유령이었다.

익명의 불멸보다
인간 오디세우스로 죽기를 원하다

물론 칼립소가 오디세우스에게 제안한 불멸은 티토노스가 받 은 특권과는 다른 것이었다. 칼립소는 진정한 신으로 사는 것, 다시 말하면 언제나 젊은 불사신이 될 것을 제안했다. 키르케 는 오디세우스의 부하들이 귀향을 잊게 하려고 그들을 인간 이 하의 짐승으로 변형시켰다. 칼립소 역시 목적은 같았지만 오디 세우스가 이타케와 페넬로페를 잊을 수 있도록 그에게 짐승이 아닌 신으로 변신할 것을 제안했다. 차마 뿌리치기 힘든 유혹 이었다. 오디세우스는 딜레마에 빠졌다.

　그는 죽음이 무엇인지 보았다. 키마이라가 지키는 지옥의 입구에서도 죽음을 보았고, 썩은 시체들이 주위에 널려 있는 작은 섬에서 그의 영광을 노래하던 세이렌들 곁에서도 보았다. 칼립소는 죽지 않는 영원한 젊음을 제안했지만, 그 변신이 완성되려면 치러야 하는 대가가 있었다. 조국을 잊어야 했다. 게다가 칼립소 곁에 남는다면 계속해서 숨은 채 살아가야 하고 따라서 그 자신이기를, 즉 귀환하는 영웅 오디세우스이기를 포기해야 했다.

오디세우스는 추억의 인간이다. 자신의 운명을 실현하기 위해 어떤 시련과 고통도 감내할 준비가 되어 있고, 한계에 다다르더라도 결국 이겨내고 자기 자신을 되찾을 줄 아는 인간이다. 그런데 그 모든 걸 포기해야 했다. 그리스인의 관점에서 보자면 오디세우스가 받은 제안은 오디세우스라는 한 인간의 불멸이 아니라 어느 이름 없는 자의 불멸이었다. 오디세우스의 친구이자 늙은 현자 멘토르(현명한 조언자를 상징하는 인물로, 오디세우스는 트로이 원정을 떠나기 전에 그에게 아들 텔레마코스의 교육과 집안의 모든 일을 맡겼다-옮긴이)로 변장한 아테나는 이타케섬으로 가서 오디세우스의 아들 텔레마코스를 만나 이렇게 말했다.

"네 아버지는 대단히 영리하고 지혜로운 사람이란다. 난 그가 돌아올 거라고 확신하고 있다. 그러니 준비하거라. 네가 아버지를 도와주어야 해. 그리스의 다른 도시들에 가서 혹시 아버지의 소식이 있나 알아보아라. 한탄이나 하면서 가만히

오디세우스 또는 인간의 모험 *Ulysse ou l'aventure humaine*

있지 말고 어서 움직이렴."

텔레마코스는 무엇보다도 그 유명한 영웅 오디세우스가 정말 자신의 아버지인지도 확신하지 못하겠다고 대답했다. 어머니 페넬로페는 오디세우스가 분명 그의 아버지라고 말해주었지만, 어찌 되었든 텔레마코스는 아버지를 한 번도 본 적이 없었다. 오디세우스는 텔레마코스가 태어난 지 채 몇 달 되지도 않은 갓난아이였을 때 떠났으니까.

그런데 어느새 텔레마코스가 스무 살이 되었으니 오디세우스가 떠난 지도 벌써 20년이나 흐른 뒤였다. 텔레마코스는 아테나를 향해 자신은 아버지를 본 적도 없다고 말했다. 실상은 텔레마코스만 본 적이 없는 게 아니었다. 그를 본 사람은커녕 그의 소식을 들은 사람도 없었다. 신들의 의지로 보이지도 들리지도 않는 존재가 된 지 오래였다. 마치 반인반조의 괴물 하르피아이가 채어 가기라도 한 듯 인간 세상에서 감쪽같이 사라져서, 아무도 오디세우스가 어떻게 되었는지 알지 못했다. 텔레마코스는 이렇게 덧붙였다.

"아버지가 그리스 땅에서 전사하셨거나 함대를 이끌고 귀국하는 길에 돌아가셨다면 동료들이 우리에게 아버지의 시신이라도 가져다주었겠죠. 그러면 우리는 흙과 돌로 무덤을 만들어 아버지의 이름을 새겼을 테죠. 그랬더라면 어찌 되었든 아버지는 언제나 우리 마음속에 함께 계셨을 거예요. 아들인 저와 우리 가족 모두에게 불후의 명성을 남겨주셨을 테고요. 그런데 지금 아버지는 아무 명예도 없이 세상에서 완전히 사라지셨어요."

칼립소가 오디세우스에게 제안한 불멸은 불사신이 되어 암흑 같은 먹구름 속에서 영원한 젊음을 누리는 것, 아무도 그에 대해 들을 수 없고, 어떤 인간도 그의 이름을 말하지 않고, 물론 어떤 시인도 그의 영광을 노래하지 않는 것이었다. 서정 시인 핀다로스(고대 그리스의 시인. 신과 영웅을 찬미하는 불후의 명시를 많이 남겼다—옮긴이)가 시에서 말했던 것처럼, 위대한 공훈이 완수되려면 칼립소라는 이름에 담긴 의미처럼 '감춰져' 있어서는 안 된다. 그러니 오디세우스의 공훈이 존재하려면 위대한 음유시인의 시적 찬사가 필요했다.

물론 오디세우스가 칼립소 곁에 남았다면 《오디세이아》도 없을 테고 따라서 오디세우스도 더는 없었을 터다. 그러니 그 딜레마는 이러했다. 이름을 잃고 익명의 불멸을 얻는다면 제아무리 영원히 산다 해도 오디세우스는 무명자無名子들이라 불리는 하데스의 죽은 자들과 다를 바 없게 된다. 이름이 없는 자들은 정체성을 상실한 사람들이다. 반대로 필멸의 존재를 선택할 경우, 오디세우스는 영광의 월계관을 쓴 자신의 존재를 추억하며 명예롭게 살다가 죽을 터였다. 마침내 오디세우스는 칼립소에게 돌아가겠다고 대답했다.

오디세우스에게는 10년간 얼굴을 맞대고 살았던 님프에 대해 더는 아무런 욕망도 욕정도 남아 있지 않았다. 매일 밤 그녀와 함께 잠자리에 드는 건 그녀가 원해서였다. 하지만 그는 더는 원하지 않았다. 오디세우스의 유일한 욕망은 죽음을 피할 수 없는 유한한 삶을 되찾는 일이었다. 심지어 죽기를 갈망했다. 그의 욕망은 유한한 삶으로 이끌리고 있었다. 자신의 삶을 끝내길 바랐다. 그러자 칼립소는 이렇게 말했다.

"당신은 그렇게도 페넬로페에게 집착하나요? 나보다 페넬로페가 더 좋은가요? 그녀가 나보다 더 아름답다고 생각해요?"
"천만에, 그렇지 않소. 당신은 여신이오. 당신이 페넬로페보다 훨씬 아름답고 훨씬 위대하고 훨씬 경이롭소. 나도 그건 잘 알고 있소. 하지만 페넬로페는 페넬로페요. 그녀는 내 삶이고 내 아내며 내 조국이라오."

오디세우스가 대답했다.

"할 수 없군요. 나도 이해해요."

칼립소는 마지못해 그렇게 대답했다. 그리고 그녀는 제우스의 명령을 따라 오디세우스가 뗏목을 만드는 일을 도왔다. 둘은 함께 나무를 자르고 맞추어 돛대까지 갖춘 견고한 뗏목을 만들었다. 그렇게 해서 오디세우스는 마침내 칼립소를 떠나 다시 새로운 모험을 시작했다.

보이지 않는 자가
되다

오디세우스는 뗏목을 타고 항해했다. 며칠 동안은 모든 것이 순조로웠다. 그러던 어느 날 오디세우스는 바다 위에 엎어놓은 커다란 방패 같이 생긴 섬을 발견했다. 바로 파이아케스인들의 섬이었다. 그때 마침 포세이돈이 에티오피아인들과 벌였던 주연을 마치고 올림포스산으로 돌아왔다가 한 원기 왕성한 사내가 뗏목 돛대에 매달려 있는 모습을 보았다. 이내 그 사내가 오디세우스임을 알아챈 포세이돈은 불같이 격노했다. 10년 동안 그 꼴 보기 싫은 녀석에 대해서는 한마디도 듣지 못했는데 이제 보니 신들이, 아니 제우스가 딴마음을 품었던 게 분명했다. 하지만 포세이돈은 그저 화풀이 삼아 뗏목에 벼락을 내리쳐 파괴하는 방법 외에는 달리 따질 수가 없었다.

오디세우스는 험난한 물결을 거슬러 헤엄치다가 바닷물을 마시고 거의 죽어가고 있었다. 그때 다행스럽게도 다른 여신이 그를 발견했다. 이따금 거대한 폭풍우를 만나 난파한 사람들 앞에 나타나 구원해주곤 하는 '하얀 물보라의 여신' 이노 레우코테아였다. 그녀는 오디세우스에게 다가가 스카프를 내밀며 이렇게 말했다.

"이걸 두르면 죽지 않을 게다. 하지만 육지에 발을 딛기 전에 반드시 버리도록 해라."

오디세우스는 그 스카프를 메고 힘겹게 헤엄쳐 해변에 가까이 가지만, 다가가려 할 때마다 번번이 바위에 와서 부딪히는 큰 파도가 그를 멀리 떼어놓았다. 그러다 조금 멀찍이 떨어진 곳에 강이나 도랑이 흘러드는 작은 항구 같은 곳을 발견했다. 그곳은 파도가 암초에 부딪히지 않았다. 밤이 되어서야 간신히 거기까지 헤엄쳐간 그는 완전히 탈진했다. 오디세우스는 여신이 준 스카프를 버리고 기다시피 앞으로 나가 이곳엔 누가 살까 또 어떤 새로운 위험이 도사리고 있을까 불안해하며 우거진 나뭇가지 뒤에 몸을 숨겼다. 몹시 지친 상태였지만 경계를 게을리하지 않기로 했다. 잠도 못 자고 씻지도 못한 채 여러 날 동안 바닷속에서 고군분투하느라 몸이 더러웠다. 온몸에는 소금이 덕지덕지 묻었고 머리카락도 텁수룩했다. 오디세우스가 쓰러지자 오랫동안 나서지 않았던 아테나가 나타나 부드럽게 그를 재워주었다.

그 섬, 그러니까 파이아케스인들의 섬은 인간들의 세상인 그리스의 이타케와 식인종들과 여신들이 이웃해 있는 초인적인 세상의 중간에 있었다. 파이아케스인들의 소명은 바로 그 경계를 넘을 수 있도록 안내하는 일이었다. 그들은 굳이 방향을 정하거나 노를 젓지 않아도 바라는 방향으로 알아서 전속력으로 항해하는 마법의 배를 소유한 뱃사람들이었다. 여행 및 한 세상과 다른 세상의 왕래를 관장하는 신 헤르메스와 비슷했다. 게다가 그 섬은 외부와 직접적인 교류를 하지 않았다. 파이아케스인들은 '안내인' 역할만 할 뿐 어떤 이방인도 결코 그들의 섬으로 오지 않았다. 반대로 신들은 종종 그곳을 순회하며 모습을 위장할 필요 없이 본모습 그대로 나타나곤 했다.

오디세우스가 우거진 나무 뒤에 숨어서 자는 사이 동이 텄다. 그 나라의 왕에게는 나우시카라는 이름의 열대여섯 살쯤 된 딸이 있었다. 나우시카는 혼인할 나이가 되었지만 자신의 나라에서 아버지가 바라는 사윗감을 찾기란 쉽지 않았다. 그날 밤 그녀는 꿈을 꾸었다. 물론 그녀의 꿈을 유도한 이는 아테나였다. 나우시카는 미래의 남편에 대한 꿈을 꾸었고 날이 밝자 하녀들을 불렀다. 하녀들은 서둘러 달려와 명령받은 대로 집안의 모든 천을 끌어모아 냇가에 가서 맑은 물로 빨래를 했다. 이어서 시트와 의복 등 아름다운 천들을 바위에 널어 말렸다. 아침부터 그들은 짐승들이 끄는 짐마차를 타고 더러운 천들을 냇가로 운반해가는 등 법석을 떨었다. 천을 빨아 넌 뒤 치녀들은 공놀이를 하며 휴식을 즐겼다. 그러다 한 서툰 시녀가 나우시카가 던진 공을 놓쳐 공이 냇가까지 굴러갔다. 그러자 처녀들이 날카롭게 비명을 질렀다.

소스라쳐 잠에서 깨어난 오디세우스가 우거진 나무 뒤에서 모습을 드러냈다. 실오라기 하나 걸치지 않은 볼썽사나운 모습이었다. 그는 불안한 마음에 사납게 빛나는 눈초리로 주위를 재빠르게 두리번거렸다. 그 모습에 처녀들은 겁에 질린 새들처럼 달아났다. 가장 아름답고 키가 큰 나우시카만 남아 있었다. 그녀는 시녀들 무리 한가운데에 있는 아르테미스처럼 남들보다 머리 하나는 더 컸다. 나우시카는 미동도 없이 가만히 있었다. 오디세우스도 그녀를 바라보았다. 나우시카는 그를 쳐다보며 이 흉측한 사내는 누구일까 생각했겠지만 한 나라의 공주답게 당당히 서 있었다. 그러자 보기에는 흉측하지만 유명한 달변가답게 호감 가는 목소리를 가진 오디세우스가 물었다.

"당신은 누구십니까? 시녀들과 함께 놀러 나온 여신입니까? 난 조난당한 사람입니다. 불행히도 바다에 내던져졌죠. 내

말을 들어보십시오. 당신을 보는 순간 난 예전에 델로스를 여행하다가 보았던 어린 종려나무를 떠올렸습니다. 하늘 높은 곳까지 곧게 뻗어 있는 날씬한 종려나무였죠. 그걸 보면서 난 감탄했습니다. 그 나무 앞에서 황홀감에 사로잡혔죠. 그런데 아가씨, 당신은 그 나무와 똑같군요. 당신을 보면서 난 감동했습니다."

그녀가 대답했다.

"당신의 말솜씨는 외모와는 전혀 다르군요. 당신은 전혀 비열한 사람 같아 보이지 않아요."

나우시카는 시녀들을 불러 남자를 돌보아주라고 명령했다.

"이분을 씻게 해드리고 입을 것을 가져다드리거라."

오디세우스는 냇물에서 몸을 뒤덮고 있던 묵은 때를 씻어내고 옷을 갖춰 입었다. 당연히 아테나가 그에게 은총과 아름다움을 베풀어 더욱 잘 생기고 젊고 강하게 만들었다. 광채와 매력을 불어넣어 주었다. 그렇게 해서 오디세우스는 아름다움과 매력으로 빛났다. 나우시카는 그 모습을 보고는 시녀들에게 속삭였다.

"저것 좀 봐. 조금 전까지만 해도 저 남자는 그다지 내게 어
울리지 않는 흉측한 사람으로 보였는데 이제는 꼭 하늘에서
내려온 신처럼 보이는구나."

그때부터 나우시카의 머릿속에는 신들이 보낸 그 이방인
이 자신이 꿈꾸어 왔던 남편감으로 제격이라는 생각이 싹텄다.
오디세우스가 자신이 무엇을 해야 하느냐고 묻자 나우시카는
아버지 알키노스와 어머니 아레테의 궁전으로 함께 가자고 청
했다.

"몇 가지 조심해야 할 점이 있어요. 난 먼저 빨래한 천을 노
새에 싣고 시녀들과 함께 궁전으로 돌아가겠어요. 사람들이
우리가 함께 있는 모습을 보아선 안 돼요. 여기선 이방인을
보지 못해요. 다들 서로 알고 지내죠. 만일 누군가 낯선 사람
을 만나면 의아해할 거예요. 게다가 나와 함께 있는 걸 보면
사람들이 무슨 생각을 할지 상상해보세요. 그러니까 당신은
내가 떠난 후에 와야 해요. 길을 한참 따라가다 보면 사시사
철 꽃과 과일이 가득한 멋진 정원으로 둘러싸인 아름다운 궁
전에 들어서게 될 거예요. 홀에 들어가면 내 어머니 아레테

왕비의 발밑에 엎드려 무릎에 입을 맞추고 환대를 요구하세요. 궁전에 도착하기 전에는 절대 도중에 멈추지도 말고 아무와도 말을 섞지 마세요."

나우시카가 멀어져가자 이번에는 어린 소녀로 변신한 아테나가 나타나 오디세우스에게 말했다.

"나우시카가 일러준 대로 따라야 한다. 가는 동안 어떤 장애도 만나지 않도록 네 모습이 보이지 않게 해주겠다. 네 모습이 보이지 않는 동안 너 역시 누구도 보지 말거라. 절대 누구와도 시선을 마주치지 말아라. 보이지 않는 자가 되기 위해서는 너 역시 타인을 바라보아선 안 되는 법이다."

오디세우스는 모든 충고를 따랐고 궁전에 도착해 왕비의 발밑에 엎드렸다. 귀족들이 모두 모여 있는 홀에 이르렀을 때도 그의 모습은 여전히 보이지 않는 채였다. 그는 알키노스 왕과 아레테 왕비가 나란히 앉아 있는 왕좌에 다가갔다. 아테나가 뿌연 구름을 없애주자 파이아케스인들은 그제야 왕비의 무릎에 입을 맞추고 있는 이방인을 발견하고 어리둥절했다.

아레테와 알키노스는 그를 손님으로 대접했다. 연회가 열리고 오디세우스는 누구와도 견줄 수 없는 투사로서의 자질을 맘껏 과시했다. 왕의 아들 중 하나가 그를 자극하며 도전했지만 오디세우스는 침착함을 유지하며 상대방보다 더 멀리 원반을 던져 자신이 영웅임을 입증했다. 사람들은 음유시인을 불러 노래를 시켰다.

오디세우스는 왕의 옆에 앉았고, 음유시인이 트로이 전쟁을 노래하기 시작했다. 시인은 오디세우스의 동료 몇몇의 죽음과 무훈담을 들려주었다. 그러자 오디세우스는 더는 참지 못하고 고개를 떨구었다. 그리고 우는 모습을 남들이 보지 못하도록 옷깃을 접어 눈을 가렸다. 하지만 알키노스는 그런 모습을 알아챘다. 그 노래에 그토록 감동하는 모습을 보고 자신의 옆에 앉은 이 남자가 트로이의 영웅들 중 하나가 틀림없다고 짐작했다. 왕이 노래를 멈추게 하자 이번에는 오디세우스가 나서며 스스로 정체를 드러냈다.

"내가 바로 오디세우스입니다."

그리고 마치 음유시인처럼 자신의 긴 모험담을 들려주었다. 왕은 오디세우스를 이타케로 돌려보내기로 결심했다. 딸을 생각하면 슬픈 일이었지만 그래야 한다고 생각했다. 그래도 혹시나 하는 마음에 나우시카와 결혼하여 이곳에 남아 함께 사는 것이 어떻겠냐고 넌지시 물어보았다. 하지만 오디세우스는 자신의 세계, 자신의 삶은 이타케에 있으니 되찾을 수 있도록 도와달라며 정중히 거절했다.

그날 저녁 오디세우스는 사람들이 다양한 선물을 실어놓고 준비해둔 배에 올랐다. 왕과 왕비, 나우시카, 모든 사람에게 작별을 고했다. 칼립소와 키르케에게 작별을 고했듯이……. 배는 물살을 헤치고 나아가 인간들의 바다를 되찾았다. 배는 마침내 오디세우스를 조국 이타케로 실어갔다.

걸인의 모습으로
고향에 돌아오다

오디세우스는 배에 오르자마자 잠이 들었고 배는 스스로 항해했다. 파이아케스인 뱃사람들은 올리브 나무와 님프들의 동굴 입구 그리고 산언덕들이 보이는 이타케 해변에 도착했다. 거대한 암벽 두 개가 마주 보는 일종의 천연 항구였다. 파이아케스인들은 잠든 오디세우스를 올리브 나무 밑에 내려놓고 올 때처럼 홀연히 가버렸다. 하지만 하늘 꼭대기의 포세이돈은 일이 어떻게 돌아가는지 다 지켜보았다. 오디세우스가 돌아왔으니 또 한 번 당한 셈이었다. 포세이돈은 오디세우스 대신 파이아케스인들에게 복수하기로 결심했다.

배가 파이아케스인들의 섬에 도착하는 순간 포세이돈이 삼지창을 휘두르자 배는 돌로 바뀌어 바다에 뿌리를 박은 작은 암초 섬이 되었다. 그래서 파이아케스인들은 더 이상 세상과 세상 사이의 안내인 역할을 할 수 없게 되었다. 오디세우스의 모험이 시작되면서 오디세우스가 지났던 문, 그리고 그가 돌아오면서 지났던 그 문은 영원히 닫히고 말았다. 따라서 인간들의 세상만 남고 이제부터 오디세우스는 그 세상에 속했다.

동이 트자 오디세우스는 잠에서 깨어나 젊은 시절을 보낸 낯익은 풍경을 바라보았지만 어찌 된 영문인지 아무것도 알아보지 못했다. 아테나가 우리의 영웅이 돌아오기 전에 송두리째 변형시켜 놓았기 때문이다. 왜 그랬을까? 그가 없는 동안, 특히 지난 10년 동안 페넬로페와 결혼하려는 100여 명의 구혼자들이 오디세우스가 죽었거나 아니면 적어도 영원히 사라졌다고 생각하며 그의 집에 상주하고 있었다. 그들은 페넬로페가 자신들 가운데 누군가를 선택하기를 기다리며 그곳에서 먹고 마시고 시간을 보내며 가축들과 저장해놓은 포도주와 밀을 축내고 있었다. 페넬로페는 누구도 선택하고 싶지 않았기 때문에 갖은 수단을 동원했다. 처음에는 남편이 죽었다고 확신하기 전에는 결혼할 수 없다는 핑계를 댔다. 그다음에는 시아버지를 위해 수의를 준비하기 전에는 결혼할 수 없다고 했다. 페넬로페가 규방에 있는 동안 연회실에서 구혼자들은 흥청망청 주연을 베풀고 저녁 식사가 끝난 뒤에는 주인을 배반한 시녀들과 잠자리를 가졌다. 그 외에도 터무니없는 짓들을 수도 없이 저질렀다.

페넬로페는 침실에서 낮에는 천을 짜고 저녁이 되면 낮 동안 짠 천의 실들을 모두 풀어버렸다. 그렇게 해서 거의 2년 동안 그 작업이 끝나지 않았다는 구실로 구혼자들을 속일 수 있었다. 하지만 시녀들 중 하나가 구혼자들에게 사실을 일러바치는 바람에 그들은 이제 페넬로페의 결정을 요구하고 있었다. 당연히 아테나는 오디세우스가 아가멤논의 전철을 밟지 않기를 바랐다. 다시 말하면, 오디세우스가 정체를 드러낸 채 돌아와서 그를 노리고 파놓은 함정에 빠지지 않기를 바랐다. 그러기 위해선 남들이 그를 알아보지 못하도록 해야 했고 그 역시 조국의 낯익은 풍경을 알아보지 못해야 했다. 아테나는 모래사장 위에 있는 오디세우스 앞에 나타나 이렇게 상황을 설명해 주었다.

"네 집엔 구혼자들이 있다. 넌 그들을 죽여야 한다. 네 아들 텔레마코스와 돼지치기 에우마이오스, 소치는 목동 필로이티오스에게 도움을 청하거라. 그러면 그들을 무찌를 수 있을 게다. 내가 너를 도우마. 하지만 우선은 네 모습을 완전히 바꾸어야 한다."

오디세우스가 제안을 받아들이자 아테나는 이타케의 현재 모습을 보여주었다. 뿌연 구름이 걷히자 그제야 조국의 모습을 알아볼 수 있었다. 아테나는 오디세우스가 나우시카와 만날 때 은총과 아름다움을 불어넣었던 깃처럼 이번에는 노인의 모습과 추함을 불어넣었다. 순식간에 머리카락이 빠지며 대머리가 되었고 피부는 쪼글쪼글해지고 두 눈에는 눈곱이 끼고 몸은 구부정해졌다. 악취를 풍기는 누더기까지 뒤집어쓴 그는 영락없이 늙고 병든 누추한 걸인의 행색이었다.

오디세우스는 음식을 구걸하는 천한 걸인 행세를 하며 자신의 궁으로 갈 계획이었다. 그러고는 쏟아지는 모욕을 감수하며 상황을 파악하고 공모자들을 찾아 자신의 활을 손에 넣을 심산이었다. 그 활은 오로지 오디세우스만이 당길 수 있었다. 그는 변변찮은 인물인 척하다가 그 활로 구혼자들을 죽일 작정이었다.

오디세우스는 궁전 성문에 도착하여 돼지치기인 늙은 에우마이오스를 만났다. 그는 에우마이오스에게 당신은 누구며 궁전엔 누가 있느냐고 물었다. 그러자 에우마이오스가 대답했다.

"내 주인이신 오디세우스 님은 20년 전에 떠나셔서 불행히도 어찌 되셨는지 아무도 알 길이 없다오. 그 뒤론 구혼자들이 궁전 안에 죽치고 앉아서 음식이며 가축 떼를 모두 약탈

했지. 난 매일 그자들이 먹을 것을 대느라고 새끼 돼지들을
갖다 바쳐야 한다오. 정말 끔찍한 일이라오."

두 사람은 함께 궁으로 향했다. 그때 오디세우스는 아침마
다 집 안의 온갖 더러운 쓰레기들을 내다놓는 성문 근처 쓰레
기 더미 위에서 자신의 충견 아르고스를 발견했다. 태어난 지
20년이 된 아르고스는 지금의 오디세우스의 분신이라 할 수
있는 몰골이었다. 말하자면 먼지투성이에 역한 냄새를 풍기는
데다 더는 움직이지도 못할 정도로 쇠약해진 상태였다. 오디세
우스는 에우마이오스에게 물었다.

"이 개는 젊었을 땐 어땠소?"
"오, 대단했다오. 사냥개였는데 백발백중으로 산토끼들을 물
어왔지⋯⋯."
"아, 그렇군."

오디세우스는 다시 발걸음을 옮겼다. 그런데 늙은 아르고
스가 코를 치켜들더니 제 주인을 알아보았다. 하지만 노견은
한 발짝도 움직일 기력이 남아 있지 않았다. 그저 꼬리를 흔들
고 귀를 쫑긋거릴 뿐이었다.
오디세우스는 아르고스가 비록 노쇠하긴 했어도 후각으로

즉각 주인을 알아보고는 개들 특유의 방식으로 주인을 반기는 모습을 보았다. 인간들이 그토록 오랜 세월의 풍파를 겪은 오디세우스를 알아보려면 증거가 될 만한 징후나 표식이 있어야 했을 터다. 하지만 개는 전혀 그렇지 않았다. 오디세우스임을 눈치채자마자 아르고스는 쿵쿵대며 냄새를 맡았다. 오디세우스는 자신의 늙은 개를 보고 감정이 북받쳐 눈물이 고였다. 그래서 재빨리 자리를 피했다. 개는 감동에 겨워 그 자리에서 죽고 말았지만 에우마이오스는 아무것도 눈치채지 못했다.

오디세우스와 에우마이오스는 계속 앞으로 걸어갔다. 궁전 입구에서 다른 걸인 이로스를 만났다. 오디세우스보다 조금 젊어 보이는 진짜 걸인이었다. 이로스는 여러 달 전부터 그곳에 머물며 구혼자들이 연회를 벌이는 동안 조롱과 구타를 당했다. 이로스는 걸인으로 변장한 오디세우스를 보자마자 다짜고짜 소리치며 텃세를 부렸다.

"여기서 뭐 하는 거야? 꺼져. 여긴 내 자리야. 여기 있지 말란 말이야. 네 건 아무것도 없어."

오디세우스는 차분히 대답했다.

"두고 보면 알겠지."

그들은 함께 안으로 들어갔다. 구혼자들은 먹을 것이 한가득 차려져 있는 식탁에서 시녀들의 시중을 받으며 먹고 마시고 있었다. 그들은 평소처럼 하나가 아닌 두 명의 걸인이 들어오는 모습을 보고 웃음을 터뜨렸다. 곧 이로스가 오디세우스에게 시비를 걸기 시작했고 구혼자들은 이로스가 더 젊어 보이니 늙은 걸인을 쉽게 이길 수 있을 거라며 재미있어했다. 오디세우스는 처음에는 싸움을 거부하다가 나중에는 할 수 없이 주먹다짐으로 결판을 보기로 동의했다. 각자 서로를 노려보았다. 오디세우스가 튜닉을 살짝 걷어 올리자 구혼자들은 흐물흐물한 늙은이가 제법 단단한 엉덩이를 가졌으니 싸움이 어떻게 끝날지 쉽게 점칠 수 없겠다며 수군댔다.

싸움이 시작되었고, 두말할 필요 없이 오디세우스는 구경꾼들의 감탄 속에 가뿐히 이로스를 때려눕혔다. 오디세우스는 이로스를 궁전 밖으로 내던졌지만 곧이어 무수한 모욕과 경멸을 받아야 했다. 구혼자들 중 하나는 말만으론 성에 차지 않았는지 식탁 너머에서 오디세우스를 향해 우족을 있는 힘껏 던져 한쪽 어깨에 상처를 입혔다. 그 소동을 진정시킨 사람은 텔레마코스였다.

"이 걸인은 내 손님이오. 난 내 손님이 이런 모욕과 형편없는 대접을 받기를 원치 않소."

오디세우스를
증명해주는 흉터

오디세우스는 아들 텔레마코스를 포함해 자신을 도와줄 몇몇
사람들에게만 정체를 밝혔다. 텔레마코스는 아버지의 소식을
알아보러 멀리 갔다가 돌아오자마자 구혼자들이 자신을 노리
고 파놓은 함정을 피해야 했다. 구혼자들은 텔레마코스를 죽
이고 아무 장애 없이 페넬로페와 결혼하려고 했다. 페넬로페와
결혼한다는 것은 오디세우스의 침실, 즉 왕의 침실에 들어간다
는 의미였고, 이는 곧 이타케의 군주가 된다는 뜻이었다. 하지
만 아테나로부터 미리 주의를 받은 텔레마코스는 함정을 피해
예정 장소가 아닌 다른 곳에 배를 대고 곧장 에우마이오스의
집으로 갔다.

그렇게 해서 텔레마코스와 오디세우스의 첫 대면이 이루
어졌다. 에우마이오스는 페넬로페에게 아들이 무사하다는 소
식을 알리러 떠나고 없었다. 오디세우스와 텔레마코스가 돼지
치기의 초라한 오두막집에 단둘이 있을 때 아테나가 나타났다.
오디세우스는 아테나의 모습을 보았다. 개들도 여신의 출현에
코를 킁킁대며 겁에 질려 털을 곤두세운 채 꼬리를 내리고 탁
자 밑으로 숨었다. 반면에 텔레마코스는 아무것도 보지 못했
다. 아테나는 오디세우스를 밖으로 데리고 나갔다. 여신이 마

법의 지팡이로 그를 건드리자 오디세우스는 옛 모습으로 되돌아갔다. 더는 흉측한 모습이 아닌, 드넓은 천상에 사는 신들과 비슷한 모습이 되었다. 텔레마코스는 오두막집으로 들어오는 그의 모습에 두 눈을 의심했다. 어떻게 늙은 걸인이 순식간에 신처럼 될 수 있단 말인가? 오디세우스가 정체를 밝혔지만 텔레마코스는 증거 없이는 도통 믿으려 하질 않았다.

하지만 오디세우스는 증거를 대지 않고 아버지가 아들에게 하듯 엄히 꾸짖었다.

"그만두지 못할까? 눈앞에 네 아버지가 있는데도 알아보지 못한단 말이냐?"

그래도 텔레마코스는 아버지를 한번도 본 일이 없는 터라 쉽사리 믿을 수가 없었다.

"내가 분명 오디세우스라고 했다."

오디세우스는 텔레마코스에게 고집스레 아버지로서의 위신을 내세웠다. 텔레마코스는 그때까지 아무런 위상도 정립하지 못한 상태였다. 아이도 어른도 아니었고 자유롭기를 원하면서도 어머니에 의지해 살았기 때문이다. 텔레마코스는 그동안

애매한 위치에 있었지만, 이제 아버지가 눈앞에 있었다. 여태 생사를 알 수 없었던 아버지, 사람들이 아무리 얘기해주어도 정말 자신의 아버지인지 확신할 수 없었던 아버지가 멀쩡히 살아서 그의 앞에 당당히 선 채 아버지가 아들에게 하듯 근엄하게 말하고 있었다. 오디세우스 자신도 아버지로서의 정체성을 굳게 확신했을 뿐만 아니라, 텔레마코스 역시 마침내 아들로서의 정체성을 확실하게 느꼈다. 두 사람 모두 마침내 각자의 정체성을 확인하는 사회적·인간적 관계를 되찾았다.

둘은 돼지치기 에우마이오스와 소치는 목동 필로이티오스의 도움을 받아 복수하기로 했다. 그런데 하마터면 오디세우스의 계획이 물거품이 될 뻔한 일이 있었다. 텔레마코스가 걸인의 존재를 페넬로페에게 알리자 그녀는 걸인을 맞아들여 대접한 뒤 평소에 마주치는 모든 여행자에게 하듯 혹시 오디세우스를 보지 못했느냐고 물었다. 당연히 오디세우스는 능숙하게 거짓말로 너스레를 떨었다.

"봤다마다요. 오래전, 한 20년쯤 전에 그분이 트로이로 떠나실 때였죠. 그분이 저희 집 앞을 지나셨는데 제 형인 이도메네우스도 그분을 따라 전장으로 갔답니다. 전 너무 어렸구요. 대신 전 그분께 선물을 잔뜩 드렸죠."

페넬로페는 그 이야기를 들으면서 과연 그가 진실을 말하는 걸까 의아해졌다.

"당신이 한 말에 대한 증거를 보여주세요. 그분이 무슨 옷을 입고 있었는지 말해줄 수 있겠죠?"

물론 오디세우스는 세세한 부분까지 설명했다. 특히 페넬로페가 자신에게 주었던 값진 보석에 대해서 설명했다. 달리는 새끼 노루를 묘사한 잘 세공된 보석이었다. 그러자 페넬로페는 이렇게 생각했다. '틀림없군. 그의 말은 사실이야.' 그러고는 오디세우스를 보았을 뿐만 아니라 돕기까지 했다는 생각에 늙은 걸인에게 뭉클한 감정을 느꼈다. 그래서 오디세우스의 유모 에우리클레이아에게 걸인을 돌봐주어 목욕도 시켜주고 발도 씻어주라고 부탁했다. 그러자 유모는 페넬로페에게 걸인이 어딘가 오디세우스를 닮았다고 말했다. 아테나가 걸인으로 변신시킨 후인데 어떻게 그런 일이 가능한지는 모르겠지만 말이다.

"오디세우스 님과 손발이 똑같아요."
"아니야, 절대 그럴 리 없어. 20년이나 지났으니 아마 지금쯤은 늙고 주름졌겠지. 물론 아직 살아 있다면 말이지만."

오디세우스의 정체는 상당히 수상했다. 걸인으로 변장했을 뿐만 아니라 고향을 떠날 때 나이가 스물다섯이었으니 이제 실제 나이는 마흔다섯이었다. 그의 손은 같으면서도 동시에 완전히 달랐다. 그런데도 유모는 걸인이 오디세우스와 닮았다고 주장하면서 오디세우스에게 말했다.

"이곳에 온 모든 사람, 우리가 손님으로 맞은 여행자 중에 당신이 오디세우스 님과 가장 많이 닮았어요."
"그런 얘기 많이 들었소."

오디세우스는 유모가 발을 씻기다가 자신의 독특한 흉터를 보지나 않을까 염려되었다. 너무 일찍 정체를 드러냈다간 계획이 물거품이 될 우려가 있었다.

그러니까 오디세우스가 열다섯인가 열여섯 살쯤 되던 때의 일이었다. 그는 아이에서 어른으로 성장하는 통과의례를 치르기 위해 외할아버지 댁에 가 있었다. 그곳에서 사촌들이 지켜보는 가운데 혼자서 창을 들고 거대한 멧돼지를 상대해야 했다. 오디세우스는 성공적으로 멧돼지를 처치했지만 멧돼지 때문에 넓적다리가 찢어졌다. 비록 상처를 입긴 했지만 아주 만족스럽게 돌아와서는 모두에게 흉터를 보여주면서 어떻게 된 일인지, 사람들이 어떻게 치료해주었는지, 어떤 선물들을 받았

는지 무용담을 늘어놓았다. 물론 에우리클레이아는 그의 유모
였으므로 가장 먼저 그 이야기를 들었다.

잠시 에우리클레이아에 대해서 말하자면, 오디세우스가
태어났을 때 할아버지 아우톨리코스가 손자를 보러 오자 유모
는 아우톨리코스의 무릎 위에 아이를 올려놓으며 손자의 이름
을 지어달라고 말했다. 그렇게 해서 오디세우스라는 이름이 지
어졌다. 또한 에우리클레이아의 임무 중 하나가 손님들의 발을
씻겨주는 일이었던 탓에 발의 모양새에 관한 한 전문가나 다름
없었다. 오디세우스는 생각했다. '유모가 흉터를 본다면 다 알
아차리겠지. 유모의 눈에 그 흉터는 내가 오디세우스라는 서명
이나 다름없을 테니까.'

그래서 오디세우스는 아무것도 보이지 않도록 방안을 어
둡게 했다. 유모는 대야에 따뜻한 물을 붓고 어둠 속에서 오디
세우스의 발을 잡았다. 하지만 손이 무릎에 닿는 순간 유모는
흉터를 느끼고는 놀라 비명을 지르며 대야를 떨어뜨렸다. 물이
사방으로 튀었다. 오디세우스는 얼른 유모의 입을 틀어막았다.
순간 유모는 모든 걸 알아차렸다. 그리고 페넬로페 쪽으로 시
선을 돌렸다. 눈빛으로 그 남자가 오디세우스라는 사실이 그녀
에게 전달되길 바라며……. 하지만 아테나는 페넬로페가 유모
와 눈길이 마주치지 않도록, 그래서 아무것도 모르도록 했다.

"하지만 오디세우스 님, 어째서 제가 오디세우스 님을 바로
알아보지 못했을까요?"

에우리클레이아가 속삭였다.

오디세우스는 유모를 조용히 시켰다. 유모는 그를 알아보
았지만 페넬로페는 여전히 모르는 채 있어야 했다. 오디세우스
는 돼지치기 에우마이오스와 소치는 목동 필로이티오스에게
도 흉터를 보여주어 자신이 오디세우스라는 사실을 입증했다.

오디세우스만이
그 활을 당길 수 있다

아테나의 영향으로 페넬로페는 이제 구혼자들이 더는 자신의
궁을 약탈하지 못하도록 해야겠다고 결심했다. 그래서 구혼자
들과 오디세우스가 모두 있는 앞에서 이제 그만 칩거 생활을
끝내겠다고 선포했다. 그리고 경기를 하나 제안했다.

"당신들 중에서 남편의 활을 당겨 과녁을 연달아 꿰뚫을 수
있는 사람이 나의 새 남편이 될 것이고, 따라서 문제는 종식
될 겁니다. 그러면 이제부터 결혼식 준비를 할 수 있겠지요.

집을 장식하고 연회를 준비할 수 있을 겁니다."

구혼자들은 기뻐 어쩔 줄을 몰랐다. 저마다 자신이 그 활을 당길 수 있으리라고 확신했다. 페넬로페는 에우마이오스에게 활과 화살이 가득 담긴 통을 건네주었다. 그러고는 곧장 처소로 돌아갔다. 페넬로페가 침대에 눕자 아테나는 그녀에게 고요하고 달콤한 잠을 불어넣어 주었다.

오디세우스는 연회실의 출입문들을 모두 봉쇄하여 아무도 그곳을 나가지 못하게 하고는 구혼자들이 무기를 소지하지 못하도록 조치했다. 그리고 경기가 시작되었다. 다들 활을 당기려 안간힘을 썼지만 활은 꿈쩍도 하지 않았다. 마지막으로 가장 큰소리치던 안티노오스 역시 실패했다. 그러자 텔레마코스는 만일 자신이 성공한다면 어머니는 자신의 권위 아래 함께 살게 될 것이며, 결코 재혼하지 않을 것이라고 선포했다. 텔레마코스 역시 거의 성공할 뻔했지만 결국 실패했다. 오디세우스는 텔레마코스에게서 활을 빼앗으며 여전히 남루한 걸인의 모습으로 말했다.

"이번엔 내가 한번 해보리다."

당연히 구혼자들은 그를 조롱했다.

"미쳤구먼. 완전히 돌았어. 설마 네놈이 왕비와 결혼이라도 하겠다고 생각하는 건 아니겠지?"

페넬로페는 그 걸인과 결혼한다는 건 말도 안 되는 소리지만 어디까지나 활을 당기는 그의 능력에 달린 문제라고 대꾸했다. 오디세우스는 왕비와 결혼하고 싶어서가 아니라 단지 예전엔 활을 잘 쏘았는데 아직도 실력이 여전한지 보기 위해서라고 대답했다.

"네놈이 우리를 능멸하는구나."

구혼자들이 반박했지만 페넬로페가 만류했다.

"아니에요. 하게 놔두세요. 만일 저 사람이 성공한다면 난 젊은 시절의 내 남편을 보았던 저 사람에게 후한 선물을 내리겠어요. 그리고 다른 곳으로 갈 수 있게 해주고 걸인이라는 비참한 상황에서 벗어날 수 있게도 해주겠어요."

페넬로페는 한순간도 그 걸인이 자신의 남편이 될 수 있으리라고는 생각하지 않았다. 그래서 결과를 지켜보지도 않고 다시 처소로 돌아갔다.

오디세우스는 활을 받아 거뜬히 활을 당겨 화살을 날렸다. 그 화살이 구혼자들 중 하나인 안티노오스를 죽이자 사람들은 혼비백산했다. 그러고는 활도 쏠 줄 모르는 정신 나간 거렁뱅이가 과녁 대신 구혼자 한 명을 맞혔다고 분개하여 소리 질렀다. 하지만 오디세우스는 텔레마코스와 돼지치기와 소치는 목동의 도움을 받아 그들을 전부 죽였다. 구혼자들은 달아나지도 못하고 무참히 죽었다.

연회장은 온통 피로 물들었다. 처소로 올라갔던 페넬로페는 아무것도 보지도, 듣지도 못했다. 아테나가 그녀를 다시 잠들게 했기 때문이다. 사람들은 구혼자들의 시체를 치우고 전부 말끔히 정돈해놓았다. 오디세우스는 구혼자들과 함께 잔 시녀들을 찾아내어 벌하라는 명령을 내렸다. 사람들은 마치 자고새처럼 시녀들을 한데 묶어 교수형에 처했다. 밤이 이슥해졌다. 이튿날 사람들은 구혼자들의 부모들이 자식들이 학살된 사실을 의심하지 못하도록 결혼식 준비를 하는 체했다. 그리고 결혼식 준비를 구실 삼아 집안의 모든 문을 걸어 잠갔다. 음악이 흐르고 온 집안이 축제 분위기로 떠들썩했다. 에우리클레이아는 페넬로페를 깨우기 위해 허겁지겁 계단을 뛰어 올라갔다.

"어서 내려가보세요. 구혼자들은 다 죽고 오디세우스 님이 아래층에 와 계시다구요."

페넬로페는 그 말을 믿을 수가 없었다.

"그 말도 안 되는 이야기를 한 사람이 유모만 아니었다면 밖으로 내던졌을 거야. 내 희망과 고통을 갖고 장난치지 말아."

그러자 유모가 계속 고집했다.

"제가 그분의 흉터를 봤어요. 저도 그분을 알아봤고 텔레마코스 님도 마찬가지예요. 그분이 구혼자들을 모조리 죽였다고요. 제가 그곳에 없었으니 어떻게 했는지는 모르겠지만요. 아무것도 보진 못하고 듣기만 했거든요."

페넬로페는 몹시 복잡한 심경으로 연회실로 내려갔다. 한편으로는 그 사람이 정말 오디세우스이길 바랐고 다른 한편으로는 그가 텔레마코스와 단둘이서 그곳에 있던 100여 명의 젊은 전사들을 죽였을 리가 없다고 생각했다. 자칭 오디세우스라는 그 걸인 사내는 20년 전에 남편을 만난 적이 있다고 주장했다. 그는 이미 '너무도 그럴싸한 거짓말'을 했는데 지금 또다시 거짓말을 하지 않으리라고 누가 보장한단 말인가? 페넬로페는 연회실에 도착했다. 그에게로 달려가야 하나 잠시 생각하다가 그대로 멈추어 선 채 움직이지 않았다. 늙은 걸인의 모습을 하고 있는 오디세우스는 맞은편에서 눈을 내리깐 채 한마디도 하지 않았다. 페넬로페 역시 아무 말도 할 수가 없었다.

페넬로페는 그 노인이 오디세우스와 아무런 공통점도 없다고 생각했다. 그녀는 다른 사람들과는 입장이 달랐다. 다른 사람들은 오디세우스가 돌아오자 확고한 사회적 위치를 갖게 되었다. 아버지가 필요했던 텔레마코스는 오디세우스가 나타나자 다시 그의 아들이 되었다. 오디세우스의 아버지는 아들을 되찾았다. 주인을 빼앗겼던 하인들도 각자 사회적 관계를 회복해 자신의 위상을 세울 수 있었다. 하지만 페넬로페는 남편이 필요하지 않았다. 그녀가 찾아 헤맨 건 남편이 아니었다. 남편이라면 몇 년 전부터 그녀를 추종하며 둘러싸고 있던 100여 명의 남자들, 왕위를 탐내며 성가시게 굴던 수많은 남자 중에서 얼마든지 고를 수 있었다. 그녀가 원한 건 남편이 아니라 오디세우스였다.

페넬로페는 그 남자, 바로 '젊은 시절의 오디세우스'를 원하고 있었다. 다른 사람들의 눈에는 설득력 있었던 증거들, 즉 흉터와 그가 활을 당겼다는 사실이 그녀에게는 아무런 증거도 되지 못했다. 다른 남자들도 똑같은 증거들을 제시할 수 있었을지 모르니까. 그녀는 오로지 오디세우스를 원했다. 다시 말하면 특별한 한 사람, 과거에 그녀의 남편이었고 20년 동안 실종되었던 그 남자를 원했고, 그건 다시 채워져야 할 20년의 괴리였다. 그래서 페넬로페는 오로지 둘만이 알아볼 수 있는 은밀한 증표를 원했고 분명 그런 증표가 하나 있었다. 페넬로페는 오디세우스보다 더 꾀가 많았음이 틀림없다. 그녀는 그 남자가 거짓말을 하는지도 모른다고 생각하고는 그를 시험에 몰아넣는다.

뿌리 깊은
침대의 비밀

그날 늦게 오디세우스는 아테나의 힘을 빌려 본모습을 되찾았다. 그래서 영웅다운 준수한 외모로 페넬로페 앞에 마주 섰다. 그런데도 페넬로페는 여전히 그를 인정하지 않았다. 텔레마코스는 어머니에게 화가 났다. 에우리클레이아도 마찬가지였다. 다들 페넬로페를 무정하다며 비난했다. 그러나 어찌 보면 페넬로페는 그렇게 강인한 심장이 있었기에 구혼자들의 온갖 성화에도 꿋꿋이 견뎌낼 수 있었던 게 분명하다.

"만일 이 남자가 분명 세상에 하나뿐인 오디세우스라면 우린 서로를 알아볼 거예요. 우리 사이에는 은밀하고 확실한 증표가 있으니까요. 그건 오로지 그와 나, 둘만이 알 수 있는 반박할 수 없는 증표지요."

그 말에 오디세우스는 빙그레 미소를 지으며 다 잘될 거라
고 혼잣말을 했다. 페넬로페는 밤이 되자 시녀들에게 자신은
함께 잠을 자지 않을 것이니 오디세우스를 위해 침실에서 침대
를 꺼내 오라고 명령했다. 그 명령이 떨어지기가 무섭게 오디
세우스는 분노로 얼굴을 시뻘겋게 붉히며 격분하여 소리쳤다.

"뭐라고? 침대를 이리로 가져오라니? 그 침대는 움직일 수
없는 것이잖소!"
"왜죠?"
"왜라니? 그 침대는 내가 만든 것이오. 난 그 침대가 움직이
지 못하도록 설계했소. 침대 다리 중 하나는 땅속에 뿌리를
박은 올리브 나무잖소. 올리브 나무의 뿌리를 땅속에 그대로
놔둔 채 자르고 재단해서 침대를 만들었단 말이오. 그러니
그 침대는 움직일 수 없소."

그 말을 들은 페넬로페는 그제서야 오디세우스의 품에 안
겼다.

"당신 정말 오디세우스군요."

물론 그 침대 다리는 여러 가지 의미를 띤다. 그 의미는 확고부동함이다. 그리고 그 확고부동함은 두 사람이 공유하고 있는 비밀이 불변함을 표현한다. 즉 페넬로페의 정절과 오디세우스의 정체성을 표현한다. 동시에 페넬로페와 오디세우스가 다시 합쳐지는 그 침대는 영웅 오디세우스에게 이타케의 왕이라는 확고한 지위를 주고 영원하게 하는 것이기도 하다. 왕과 왕비가 자는 침대는 이타케 땅의 가장 깊숙한 곳에 뿌리를 내리고 있다. 그것은 그 땅을 다스릴 부부, 그 땅의 번식력과 관계가 있는 왕과 왕비의 합법적인 권리를 표현한다. 또한 오랜 시간이 지났어도 그들을 여전히 이어주는 것, 두 사람을 부부로 만드는 것은 생각의 공유임을 일깨운다. 나우시카가 그를 미래의 남편 감으로 생각했을 때, 오디세우스는 그녀에게 한 남자와 한 여자가 결혼할 때 두 사람에게 가장 중요한 것은 바로 생각의 공유라고 말했다. 남편과 아내 사이에는 생각과 감정이 일치해야 한다는 의미다. 그 침대가 표현하는 것이 바로 이러한 공유다.

이쯤에서 모든 일이 끝난 것처럼 보이겠지만 아직은 완전히 끝나지 않았다. 아직 아들이 돌아온 사실을 알지 못하는 오디세우스의 아버지 라에르테스(오디세우스가 트로이 원정을 떠나기 전에 이미 왕위를 물려준 라에르테스는 시골 영지에서 은둔 생활을 하고 있었다-옮긴이)가 있었다. 이야기가 끝나기 전, 오디세우스는 아버지를 찾아간다. 걸인 행색을 버린 오디세우스는 20년이

페넬로페는 특별한 한 사람,

과거에 그녀의 남편이었고 20년 동안 실종되었던

그 남자를 원했다.

그건 다시 채워져야 할 20년의 괴리였다.

요한 하인리히 빌헬름 티슈바인, 〈오디세우스와 페넬로페〉(1802), 개인 소장.

란 세월이 흘렀는데 아버지가 자신을 알아볼 수 있을까 궁금해하며 아버지가 침거하고 있는 곳에 도착했다.

라에르테스는 정원에서 남자 노예 두 명과 여자 노예 한 명을 데리고 땅을 일구고 있었다. 라에르테스의 행색은 쓰레기 더미 위에 올라앉아 있던 노견 아르고스와 같은 상태, 오디세우스가 걸인의 모습으로 궁전에 나타났을 때와 거의 흡사한 모습이었다. 오디세우스를 본 라에르테스는 무엇을 원하느냐고 물었다. 오디세우스는 거짓말을 늘어놓으며 일부러 아버지를 노예 취급했다.

"난 이방인이오. 그런데 노인장은 정말 더럽구려. 옷차림도
너저분하고 피부는 역겨운 데다 모자는 짐승 가죽으로 만든
꼴이라니 비천한 하인이나 쓰면 딱 좋겠소."

라에르테스는 그가 하는 말에 적잖이 화가 치밀었지만 머릿속에는 오직 한 가지 생각밖에는 없었다. 이 이방인이 혹시 아들의 소식을 알고 있지나 않을까 하는 조바심이었다. 오디세우스는 평소 하던 대로 황당무계한 이야기들을 들려주었다.

이윽고 라에르테스가 눈물을 흘리기 시작했다.

"내 아들이 죽었단 말이오?"

그러고는 다시 흙먼지 날리는 밭으로 돌아갔다. 그토록 절망하는 아버지의 모습을 보고 오디세우스는 이제 거짓말을 그만 해야겠다고 생각했다.

"그만두세요, 아버지. 저예요, 오디세우스예요."
"어째서 당신이 오디세우스라는 거요? 증거를 보여주시오."

오디세우스가 몸의 흉터를 보여주었지만 그걸로는 충분하지 않았다. 그래서 어린 시절 아버지 라에르테스가 혈기 왕성한 나이였을 때, 자신에게 나무들의 이름을 알려주던 일화를 이야기했다. 그곳에는 배나무 열세 그루와 사과나무 열 그루, 무화과나무 네 그루, 50여 줄로 늘어선 포도나무가 있었다. 오디세우스는 아버지가 땅을 경작하고 나무와 식물을 키우기 위해 전수해주었던 지식들을 조목조목 열거했다. 늙은 라에르테스는 마침내 기쁨의 눈물을 흘리며 오디세우스를 끌어안았다. 하인 같았던 그는 마치 다시 왕 라에르테스가 된 기분이었다. 오디세우스는 텔레마코스에 대해 아버지의 입장에 놓였던 것과 마찬가지로 라에르테스에 대해서는 아주 어린 아들의 입장이 되었다. 결과는 볼 것도 없다. 라에르테스는 집으로 들어갔고, 다시 나왔을 때는 신처럼 멋진 외모로 바뀌었다. 아테나가 조금 손을 본 것이다. 오디세우스가 돌아와 부자 관계가 회복

됨으로써 신처럼 기품 있는 예전의 모습을 되찾았다.

시간을
되돌리다

이타케의 땅속에 뿌리를 내리고 궁전 침실 한가운데에 자리 잡은 올리브 나무와 라에르테스의 정원에 심어진 나무들은 과거와 현재 사이의 끈을 상징한다. 예전에 심은 나무들은 이제 자라났다. 그 나무들은 진실한 증인들처럼 오디세우스가 아주 어린 소년이었을 때의 시간과 이제 노년의 문턱에 서 있는 시간 사이의 연속성을 표시한다. 어찌 보면 이 이야기를 들으면서 우리도 같은 일을 하고 있는 셈이다. 과거 오디세우스의 출발과 현재의 그의 귀환을 연결하고 있으니 말이다. 우리는 함께 오디세우스와 페넬로페의 이별과 재회를 이야기로 꾸미고 있다. 어떤 면에서 기억에 의한 시간은 허물어졌다. 비록 그 시간이 서술의 흐름을 따라 다시 그려진다 하더라도 말이다. 시간은 허물어졌다가 다시 재현되었다. 이는 오디세우스 자신이 귀환할 것을 끊임없이 기억하고 있었기 때문이다. 또한 페넬로페가 젊은 시절의 오디세우스에 대한 추억을 변함없이 간직하고 있었기 때문이다.

오디세우스와 페넬로페가 다시 함께 잠자리에 든 날은 두 사람의 결혼 첫날밤이나 다름없었다. 두 사람은 다시 젊은 부부가 되었다. 아테나는 태양 마차의 운행을 멈추어버림으로써 해가 너무 일찍 떠오르지 않도록, 여명이 늦게까지 남아 있도록 해주었다. 그날 밤은 세상에서 가장 긴 밤이었다. 두 사람은 서로 그동안 겪었던 모험과 불행을 이야기했다. 마치 모든 것이 예전 그대로인 듯, 시간이 지워지지 않았던 듯했다.

이튿날 구혼자의 가족들은 부모, 형제, 사촌, 동료 할 것 없이 손에 무기를 들고 달려와 복수를 하겠다며 아우성을 쳤다. 하지만 아테나가 대립을 막아주어 싸움은 발생하지 않고 평화와 휴전 그리고 타협이 다시 이루어졌다. 이타케는 이제부터 모든 것이 예전과 같아졌다. 왕과 왕비가 있고, 아들과 아버지가 있으며, 하인들이 있고, 질서가 다시 확립되었다. 이제 음유시인들이 길이길이 오디세우스의 영광스러운 금의환향을 찬양하는 일만 남았다.

테베로 돌아온
디오니소스

Dionysos à Thèbes

그리스 신들 중에서 디오니소스는 조금 유별난 신이다. 그는 한 곳에 머물지 못하고 떠돌아다니는 신이다. 따라서 어디에도 없지만 어디에나 있는 신이다. 또한 자신이 지나는 곳에서 제대로 인정받고 특권을 누리기를 바라는 신이다. 특히 디오니소스는 테베에서 태어났기 때문에 테베 사람들이 자신을 숭배하길 바랐다. 그래서 아주 먼 곳에서 온 나그네인 척하며 테베에 입성한다. 그는 대접받고 인정받기 위해서, 말하자면 정식으로 자신의 자리를 찾기 위해서 고향인 테베로 돌아간다.

문헌학자 루이 제르네Louis Gernet의 표현을 빌리면, 디오니소스는 방랑자이면서도 한 곳에 머물기 때문에 그리스 신들 중에서도 유독 당혹스러울 정도로 다르고 이상하며 무질서한 타자의 얼굴을 상징하는 신이다. 또한 역사학자 마르셀 드티엔Marcel Detienne이 말했듯, 전염성이 강한 신이기도 하다. 사람들이 알아보지 못하는 곳에 불쑥 찾아가도, 디오니소스가 들어서는 순간부터 마치 전염병처럼 위압감을 풍기며 그를 향한 숭배가 파도처럼 퍼져나간다.

더없이 친밀한 장소에 느닷없이 나타나서도 자신의 존재를 인정하게 만드는, 같음 속의 다름을 구현하는 타인이다. 전염병과도 같은 존재다. 방랑하면서도 안정적인 신, 인간들과 비슷한 신인 디오니소스는 그리스 신화에 등장하는 대부분의 신들과는 다른 식으로 인간들과 관계를 맺는다. 훨씬 더 친밀하고 개인적이며 가까운 관계다. 디오니소스는 숭배자와 일종의 대면관계를 맺는다. 숭배자는 최면에 걸린 듯한 눈빛으로 디오니소스의 얼굴, 아니 그가 쓴 가면을 본다.

이렇듯 디오니소스는 인간과 가까운 신인 동시에 어쩌면 인간과 가장 동떨어진 신, 가장 접근하기 힘든 신비로운 신, 우리가 쉽게 이해해서 정의하기 힘든 신인지도 모른다. 보통 아프로디테는 사랑의 여신이고, 아테나는 전쟁과 지성의 여신이며, 헤파이스토스는 불과 대장간의 신이라고 말한다. 그런데 디오니소스는 뭐라 딱히 규정지을 수가 없다. 그는 어디에도 없는 동시에 어디에나 있으며, 존재하는 동시에 부재한다.

이렇게 완전히 상반된 양면을 생각해보면 디오니소스의 이야기는 조금은 특별한 의미를 지닌다. 방랑하고 배회하며 잠시 들렀다가 늘 다시 길을 떠나는 나그네지만, 한편으로는 자신이 머물 곳을 찾아 그곳에서 자리 잡고 인정받고 선택되기를 간절히 원하기 때문이다.

에우로페를 찾아
방랑을 떠난 카드모스

모든 사건은 우리가 앞서 잠시 언급한 어느 인물과 함께 시작된다. 바로 테베 최초의 왕 카드모스다. 테베를 세운 영웅 카드모스는 페니키아라는 먼 곳에서 온 이방인이었다. 그는 티루스 혹은 시돈의 왕 아게노르와 텔레파사의 아들이다. 이들은 오늘날 중동 지역에 위치한 시리아의 인물들이다. 아무튼 티루스의 국왕 부부는 카드모스, 포이닉스, 킬릭스, 타소스라는 여러 아들과 딸 에우로페를 두었다. 참고로 에우로페의 이름에서 유럽이라는 대륙의 이름이 탄생했다.

　　매혹적인 처녀 에우로페는 티루스의 바닷가에서 시녀들과 멱을 감으며 놀고 있었다. 때마침 천상의 제우스가 거의 나체로 목욕을 하는 그녀의 모습을 보게 되었다. 에우로페는 다른 이야기들에 등장하는 여성들처럼 히아신스나 백합 또는 수선화를 꺾어 꽃다발을 만들며 미모를 뽐내지 않았다. 그저 바닷가라는 넓게 트인 공간에 있었을 뿐이다. 제우스는 한눈에 반해 아름다운 에우로페를 탐냈다. 그래서 초승달 모양의 뿔이 달린 멋진 흰 황소로 모습을 바꾸고는 바닷가에 도착해 모래사장 근처에 있던 에우로페의 발치에 누웠다. 에우로페는 조금은 두렵기도 했지만 황소의 장엄한 모습에 압도되어 조심스럽게

다가갔다. 황소는 제 나름의 방법으로 그녀를 안심시켰다. 에우로페는 황소의 머리를 살짝 쓰다듬고 옆구리를 톡톡 건드려 보았다. 황소가 꿈쩍도 하지 않고 오히려 고개를 살짝 돌려 그녀의 흰 피부를 스치듯 핥자, 에우로페는 황소의 넓은 등 위에 올라탔다. 에우로페가 황소의 뿔을 두 손으로 잡는 순간 황소는 몸을 돌려 물속으로 뛰어들어 바다를 건너가 버렸다.

제우스는 에우로페를 등에 태우고 아시아를 건너 크레타로 갔다. 그곳에서 제우스는 에우로페와 결합하였다. 크레타에 갇힌 에우로페는 곧 라다만티스와 미노스를 낳았고, 그 아이들은 자라서 크레타섬의 군주가 된다.

한편 제우스는 그 섬의 주인들에게 선물을 주었는데, 그 선물은 탈로스라는 이상한 인물이었다. 탈로스는 크레타섬을 다른 세상으로부터 고립시켜 외부인들이 함부로 접근하지 못하게 하는 동시에 섬사람들이 밖으로 달아나지 못하도록 보초 임무를 맡은 거인이었다. 탈로스는 하루에 세 번씩 섬을 순찰하고 불침번을 서서 누구도 접근하거나 달아나지 못하게 했다. 청동으로 만들어진 탈로스는 천하무적 불멸의 존재였다. 유일한 약점은 자물쇠가 달린 발뒤꿈치의 혈맥 부위였다. 자물쇠의 작은 빗장을 열면 그의 무쇠 같은 기운이 빠져나가게 되어 있었다. 이 약점을 이용해 마법사 메데이아가 아르고 원정대를 도와 마법으로 그 열쇠를 돌렸다거나, 헤라클레스가 그 치명적인 부위에 화살을 쏘아 탈로스에게 부상을 입혀 끝내 죽게 했다는 이야기가 전해진다.

티루스의 왕 아게노르는 에우로페의 시녀들을 통해 사랑하는 딸이 어떤 황소에게 납치되었다는 사실을 알게 되었다. 아게노르는 아내와 아들들에게 딸이자 누이인 에우로페를 구출해 오라는 임무를 맡겼다. 그렇게 해서 세 형제와 어머니는 길을 떠나 온 세상을 누비며 방랑을 해야 했다. 끝없는 긴 여정에서 그들은 여러 도시를 건설하게 된다.

어머니와 함께 떠난 카드모스는 마침내 트라키아에 정착했으나 계속 누이 에우로페를 찾았다. 아게노르가 아내와 아들들에게 에우로페를 궁전에 데리고 오지 못한다면 집으로 돌아올 생각도 하지 말라고 엄포를 놓았기 때문이다. 카드모스의 어머니 텔레파사는 결국 트라키아에서 죽는다. 어머니가 죽은 뒤 카드모스는 앞으로 어찌해야 좋을지 알기 위해 델포이로 가서 신탁을 청했다.

"긴 여행을 끝내거라. 넌 누이를 찾지 못한다. 이제 그만 멈추어 정착할지어다."

에우로페는 사라져서 누구도 어찌 되었는지 알 길 없는 실종자가 되었다. 사실은 크레타에 감금되어 있었지만 델포이의

테베로 돌아온 디오니소스 *Dionysos à Thèbes*

신탁 외에 어느 누가 알고 있으랴? 신탁은 이렇게 밝혔다.

"넌 여행하는 어떤 암소를 따라 그 암소가 가는 곳이면 어디
든지 가게 될 것이다. 에우로페는 여행하는 황소에게 납치되
었고, 그 황소는 거처를 정했느니라. 그러니 넌 암소를 따라
가거라. 암소가 멈추지 않는 한 너는 그 자취를 좇을 것이나,
언젠가 그 암소가 자리에 누우면 다시는 일어나지 못할 테니
넌 그곳에 도시를 세우고 뿌리를 내리거라."

그리하여 카드모스는 청년 몇 명을 거느리고 길을 떠났다.
그들은 특별한 역할을 부여받은 듯한 달 모양의 표식이 있는
유난히 흰 암소 한 마리를 보게 되었다. 그들이 암소를 따라 떠
돌아다니다가 미래의 테베(또는 그리스어 명칭인 테바이라고도 한
다—옮긴이) 자리인 보이오티아에 이르자 암소는 풀밭에 멈추어
움직이지 않았다. 방랑하던 소는 더는 움직이지 않았고 그로써
방황은 끝이 났다. 카드모스는 자신이 도시를 건설해야 하는
곳이 바로 그곳임을 깨달았다.

이방인과 토착민의 결합으로 태어난 도시

도시를 건설하기 전에 카드모스는 자신이 가깝게 느끼는 여신 아테나에게 제물을 바치기로 했다. 제물을 바치려면 맑은 물이 필요했다. 그래서 카드모스는 청년들을 샘이 있는 곳으로 보내 준비해간 용기에 물을 가득 채워 오게 했다. 그 샘의 주인은 군신 아레스였으므로 아레스의 샘이라고 불렸다. 하지만 무시무시하게 사나운 용이 샘을 지키고 있어서 물을 길러 온 젊은이들을 모두 죽여버렸다. 그러자 카드모스는 직접 샘에 가서 용을 죽였다.

아테나는 카드모스에게 암소를 제물로 바친 뒤 처단한 용의 이빨을 수거해 곡식 낟알 뿌리듯 고른 평야에 뿌리라고 했다. 카드모스는 지시받은 대로 물을 가져와 경건하게 암소를 제물로 바치고 들판으로 가서 용의 이빨들을 뿌렸다. 뿌리자마자 곧 이빨 하나하나에서 전사가 한 사람씩 솟아올랐다. 이들은 이미 성인의 모습을 하고 있었으며 투구와 방패, 창, 갑옷까지 완전 무장을 갖춘 상태였다. 그들은 땅에서 솟아오르자마자 서로를 노려보며 경멸의 눈초리로 훑어보았다. 분명 호전적인 기질을 타고난 철두철미한 전사의 모습이었다.

카드모스는 이내 그들이 자신에게도 등을 돌릴 우려가 있음을 알아차렸다. 그래서 돌을 하나 집어들어 서로를 경계하고 있는 전사들 한가운데에 던졌다. 그러자 전사들은 서로 상대방이 그 돌을 던졌다고 생각하고 곧바로 전투를 벌이기 시작했다. 결국 다섯 명만 남고 모두 죽었다.

그 전사들을 우리는 '스파르토이(씨 뿌려 나온 남자들)'라고 부르며, 이들이 스파르타인의 시조가 된다. 그들은 테베 땅에서 태어난 본토박이들이다. 방랑자가 아닌, 땅에 뿌리를 박은 사람들로서 테베 땅과의 근본적인 관계를 상징하는 전사들이다. 저마다 자신의 존재를 제법 자명하게 드러내는 이름을 지닌 다섯 스파르토이는 크토니오스(대지), 우다이오스(지면), 펠로로스(거인), 히페레노르(초인), 에키온(뱀)으로, 모두 거대하고 어둡고 음침한 대지의 전사들이었다.

카드모스에게 우호적인 신들, 특히 아테나는 그를 테베의 왕으로 정착시키기로 마음먹었다. 그래서 이방인인 카드모스를 시조로 삼기 위해 먼저 테베 땅 깊은 곳에 숨겨져 있던 뿌리 박힌 토착의 것을 광명한 세상으로 불러내도록 시켰던 것이다.

그런데 카드모스는 아레스의 아들이라고 전해지는 용을 죽인 일 때문에 아레스의 분노와 원한을 사서 7년 동안 아레스에게 봉사해야 하는 처지가 되었다. 이는 헤라클레스가 각각 다른 상황에서 자신이 공격한 인물, 영웅, 신들에게 봉사해야 했던 상황과 흡사하다. 결국 7년이 지나서야 카드모스는 자유로워진다.

어쨌든 카드모스의 결혼을 계기로 신들과 인간들이 다시 한번 잠시나마 한자리에 모인다. 카드모스는 아프로디테와 아레스의 딸인 여신 하르모니아와 결혼했다. 바로 카드모스가 속 죄의 봉사를 했던 신, 샘솟는 물에 접근을 금했던 신 아레스의 딸이다. 그리하여 아레스의 호전적인 정신은 훗날 스파르토이들과 기게네에스, 즉 '땅에서 태어난' 이들의 혈통을 통해 되살아난다.

한편 하르모니아는 아버지 아레스와는 달리 어머니 아프로디테의 기질을 물려받은 결합과 일치, 화해의 여신이었다. 모든 신이 하르모니아의 결혼을 축하하고자 테베의 성채로 모였고 무사이들이 축가를 불러주었다. 신들은 관습에 따라 선물을 했는데, 그중 불길한 어떤 선물들은 머지않아 카드모스를 계승하게 될 이들의 파멸을 초래하게 된다.

카드모스는 세멜레, 아우토노에, 이노 등 여러 자녀를 두었다. 그중 이노는 아타마스와 결혼하고 훗날 바다의 여신 레우코테아가 된다. 또 아가베라는 딸이 하나 더 있었다. 아가베는 스파르토이 중 하나인 에키온과 결혼하여 아들 펜테우스를 낳는다.

자신의 공훈과 신들의 의지를 통해 군주의 자격을 부여받은 인물 카드모스와 다른 한편으로는 땅속에 뿌리박혔다가 솟아나온 인물들, 즉 테베의 땅에 발을 붙이고 살아가는 토착민들인 순수한 전사들. 이 양자 사이의 균형과 결합으로 테베는 시작되었다. 따라서 테베 초창기 왕들의 계승은 그 두 흐름, 즉 두 가지 형태의 세대 사이에 화합도 있겠지만 다른 한편으로는 이해하기 힘든 긴장과 이해 부족, 갈등도 있을 수 있다는 느낌을 준다.

두 번 태어난 아이

카드모스의 다른 딸 세멜레는 에우로페처럼 대단히 매력적인 여인이었다. 제우스는 그녀를 사랑하여 이번에는 하루뿐인 관계가 아닌 제법 지속적인 관계를 맺으려 한다. 제우스는 매일 밤 인간의 모습으로 세멜레 곁에 눕지만, 세멜레는 그가 제우스라는 사실을 알고는 신들의 제왕다운 위엄 있는 모습을 드러내주기를 바랐다. 그래서 자신 앞에 본래의 모습을 보여 달라고 제우스에게 끊임없이 간청했다. 물론 신들이 이따금 인간들을 위해 그들의 결혼식에 참석하러 오기는 했지만, 유한한 존재인 인간들 앞에 신의 온전한 모습을 드러내달라는 요구는 무리였다.

세멜레는 제우스에게 본래의 모습을 보여달라 간청했다.
제우스가 눈부신 광채 속에 자신의 모습을 드러내자
세멜레는 제우스의 타오르는 불길에 그만 타죽고 말았다

구스타브 모로, 〈제우스와 세멜레〉(1895), 구스타프모로박물관 소장.

결국 제우스가 세멜레의 간청에 못 이겨 번갯불처럼 눈부신 광채 속에 모습을 나타내자, 세멜레는 연인에게서 뿜어져 나오는 신의 찬란한 광채와 이글이글 타오르는 불길에 그만 타죽고 말았다. 하지만 그녀가 이미 제우스의 아이인 디오니소스를 잉태하고 있었으므로 제우스는 불타고 있는 세멜레의 몸에서 재빨리 태아인 디오니소스를 꺼냈다. 그러고는 자신의 한쪽 넓적다리를 깊이 찔러 여성의 자궁으로 변모시키고는 그곳에 여섯 달 된 태아 디오니소스를 집어넣었다. 그렇게 해서 디오니소스는 두 가지 의미에서 제우스의 아들이고 '두 번 태어난' 아이가 된다. 때가 되자 제우스는 넓적다리를 열어 아기 디오니소스를 꺼냈다.

그런데 그 아이는 신의 규범을 벗어나는 조금 이상한 아이였다. 신들의 제왕 제우스의 아들인 동시에 죽음을 면할 수 없는 인간 여인의 아들이었기 때문이다. 뿐만 아니라 부분적으로는 여인의 배 속에서 그리고 부분적으로는 제우스의 넓적다리 속에서 자랐기 때문이다. 게다가 자라면서 디오니소스는 헤라의 집요한 질투심에 맞서 싸워야 했다. 헤라는 제우스의 바람기를 쉽게 용서하지 못하여 언제나 그의 은밀한 사랑의 결실들을 저주하곤 했다. 그래서 제우스는 디오니소스를 보살피기 위해 헤라의 시야로부터 멀찍이 떼어놓아 유모들에게 맡겼다.

디오니소스가 좀더 자라자 그 역시 방랑을 떠나 방문지의

토착민들로부터 박해를 받는 일이 빈번해졌다. 젊은 시절 디오
니소스가 숭배자들을 거느리고 트라키아에 도착했을 때의 일
이다. 트라키아의 왕 리쿠르고스는 젊은 이방인을 심히 못마땅
하게 여겼다. 출생도 불분명한 이방인이 스스로 신이라고 자처
하는 데다 젊은 여인들이 그 새로운 우상을 광적으로 신봉하며
열광하기 때문이었다.

리쿠르고스는 디오니소스의 신봉자들을 체포해 감옥에 처
넣어버렸다. 그러나 이미 디오니소스의 권력은 그들을 석방시
키기에 충분했다. 하지만 리쿠르고스가 맹렬히 추격해오자 디
오니소스는 달아나지 않을 수 없었다. 급기야는 리쿠르고스를
피해 바닷속에 뛰어들었다. 그러자 훗날 아킬레우스의 어머니
가 되는 여신 테티스가 심해 속에 한동안 그를 숨겨주었다.

디오니소스는 일종의 비밀 전수를 받은 후 심해에서 나와
아시아로 건너갔다. 그리하여 아시아 대정복이 일어났다. 디오
니소스는 그를 신봉하는 충성스러운 군대를 거느리고 아시아
의 모든 영지를 누볐다. 주로 여성들로 구성된 디오니소스의
전사들은 고전적인 무기 대신 티르소스를, 더 자세히 말하면
뾰족한 끝에 솔방울이 매달려 있으며 초자연적인 위력을 지닌
거대한 식물 줄기로 만든 지팡이를 휘두르며 싸웠다. 디오니소
스와 그의 신도들을 향해 달려들던 모든 군대가 패주했다. 많
은 군대가 디오니소스의 진군을 차단하려 애썼으나 모두 허사

였다. 디오니소스는 승리자로서 아시아를 편력했다. 그러고 나서 다시 그리스로 돌아왔다.

방랑 사제를 따르는
무질서한 여인들

그렇게 해서 디오니소스는 다시 테베로 돌아왔다. 방랑자, 못된 계모의 증오에 찬 추격을 받던 어린아이, 트라키아 왕의 분노를 피해 물속에 뛰어들어 심해에 몸을 숨겨야 했던 젊은 신, 바로 그가 성인이 되어 테베에 돌아왔다. 디오니소스가 도착했을 때 테베는 이모인 아가베의 아들 펜테우스가 다스리고 있었다. 세멜레는 죽었고, 아가베는 다섯 명의 스파르토이 중 하나인 에키온과 결혼했으나 에키온은 후손으로 아들 하나를 남긴 채 죽었다. 카드모스가 여전히 생존해 있긴 했지만 나라를 다스리기에는 너무 늙어 손자 펜테우스가 외조부 카드모스의 왕위를 물려받았다. 펜테우스는 아버지 에키온으로부터 테베 땅과의 뿌리 깊은 관계, 타협할 줄 모르고 오만한 전사 특유의 난폭한 성정을 물려받았다.

　고대 그리스의 전형적인 도시 테베에 디오니소스는 변장을 한 채 도착했다. 그는 자신을 디오니소스 신이라고 소개하지 않고 신의 사제라고 소개했다. 머리칼을 등까지 치렁치렁하게 늘어뜨리고 여자 같은 차림새를 한 방랑 사제 디오니소스에게서는 동방에서 온 이방인의 분위기가 물씬 풍겼다. 짙은 눈빛에 매력적인 분위기, 능란한 말솜씨며 모든 면이 테베의 토착민 사내인 펜테우스의 심기를 몹시 거슬렀다.

두 사람은 거의 동년배였다. 펜테우스는 상당히 젊은 왕이었고 자칭 사제라는 디오니소스 역시 대단히 젊은 신이었다. 디오니소스 주위에는 젊은 여인들이 무리 지어 맴돌았고 그중에는 간혹 나이 지긋한 여인들도 있었는데 그들은 리디아 여인들, 즉 동방의 여인들이었다. 그 낯선 여인들은 테베의 거리에서 법석을 떨며 길거리에서 먹고 잤다.

그 모습을 보는 펜테우스는 점점 부아가 치밀었다. 이 떠돌이 무리가 대체 여기서 뭘 하는 짓이란 말인가? 펜테우스는 그들을 테베 땅에서 몰아내고 싶었다. 게다가 디오니소스는 테베의 나이 지긋한 부인들 모두를 광란하게 만들었다. 카드모스의 딸들, 그러니까 자신의 어머니 세멜레의 자매들을 용서할 수 없었기 때문이다. 그중에서도 특히 아가베는 세멜레에 대해 이렇게 떠벌였다. 세멜레는 한 번도 제우스와 관계를 갖지도 않았고, 누구와 사랑을 나누었는지 제대로 알 수 없을 정도의 히스테리 환자였으며, 자신의 부주의로 일어난 화재로 죽었고, 아들이 하나 있었는지는 모르겠지만 있었다 해도 사라졌고, 어

테베로 돌아온 디오니소스 *Dionysos à Thèbes*

쨌든 그 아들은 절대 제우스의 아들일 리가 없다고 말이다.

세멜레와 관련된 이 모든 가문의 전설을, 신과 지나칠 정도로 긴밀한 관계를 맺기를 바란 건 분명 세멜레의 실수였지만 어쨌든 세멜레가 신과 관계를 맺었다는 사실을 테베인들은 애써 부정했다. 그저 황당무계한 이야기라고 치부했다. 물론 인간인 카드모스와 여신 하르모니아의 결혼식이 있긴 했다. 하지만 그건 어디까지나 인간들의 기준에 따라 조직된 인간적인 도시를 건설하기 위한 일이었다.

한편 디오니소스는 카드모스와 하르모니아의 결혼식 때와는 다른 방식으로 신과 인간의 관계를 새롭게 확립하고자 했다. 신들이 초대되었다가 즉시 돌아가는 예식이나 축제를 통해서가 아니라 인간들의 삶 속에서, 테베의 정치 생활 속에서 신과 인간의 관계를 확립하고자 했다. 그는 모든 인간 각각의 일상적인 실존 속에 새로운 차원이 시작되는 요인을 도입하고자 했다. 그러자면 먼저 테베의 여인들, 디오니소스를 추종하는 리디아 여인들과는 정반대의 생활방식을 가진 여인들, 아내와 어머니로서의 위상 속에 굳건히 안주한 나이 지긋한 부인들을 열광하게 만들어야 했다.

디오니소스가 영감을 불어넣어 이성을 잃게 만든 테베의 여인들은 남편과 자식들을 버리고 집안일도 내팽개친 채 산으로, 황무지로, 숲으로 가버렸다. 그곳에서 여인들은 위엄 있는 귀부인들로서는 기절초풍할 정도의 차림으로 산책을 했으며 온갖 종류의 광기에 탐닉했다. 지켜보는 농부들조차 아연실색했다가 감탄했다가 분노하는 등 복잡 미묘한 마음이 들 정도였다. 그 소식을 들은 펜테우스의 분노는 한층 더 불타올랐다. 그는 테베의 여인들을 문란하게 만든 디오니소스를 숭배하며 따르는 추종자들에게 제일 먼저 분통을 터뜨렸다. 그래서 치안을 담당하는 병사들에게 그 새로운 신앙을 열렬히 숭배하는 리디아 여인들부터 잡아들여 옥에 가두라고 명령했다. 하지만 리디아 여인들이 투옥되자마자 디오니소스가 마법으로 그들을 구출했다. 그러자 그들은 다시 거리로 나와 춤추고 노래하며 소란을 피웠다.

이에 펜테우스는 거지 같은 차림으로 여자들을 호리는 방랑 사제 디오니소스를 직접 처단하기로 마음먹었다. 그는 디오니소스를 체포하여 쇠사슬로 묶은 뒤 왕실 마구간에 소와 말들과 함께 가두라고 명했다. 디오니소스는 조소를 머금은 채 순순히 시키는 대로 따랐다. 펜테우스는 이제 됐다고 생각하고는 부하들에게 원정 채비를 하고 들판으로 가서 방탕한 행위를 일삼고 있는 여인들을 모조리 잡아들이라고 명령했다. 사열 종대를 지어 출발한 병사들은 들판과 숲으로 흩어져 여자들을 포위했다.

그러는 동안 디오니소스는 마구간에 있었다. 그런데 별안

테베로 돌아온 디오니소스 *Dionysos à Thèbes*

간 디오니소스를 포박한 쇠사슬이 끊어지며 왕궁이 불길에 휩싸였다. 벽들이 무너져 내리는 가운데 디오니소스는 유유히 빠져나갔다. 펜테우스가 받은 충격은 이루 말할 수 없었다. 그 사건이 일어나던 순간, 그러니까 자신의 궁전이 무너지는 현장을 지켜보던 그 순간에 홀연히 디오니소스가 눈앞에 나타났을 뿐만 아니라, 차림은 남루하나 성한 모습으로 미소까지 머금은 채 자신을 바라보았기에 충격은 더욱 심했다. 이어서 갑옷은 다 깨지고 머리는 산발한 채 피범벅이 된 장수들이 도착했다.

"대체 무슨 일이냐?"

장수들이 보고한 바로는 이랬다. 들판의 여인들은 가만히 내버려두었을 땐 마치 행복의 바다에서 헤엄을 치듯 전혀 호전적이거나 위협적으로 보이지 않았다. 오히려 여인들 자신은 물론이고 그들 사이에도, 주변에도, 풀밭이고 숲속이고 할 것 없이 온통 경이로운 감미로움이 가득했다. 여인들은 품 안에 작은 동물들을 안고서 마치 제 자식에게 하듯 젖을 먹였고, 동물들은 여인들에게 어떤 해도 입히지 않았다. 농부들이나 병사들이 본 바로는, 모든 생명체가 흡사 다른 세상에 있는 듯한데 어우러져 완벽한 조화를 이루었다. 포식자들인 야생동물들은 먹잇감들과 화해하여 경계를 허물고 우애롭고 평화롭게 어울렸다. 심지어 땅도 이에 보조를 맞추었다. 티르소스로 땅을 두드리자 맑은 샘물과 우유와 포도주가 샘솟았다. 황금시대가 돌아온 듯했다. 그러다가 병사들이 나타나 여인들에게 폭력을 휘두르자마자 천사 같던 여인들은 독살스러운 여인들로 돌변했다. 여인들은 병사들에게 몰려들어 티르소스로 그들을 때려 죽였다. 완전한 패배였다.

폭력에 대한 부드러움의 승리, 남성에 대한 여성의 승리, 공적 질서에 대한 야성적인 들판의 승리였다. 펜테우스가 완패 소식을 듣는 동안 디오니소스는 그의 앞에 웃는 얼굴로 서 있었다. 펜테우스는 그리스 남자답게 전해 들은 내용을 의연히 받아들였다. 이치를 따지고 자신을 통제할 줄 아는 귀족적인 태도였다. 또한 결코 비열한 행동은 하지 않고 자제할 줄 알며 욕망이나 열정의 노예가 되지 않도록 스스로를 다지는 태도인 반면, 다른 한편으로는 쉽게 감정에 빠져드는 여인들에 대한 일종의 경멸을 내포하는 태도이기도 했다. 결국 그리스적이지 않은 모든 것, 즉 동방의 야만인들, 지나치게 흰 피부를 가진 호색한들에 대한 경멸이었다. 그들은 자신을 단련하려 하지 않았고, 자기 통제를 위해 필요한 고통을 감내할 준비가 되어 있지 않았기 때문이다. 요컨대 펜테우스는 남자들은 자신이 맡은 자리를 지키고 여자들은 집을 지키며 이방인들은 함부로 발을 들일 수 없도록 나라의 위계질서를 유지하는 것이 군주의 역할이라고 생각했다. 그에게 동방 세계는 독재자의 명령에 굴복하는데 익숙한 나약한 인간들이 우글대는 곳인 반면 그리스는 자유 인간들의 국가였다.

펜테우스와 마주한 젊은 신 디오니소스는 어떤 면에서는 펜테우스의 자화상이자 분신이었다. 그들은 이종사촌이었고 같은 가문 태생이었으며 둘 다 테베 출신이었다. 비록 한 사람의 뒤에는 방랑자로서의 과거가 있었지만 말이다. 둘은 나이도 비슷했다. 만일 펜테우스에게서 스스로 진정한 남자, 즉 자신과 공동체에 대한 의무를 잘 알고 필요한 명령과 처벌을 내릴 준비가 되어 있는 남자라고 느끼기 위해 빚어낸 딱딱한 껍질을 벗겨낸다면, 정확히 디오니소스의 모습이 나타났을 것이다.

내 모습에서
신을 보다

사제 디오니소스는 궤변의 대가였다. 애매한 질문과 모호한 대답으로 펜테우스의 호기심을 일깨우려 했다. 펜테우스가 알지 못하고 알고 싶지도 않은 세계, 즉 자유분방한 여자들의 세계에서 벌어지는 일에 호기심을 갖게 했다. 규방에서 여자들이 무엇을 하는지 대충은 알고 있었다. 물론 이들이 무엇을 하는

지 완전하게 알지는 못하지만 그런대로 그들을 지배할 수는 있었다. 그러나 도시 안도 아니고, 신전과 거리 사이도 아닌 자연 한가운데에서, 증언해줄 사람 하나 없는 그곳에서 여자들이 어떤 짓까지 하는지는 알 길이 없었다. 어쨌든 펜테우스는 그곳에서 벌어지는 일이 알고 싶어졌다. 펜테우스는 디오니소스와 대화를 나누다가 점점 호기심을 품었다.

> "그 신은 누구인가? 그대는 어떻게 그 신을 아는가? 보았는가? 밤에 꿈속에서?"
> "아닐세, 아니야. 나는 깨어 있는 상태에서 그 신을 보았네. 내 모습을 보면서 신을 보았지. 내 모습에서 신을 보았다네."
> "내 모습에서 신을 보았다라!"

펜테우스는 그 말이 무슨 뜻일까 곰곰이 생각했다.

그것은 시선, 눈의 개념이다. 우리가 알지는 못하지만, 들여다보면 더 잘 알 수 있는 것들이 있다는 개념이다. 이런 개념이 도시인이자 그리스의 군주이며 신념에 찬 사내 펜테우스의 머릿속에 차츰 자리 잡았다. 그는 직접 가서 보는 일도 그리 나쁘지는 않겠다고 생각했다. 전에는 자신에게 있는지도 몰랐던 욕망, 즉 엿보고 싶다는 욕망을 갖게 되었다. 자기 가문의 여자들이 들판에서 황당할 정도로 문란한 대주연에 탐닉하고 있다고 생각하면 할수록 그 욕망은 더욱 커졌다. 펜테우스는 지나치리만큼 점잖고 여자 경험이 없는 젊은 남자였다. 스스로를 엄격하게 통제하고 싶었지만 호기심이 그를 가만히 놓아두지 않았다. 그곳에서 무슨 일이 벌어지고 있는지 보고 싶다는 욕망은 점점 커져갔다.

그러자 디오니소스가 펜테우스에게 이렇게 말했다.

"그보다 쉬운 일은 없지. 자네 병사들은 줄행랑을 쳤네. 무기를 들고 사열 종대로 도착했을 때 여인들의 시야에 고스란히 노출되었으니 말일세. 하지만 자네라면 어느 누구도 자네를 보지 못하도록 은밀하게 그곳에 갈 수 있을 걸세. 자네는 그들의 광란을 목격하게 될 테고 적당한 곳에 자리만 잡으면 아무도 자네를 보지 못할 걸세. 그저 나처럼 옷을 입기만 하면 되지."

순식간에 왕이자 그리스 사내인 펜테우스의 옷차림이 디오니소스가 입고 있는 방랑하는 사제복과 꼭 같은 차림새로 변했다. 펜테우스는 여자 같은 차림으로 머리칼을 물결치듯 늘어뜨린 채 앞에 서 있는 동방의 이방인과 비슷해졌다. 어느 순간 두 사람은 거울 속 자신의 모습을 들여다보듯 서로를 바라보며 눈을 마주쳤다. 디오니소스는 펜테우스의 손을 잡고 여인들이 있는 키타이론산으로 이끌었다. 펜테우스는 디오니소스의 손에 이끌려 따라갔다. 그 땅에 뿌리내린 사내와 멀리서 온 이방인 사내, 즉 동일성을 상징하는 사내와 타인을 상징하는 두 사람은 함께 도시에서 멀어져 키타이론산 비탈로 향했다.

디오니소스는 높은 소나무를 가리키며 펜테우스에게 그 위로 올라가 나뭇잎 뒤로 숨으라고 일러주었다. 그곳에서라면 눈에 띄지 않게 전부 볼 수 있었다. 펜테우스는 소나무 꼭대기로 기어 올라갔다. 마침내 그는 디오니소스에 미쳐버린 자신의 어머니 아가베와 테베의 모든 딸이 광란에 빠져 있는 모습을 보게 되었다.

디오니소스가 미치게 만든 그 여인들은 진정한 디오니소스의 신봉자들은 아니었다. 디오니소스교로 개종한 정식 신도들은커녕, 아가베와 그 여인들은 그런 건 존재하지 않는다고 부정했다. 어떤 신념이나 개종의 결실이 아닌 그 광기는 그들의 의지와는 상관없이 어떤 질병의 징후를 드러냈다. 디오니소스교를 받아들이지도, 믿지도 않는 그들은 디오니소스라는 질병에 걸린 병자들이었다. 이런 부정 속에서 디오니소스교는 전염병처럼 퍼져나갔다. 그 여인들은 광기 속에서, 때로는 흡사 디오니소스교 신봉자들처럼 황금시대로 돌아온 듯 지극한 행복 속에서 서로에 대해 동포애를 느꼈다. 그곳에서는 인간들과 동물들, 신들, 모든 생명체가 한데 섞였다. 때로는 피비린내 나는 분노가 그 여인들의 마음을 사로잡기도 했다. 직접 다듬어 만든 티르소스를 손에 쥔 테베의 여인들은 제 자식을 목 졸라 죽일 수도 있을 정도로 심한 정신착란의 환각 상태, '디오니소스 전염병'에 빠져 있었다. 디오니소스는 그 도시에서 아직 확고히 자리 잡지 못했다. 인정받지 못했고 여전히 사람들이 삐딱하게 보는 이방인이었다.

소나무 위에 올라앉은 펜테우스는 여인들이 숲속에 흩어져 있는 모습을 보았다. 그들은 누군가에게 추격당하고 박해받지 않는 한, 본연의 평온한 활동에 빠져 있었다. 순간 펜테우스는 더 잘 보려고 몸을 조금 숙인다는 것이 그만 여인들의 눈에 띄고 말았다. 높은 곳에 있던 염탐꾼을 여인들이 알아보았다. 대번 격렬한 분노에 휩싸인 그들은 한꺼번에 달려들어 나무를 휘려고 했다. 나무가 휘어지지 않자 이번에는 뿌리째 뽑으려 했다. 그러자 펜테우스는 나무 꼭대기에서 위험천만하게 중심을 잡으며 소리쳤다.

"어머니, 저예요, 저 펜테우스예요. 조심하세요, 저들이 절 떨어뜨리려고 해요."

하지만 이미 완전히 환각 상태에 사로잡힌 그들은 결국 나무를 휘어버렸다. 펜테우스가 땅에 떨어지자 여자들은 마구 달려들어 마치 디오니소스의 제례라도 벌여 희생양을 산 채로 갈기갈기 찢듯 무참히 펜테우스의 사지를 찢어 죽였다. 그의 어머니 아가베는 아들의 머리를 가로채 티르소스에 꽂아 들고 의기양양하게 활보했다. 아가베는 자신이 새끼 사자나 송아지를 잡아 지팡이 끝에 꽂은 것으로 착각했다. 그녀는 기뻐서 어쩔 줄을 몰랐다. 정신착란 상태에 빠진 에키온의 딸, 즉 전사 가문의 혈통을 지닌 아가베는 자신이 남자들의 사냥에 끼었다는 사실을 자랑하면서 남자보다 더 훌륭한 사냥꾼이라고 과시하기까지 했다. 광란하는 여인들의 무리와 함께 온몸에 피를 뒤집쓴 아가베는 여전히 사제로 변장하고 있는 디오니소스 곁으로 갔다.

한편 그 자리에는 테베의 창시자이자 아가베의 아버지고 펜테우스의 외할아버지인 늙은 카드모스와 현명한 노인의 지혜를 대변하는 늙은 예언자 테이레시아스도 있었다. 그들은 지나치게 앞으로 나서지 않도록 조심했다. 어찌 되었든 두 사람 모두 디오니소스에게 철저한 증오심도 악의에 찬 반감도 느끼지 않았다. 카드모스는 세멜레의 아버지였고, 테이레시아스는 하늘과의 관계를 중재하는 매개자였으니까. 오히려 두 사람 모두 디오니소스에게 은근한 매력을 느끼는 편이었다. 그래서 그들은 늙어 거동이 불편한데도 하늘거리는 제례 복장을 갖추고 티르소스를 짚고서 숲속의 여인들과 함께 춤을 추고 있었다.

마치 신을 향한 존경심이 나이의 구분도 성의 구분도 불식시킨 듯했다. 그렇게 해서 두 노인은 아가베가 광란 상태에서 아들 펜테우스의 머리를 티르소스 끝에 꽂았던 바로 그 순간 그곳에 있었다. 아가베는 카드모스에게 환상적인 노획물을 보여주며 자신이 남자들보다 더 뛰어난 최고의 사냥꾼이라고 자랑했다.

"보세요, 아버지. 제가 이 들짐승을 사냥했어요. 제가 죽였다 구요."

그 광경에 소름이 끼친 카드모스는 차츰차츰 딸의 정신이 돌아오도록 유도하며 부드럽게 물었다.

"어떻게 된 게냐, 얘야? 그 사자의 머리를 보렴. 그 머리칼을 보아라. 그래도 못 알아보겠느냐?"

아가베는 서서히 제정신을 찾았다. 깊이 빠져 있던, 피비린 내 나는 동시에 아름답고 몽환적인 세계로부터 서서히 현실의 파편들이 되살아났다. 마침내 그녀는 티르소스 끝에 매달린 머리가 아들의 머리임을 알아차렸다. 끔찍했다!

펜테우스가 땅에 떨어지자
여인들은 마구 달려들어 그의 사지를 찢어 죽였다.
어머니인 아가베는 아들인 펜테우스의 머리를 가로채
티르소스에 꽂아들고 활보했다.
끔찍했다!

〈아들 펜테우스를 죽이는 아가베〉, 폼페이 카사데이베티의 트리클리니움 북쪽벽 프레스코화.

타인을 배척하다가
정체성을 상실하다

고향 테베로 돌아온 디오니소스는 이해력 결핍에 부딪혀 끝내 묵은 갈등이 빚어낸 비극을 초래했다. 테베는 오랫동안 자국민들과 이방인, 토착민들과 방랑자 사이에서 갈등을 겪었다. 그 갈등은 달리 보면 언제나 자신 본연의 모습 그대로 남아 변화를 거부하려는 의지와 전혀 다른 타자, 즉 낯선 이방인이 되고자 하는 의지, 이 둘 사이의 갈등으로 생각할 수 있다. 이런 모순들을 바로잡지 못해 끔찍한 일이 발생하고야 말았다. 확고부동한 것에 맹목적으로 집착하는 사람들, 전통적인 가치들이 반드시 보존되어야 한다고 주장하는 사람들. 그리고 그에 맞서는 타인들, 전통적인 가치들을 문제 삼는 사람들, 자신들에게 쏟아지는 다른 시선을 감당해야 하는 사람들. 이들은 모두 동일한 사람들이다. 우월감에 사로잡혀 있던 그리스 시민들은 타인에 대한 절대적인 배척과 공포심 속에서 스스로 균형을 잃었다.

테베의 여성들은 나무랄 데 없는 행동거지로 가정생활에서도 절제와 겸손의 귀감이었지만, 광란의 선두에 선 왕의 어머니 아가베는 제 아들을 죽여 사지를 갈기갈기 찢은 뒤 마치 트로피라도 되는 양 그 머리를 기세등등하게 흔들었다. 그 여인들에게서는 메두사의 이미지가 떠오른다. 그들의 두 눈 속에 죽음이 담겨 있기 때문이다. 펜테우스는 무참한 죽음을 맞았다. 자기 자신의 주인인 문명화된 그리스인이었으나 타인이라 생각하며 단죄하던 것에 결국은 매료되었던 그는 들짐승처럼 산 채로 갈기갈기 찢겼다. 자신의 자리를 타인에게 양보할 줄 몰랐던 그는 얼굴에 공포가 투영된 채 처참한 최후를 맞았다.

그 사건 후에 아가베는 망명길에 올랐고 카드모스도 마찬가지였다. 디오니소스는 여행을 계속했다. 하늘에서 지위를 보장받은 신인 그는 마침내 테베를 정복하여 그 도시에서 숭배를 받았다. 하지만 이는 다른 신들을 몰아내기 위해서라든지 다른 종교들에 맞서 자신의 종교를 강요하기 위해서가 아니었다. 다만 도시 국가 테베의 중심에서 그를 위한 축제와 숭배를 통해 주변인, 방랑자, 이방인, 규칙을 따르지 않는 무질서한 존재를 환기시키기 위해서였다.

디오니소스의 테베 귀환은 신들이 카드모스에게 아레스와 아프로디테의 딸 하르모니아를 주었을 때 이미 모호한 방식으로 그 도시의 성채 속에 새겨 넣었던 약속을 상기시킨다. 그곳에는 약속이나 적어도 타협된 세상의 가능성뿐만 아니라 매 순간 단절, 분열, 살육의 가능성이 있었다. 이를 입증하는 디오니소스의 이야기 외에도 카드모스의 후손 중에 최고의 가능성과 최악의 가능성이 뒤섞일 수 있음을 입증하는 라브다키데스의 혈통(라이오스, 오이디푸스로 이어지는 혈통)이 또 있다. 이제 곧 오이디푸스의 이야기로 이어지는 라브다키데스의 전설에서도 우리는 진정한 군주들과 지배 세력에 속하면서도 실은 폭력과 증오를 타고난 전사들, 즉 전설의 스파르토이들의 혈통에 더 가까운 이들 사이의 갈등을 발견하게 된다.

오이디푸스의
저주 받은 운명

Oedipe à contretemps

펜테우스의 비극적인 죽음에 이어 카드모스와 아가베가 테베를 떠난 후, 왕위는 공석으로 남았고 도시의 모든 영역은 깊은 혼돈에 빠졌다. 이제 누가 왕이 되어 군주로서의 자질을 보여주며 질서를 되찾을까? 순리대로라면 카드모스의 다른 아들 폴리도로스가 왕위를 이어받아야 했다. 폴리도로스는 스파르토이 중 한 명으로 대지와 지하의 남자인 크토니오스의 딸과 결혼한다. 그녀의 이름은 밤을 뜻하는 닉테이스다. 닉테이스는 전사의 폭력성을 상징하는 '땅에서 태어난 이들', 특히 니크테우스와 리코스(늑대)의 누이 또는 가까운 친척이다.

펜테우스도 이중적인 태생의 뿌리를 갖고 있었다. 어머니인 아가베를 통해서는 신들이 임명한 진정한 군주이자 신들이 군주로서의 권위를 세워주려고 여신까지 아내로 주었던 카드모스와 결부된다. 반면에 아버지 에키온에게서는 스파르토이의 혈통을 이어받았다. '뱀처럼 간악한'이라는 뜻을 지닌 에키온이라는 이름은 반은 여인이고 반은 뱀인 에키드나를 떠올리게 한다. '땅의 은밀한 심연에 존재하는 무적의 괴물' 에키드나는 고르고의 자매로, 하데스의 개 케르베로스와 머리가 셋 달린 키마이라를 낳는 불운을 겪었다. 키마이라는 훗날 천마 페가소스의 도움을 받은 코린토스의 영웅 벨레로폰의 손에 죽음을 맞는다. 요컨대 펜테우스는 카드모스의 후손이면서 그 땅에서 태어난 인물들 사이에서 이러지도 저러지도 못하다가 사지가 찢겨 죽음을 맞았다.

펜테우스가 끔찍하게 죽고 나서 테베의 왕좌는 공석으로 남았다. 폴리도로스 역시 왕위에 오른 지 얼마 되지 않아 죽었다. 그 후 닉테이스의 배에서 태어난 아들 라브다코스가 왕위를 이어받는다. 라브다코스는 적자였지만 혈통이 불완전했다. 아버지 폴리도로스를 통해서는 카드모스와 여신 하르모니아의 직계 후손이었지만, 어머니 닉테이스를 통해 테베의 땅에서 솟아난 전사들로 태어나는 순간부터 무기를 잡고 전사로 키워지는 스파르토이들과 이어지기 때문에 '절름발이' 혈통이라 불린다. 아버지가 죽었을 때 라브다코스는 왕의 역할을 제대로 해내기에는 너무 어린 나이였다.

따라서 테베의 왕권은 초기에는 불안정하고 분열된 모습을 보였다. 폭력과 무질서가 횡행하는 찬탈의 시대였다. 왕위가 아버지에게서 아들로 합법적으로 정당하게 계승되지 못하고 왕권을 둘러싼 스파르타인들 간의 알력다툼으로 이 사람에게서 저 사람에게로 원칙 없이 옮겨졌다. 라브다코스가 죽었을 때 그의 아들 라이오스 역시 겨우 한 살이었으므로 다시 왕위는 공석이 되었다. 니크테우스와 리코스가 그 자리를 차지해 섭정을 펼쳤다. 그들은 오랫동안 그 자리를 지켰다. 특히 리코스는 18년 동안이나 테베의 왕처럼 군림했다. 그 기간 동안 어린 라이오스는 군주로서 통치권을 행사하지 못했다.

리코스와 니크테우스는 테베의 이방인들인 암피온과 제토스에게 제거당했다. 그리고 때가 되자 암피온과 제토스도 죽은 뒤, 마침내 때가 되어 적법한 계승자인 라이오스가 왕위에 올랐다. 그전까지 라이오스는 권력의 찬탈자들에게 떠밀려 유배되어 살아야 했다. 성년이 된 후 라이오스는 코린토스의 펠롭스 왕에게 몸을 의탁했고, 펠롭스 왕은 근위병까지 달려 주며 그를 따뜻하게 대해주었다.

저주 받은
혈통

이쯤에서 훗날 중요한 결과를 낳게 되는 라이오스에 관한 일화 하나를 소개해야겠다. 라이오스는 펠롭스의 아들인 젊고 잘생긴 왕자 크리시포스에게 반했다. 그래서 크리시포스의 환심을 사기 위해 자신의 마차로 함께 산책도 하고 자신보다 어린 그에게 어른 행세를 하며 남자가 되는 방법을 가르쳐주기도 했다. 동시에 그와 에로틱한 관계를 맺으려 애썼지만 왕의 아들인 크리시포스가 거부했다. 라이오스는 유혹과 회유로도 뜻대로 되지 않자 강제로 크리시포스를 얻으려 했던 모양이다. 추문에 휩싸여 화가 난 크리시포스가 자살했다고 전해지기도 한다. 어쨌거나 크리시포스의 아버지 펠롭스는 라이오스에게 라브다코스의 혈통이 영원히 사라지기를 바란다며 저주를 퍼부었다.

라이오스의 아버지 라브다코스의 이름은 '절름발이'를 뜻한다. 그리고 라이오스라는 이름은 명확하진 않지만 아마도 한 민족의 족장이나 '비틀린' 남자를 뜻하는 듯하다. 사실 라이오스의 운명은 모든 면에서 뒤틀려 있었다. 왕위 계승 서열에 따르자면 아버지 라브다코스, 할아버지 폴리도로스, 증조할아버지 카드모스의 적통으로서 진작 테베의 왕좌에 앉았어야 했다. 그런데 왕좌로부터 멀리 떨어진 채 소외됨으로써 계승에서부터 비틀렸다. 한편 라이오스 자신 또한 아내를 맞을 나이에 젊은 청년에게 마음을 돌리는 일탈의 모습을 보여준다. 하지만 무엇보다도 라이오스는 크리시포스가 원하지 않는 것을 힘으로 강요함으로써 사랑의 유희를 망쳤다. 그들 사이에는 상호성, 사랑의 교환이 없었다. 에로틱한 열정은 일방적으로 차단

되었다. 게다가 라이오스는 펠롭스의 손님이었고, 그런 호의적인 관계에는 서로 주고받는 우정의 상호성이 내포된다. 그런데도 자신을 극진히 맞아준 사람에게 은혜를 갚기는커녕 그의 아들을 강제로 차지하려고 하여 자살을 유도한 셈이었다.

리코스를 죽이고 권력을 잡은 암피온과 제토스가 죽자 라이오스는 테베로 돌아왔고, 테베인들은 열렬히 그를 환영하며 왕으로 추대했다.

라이오스는 이오카스테와 결혼했다. 이오카스테 또한 따지고 보면 에키온의 혈통이었다. 대지의 남자 크토니오스와 마찬가지로 밤과 어둠의 특성을 지닌 스파르토이 에키온이 이오카스테의 증조할아버지다. 그런데 이상하게도 라이오스와 이오카스테 사이에서는 아이가 태어나지 않았다. 그러자 라이오스는 왕권을 계승할 후손을 가지려면 어떻게 해야 하는지 알기 위해 델포이로 떠나 신탁을 청했다. 그러자 신탁이 내려졌다.

"네가 아들을 낳으면 그 아들이 널 죽이고 제 어미와 동침하리라."

라이오스는 공포에 질린 채 테베로 돌아왔다. 그는 그 후부터 아내가 아이를 갖지 못하도록 안전한 방법으로 아내와 관계를 가졌다. 그러던 어느 날 만취한 라이오스는 자신도 모르게 실수를 했고, 이오카스테는 아들을 낳았다. 부부는 대가 끊어지더라도 아이를 떼어놓기로, 죽음에 내맡기기로 결심했다. 그래서 한여름에 키타이론산에서 왕실 가축들에게 풀을 먹이는 목동 하나를 불러 아기를 산중에 내버려 들짐승이나 새들에게 먹히도록 두라고 명령했다.

목동은 갓난아기를 붙잡아 발뒤꿈치에 구멍을 낸 뒤 가죽끈을 꿰어 마치 작은 사냥감을 들고 가듯 등에 메고 갔다. 가축들과 함께 산에 도착했을 때 아기가 그를 보고 천진하게 방긋 웃었다. 순간 목동은 죄책감이 느껴져 망설였다. '정말 이곳에 버려두고 가야 하나?' 목동은 차마 그렇게 할 수가 없었다.

때마침 산 맞은편 중턱에서 가축들에게 풀을 먹이는 코린토스 출신의 목동 하나가 눈에 띄었다. 그래서 그 목동에게 자신은 차마 아기를 죽게 놔둘 수 없으니 대신 아기를 맡아 달라고 부탁했다. 코린토스의 목동은 여태 아이를 갖지 못해 간절히 아이를 원하고 있는 코린토스의 왕 폴리보스와 왕비 페리보이아를 떠올렸다. 그래서 발뒤꿈치에 상처가 있는 아기를 국왕 부부에게 데리고 갔다. 부부는 뜻밖의 행운에 몹시 행복해하며 아이를 친자식처럼 정성스럽게 길렀다.

그렇게 해서 라브다코스의 손자이며 라이오스의 아들인 그 아이는 제 아버지와 마찬가지로, 권력으로부터 소외되고 사랑과 보호를 받아야 하는 올바른 부모자식 관계에서도 멀어졌

다. 따라서 그 역시 조국과 라브다키데스 왕통을 잇는 왕좌로
부터 소외된 채 다른 곳에서 성장했다. 어느덧 성장해 사춘기
소년이 되자 모두 그의 늠름한 모습과 용기 그리고 지성에 감
탄을 금치 못했고, 코린토스의 엘리트 청년들은 그에게 질투심
과 적의를 품지 않을 수 없었다.

"주워온
자식"

비록 말 그대로 절름발이는 아니었지만, 오이디푸스는 한쪽 발
에 사람들이 그에게 부여한 표시를 지니고 있었다. 그가 당연
히 있어야 할 곳, 그의 진정한 뿌리를 이루는 곳으로부터 멀찍
이 떨어졌음을 나타내는 흔적이었다. 따라서 그 또한 불균형
상태에 있는 셈이었다. 모든 사람이 왕의 아들인 그를 당연히
폴리보스의 후계자라고 여겼지만 사실 그는 진정한 코린토스
의 청년이 아니었고, 알 만한 사람들은 다 알고 있었지만 다들
쉬쉬했다. 어느 날 오이디푸스가 또래의 한 청년과 말다툼을
하고 있었는데 그 청년이 이렇게 소리쳤다.

  "어쨌든 넌 주워온 자식이잖아!"

오이디푸스는 아버지에게 가서 한 친구가 자기를 '주워온 자식'이라고 놀렸다는 이야기를 했다. 폴리보스는 '아니다. 전혀 그렇지 않단다. 넌 네 어머니와 나의 아들이다'라고 명확하게 이야기하지 못했다. 그저 자신이 할 수 있는 한에서 안심시키려 했다. 그는 단지 이렇게만 말했다.

"쓸데없는 말일 뿐이니 신경 쓰지 말거라. 사람들이 네가 부러워서 아무렇게나 지껄이는 게다."

오이디푸스는 여전히 의심이 풀리지 않아 델포이에 가서 자신의 출생에 대해 신탁을 청했다. 그는 과연 폴리보스와 페리보이아의 친아들인가, 아닌가? 신탁은 그의 질문에 명확한 답을 주기를 피했다. 그리고 이렇게 말했다.

"너는 네 아버지를 죽이고 네 어머니와 동침할 것이다."

오이디푸스는 끔찍한 예언에 질겁해 자신이 처음 했던 '나는 그분들의 친아들인가?'라는 질문은 까맣게 잊고 말았다. 그가 다급히 해야 할 일은 자신이 아버지와 어머니로 여기고 있는 그들로부터 가능한 한 멀리 떨어지는 일이었다. 길을 떠나 가능한 한 멀리 가야 했다. 그래서 디오니소스처럼 고국을 떠나 방랑자가 되었다. 이제 그에게는 더 이상 발붙일 땅이, 조국이 없었다. 그는 마차를 타기도 하고 걷기도 하면서 델포이에서 테베로 향했다.

당시 테베에서는 끔찍한 열병이 돌아 라이오스가 신탁을 구하기 위해 델포이로 향하고 있었다. 라이오스는 마부와 시종 한두 명만 거느린 소박한 행렬로 서둘러 길을 나섰다. 아버지와 아들은 서로 반대 방향에서 오고 있었다. 아버지는 아들이 죽었다고 확신하고 있었고, 아들은 아버지를 다른 사람으로 믿고 있었다. 두 사람은 세 갈래 길에서 마주쳤다. 마차 두 대가 동시에 지나갈 수 없는 좁은 길이었다. 오이디푸스도 마차를 타고 있었고 라이오스 역시 마차를 타고 있었다. 라이오스는 당연히 왕의 행렬이 우선이라 여기고 마부를 시켜 청년에게 물러서도록 신호를 보냈다.

"썩 물러서지 못할까."

마부는 오이디푸스에게 소리쳤다. 그러면서 곤봉을 들어 오이디푸스의 마차를 끄는 말 한 마리를 내리쳤는데 어쩌면 실수로 오이디푸스의 한쪽 어깨에 닿았는지도 모르겠다. 비록 스스로 왕자의 지위를 내려놓고 떠나오긴 했어도 왕의 아들이라는 자의식이 강했던 오이디푸스는 어느 누구에게도 호락호락

길을 내줄 생각이 없었다. 그래서 자신이 받은 일격에 분노하며 그 역시 몽둥이로 마부를 내리쳤다. 마부가 쓰러져 죽자 이번에는 라이오스를 공격하여 그 역시 오이디푸스의 발밑에 쓰러져 죽었다. 그러는 사이 왕실 수행원 하나는 겁에 질려 허겁지겁 테베로 달아났다. 오이디푸스는 그 일이 여행 중 일어난 소소한 사건에 불과하고 자신의 행위는 정당방위였다고 생각하며 가던 길을 계속 갔다.

한참 후 오이디푸스가 테베에 도착했을 때 테베는 반인반수의 괴물 때문에 도시 전체가 몸살을 앓는 중이었다. 그 괴물은 바로 머리와 가슴은 여자, 몸통과 꼬리는 사자인 스핑크스였다. 스핑크스는 테베의 성문에 머물며 때로는 기둥 위에서 때로는 더 높은 바위 위에서 테베의 청년들에게 수수께끼를 내며 즐거워했다. 해마다 스핑크스는 테베의 엘리트 젊은이들 가운데 가장 아름다운 청년 한 명을 자신에게 보내도록 해서 수수께끼를 냈다. 스핑크스가 그들과 관계를 맺고 싶어 했다는 이야기도 있다. 스핑크스는 수수께끼를 내서 대답을 하지 못하면 가차 없이 죽여버렸다. 그렇게 해서 몇 년 사이에 테베의 꽃 같은 청년들이 차례로 전부 죽어나갔다.

오이디푸스는 테베에 도착하여 성문을 지나자마자 그곳 사람들이 모두 침통한 표정을 하고 있다는 사실을 눈치채고 무슨 일인지 의아했다. 라이오스의 자리를 차지한 섭정이자 왕

스핑크스의 수수께끼를 풀어 테베의 왕이 된 오이디푸스는
어머니인 이오카스테와 결혼했다.
둘은 네 명의 아이를 낳았다.

장 오귀스트 도미니크 앵그르, 〈오이디푸스와 스핑크스〉(1808), 루브르박물관 소장.

비 이오카스테의 오빠 크레온은 우아하고 기품 있는 풍채의 오이디푸스를 보고는 어쩌면 그 낯선 청년이 나라를 구할 마지막 기회인지도 모르겠다고 생각했다. 크레온은 오이디푸스에게 만일 그 괴물을 무찔러준다면 왕비와 결혼하게 해주겠다고 선언했다.

스핑크스의
수수께끼

이오카스테는 미망인이 된 후부터 테베의 왕권을 행사하고 있었다. 하지만 실질적으로 권력을 쥐고 있는 사람은 크레온이었다. 그래서 크레온은 자신의 직권으로 오이디푸스에게 스핑크스를 이겨주면 왕비와 결혼해 왕이 되게 해주겠다고 약속했다. 마침내 오이디푸스는 스핑크스와 대면했다.

스핑크스는 작은 언덕 위에 앉아 있다가 다가오는 오이디푸스를 보면서 참으로 아름다운 먹이라고 생각했다. 스핑크스는 다음과 같은 수수께끼를 냈다.

"지상과 물속 그리고 하늘에서 사는 모든 생명체 중에 단 하나의 목소리를 갖고 단 한 가지 방법으로 말하며 단 한 가지

속성을 갖고 있으나, 두 발(디푸스)과 세 발(트리푸스) 그리고
네 발(테트라푸스)을 동시에 갖는 존재가 무엇이냐?"

오이디푸스는 곰곰이 생각했다. '오이-디푸스', 즉 '두 발
동물'을 의미하는 이름을 갖고 있는 그에게는 쉬운 문제였는지
도 모른다. 오이디푸스는 이렇게 대답했다.

"그건 인간이다. 인간은 아직 어린아이일 때는 네 발로 걷다
가 좀더 나이가 들면 두 발로 서서 걷고, 노인이 되면 지팡이
를 짚고 비틀대며 걷기 때문이다."

스핑크스는 그 신비한 지식의 대결에서 졌음을 깨닫고 앉
아 있던 높은 곳에서 몸을 던져 죽었다.
테베 사람들은 환희에 차서 오이디푸스를 위해 성대한 연
회를 벌였다. 그리고 크레온이 약속한 대로 그의 아내가 될 왕
비 이오카스테를 소개했다. 그렇게 해서 오이디푸스는 테베의
왕이 되었다. 그는 가장 지혜롭고 대담한 사람임을 입증하면서
왕의 자격을 쟁취했다. 사실 오이디푸스는 카드모스의 후손이
므로 이미 충분한 자격이 있었다. 신들이 테베의 시조라는 자
격을 부여하고 여신 하르모니아까지 아내로 맺어주었던 카드
모스의 후손이었으니까. 몇 년 동안은 만사가 순조로웠다. 그

동안 국왕 부부는 네 아이를 낳았다. 두 아들 폴리네이케스와 에테오클레스, 두 딸 이스메네와 안티고네가 그들이다.

　그러던 중 별안간 열병이 테베를 덮쳤다. 한동안 모두가 행복하고 정상적이고 균형 잡혀 보였는데 삽시간에 절망적이고 음울해졌다. 그전까지는 모든 일이 질서정연하게 지극히 정상적으로 진행되었고, 해마다 밀들이 잘 자랐으며, 나무에서는 과일들이 풍성하게 열리고, 가축들은 새끼를 잘 낳았다. 한마디로, 테베는 계절에 따라 늘 새로워지는 풍요로운 땅이었다. 여성들은 날마다 새로워지는 생명력에 따라 튼튼하고 예쁜 아이들을 낳았다. 그런데 갑작스레 정상적인 모든 흐름이 중단되고 기이하고 불안정한 일들이 벌어졌다. 여성들은 기형아나 사산아를 낳거나 유산을 했다. 생명의 근원조차 부패되고 고갈되었다. 게다가 질병이 엄습하여 남녀노소 가릴 것 없이 모두 죽어갔다. 공포가 커지며 테베 사람들은 미칠 지경이 되었다. 도대체 무슨 일일까? 뭐가 잘못된 걸까?

　크레온은 델포이에 사절을 보내 테베를 덮친 전염병의 근원을 알아보도록 했다. 한편 테베의 생명력을 대표하는 어린아이들과 노인들(스핑크스의 수수께끼에 나온 '두 발'과 '네 발')이 종려나무 가지를 들고 왕궁 앞에 모였다. 그들은 오이디푸스에게 살려달라고 애원했다.

"저희를 살려주소서! 당신은 처음에도 우리를 재앙으로부터, 스핑크스라는 끔찍한 괴물로부터 구해주셨습니다. 이제 인간들뿐만 아니라 곡식들과 동물들에까지 엄습하고 있는 이 열병으로부터 우리를 구해주소서! 테베는 이제 완전히 파멸한 것이나 다름없습니다."

오이디푸스는 악의 근원이 무엇이며 그 재앙을 물리칠 수 있는 길이 무엇인지 알아보겠노라고 엄숙히 선언했다. 그때 델포이에 갔던 사절이 돌아왔다. 신탁은 라이오스를 살해한 자가 대가를 치르기 전에는 결코 재앙이 멈추지 않으리라고 알렸다. 따라서 라이오스의 피를 손에 묻힌 자를 반드시 찾아내 벌을 주고 테베 땅에서 영원히 추방해야만 했다. 오이디푸스는 그 말을 듣고 다시 엄숙히 약속했다.

"내 기필코 그 죄인을 찾아내리라."

오이디푸스는 탐구하는 인간이자 질문하는 인간이며 호기심 많은 인간이었다. 코린토스를 떠나 모험에 나섰던 때와 마찬가지로 언제나 사색과 문제 제기의 모험을 시도하는 인간이기도 했다. 아무도 오이디푸스를 막을 수 없었다. 그는 경찰이 수사하듯 철저한 조사에 착수했다.

우선 첫 번째 조치를 취했다. 무엇이든 정보가 될 만한 내용을 알고 있는 이들은 반드시 신고할 것, 살인자로 추정되는 이와 연락이 닿는 이들은 즉시 그를 추방할 것, 그리고 살인자는 테베를 괴롭히는 원흉이므로 절대 테베에 남지 말고 멀리 떠날 것. 이 세 가지 지침을 백성에게 널리 알렸다. 살인자의 정체가 밝혀져 마을과 성전과 거리에서 추방되지 않는 한 살인자를 찾는 일을 멈추지 않으리라. 오이디푸스는 반드시 알아내야 했다. 그래서 조사를 시작했다.

크레온은 백성들에게 테베에 있는 뛰어난 예언자에 대해서 이야기했다. 새들의 비행도 해독할 줄 아는 예언자라면 어쩌면 신의 계시를 받아 진실을 밝힐 수 있을지도 몰랐다. 바로 늙은 테이레시아스였다. 크레온은 그를 불러다가 진상에 대해 알아보려고 했다. 하지만 테이레시아스는 사람들 앞에 나서서 질문 받기를 좋아하지 않았다. 그럼에도 사람들은 그를 광장에 데리고 나와 테베의 백성들 앞에, 노인들로 구성된 위원회 앞에, 크레온과 오이디푸스 앞에 세웠다.

오이디푸스가 질문을 했지만 테이레시아스는 대답을 거부했다. 자신은 아무것도 모른다고 잡아뗐다. 그 예언자를 그다지 존경하지 않는 오이디푸스는 분노했다. '이 노인은 나보다 영리하지도, 아는 것이 많지도 않지 않은가?' 오이디푸스는 오로지 자신의 경험만으로, 자신이 갖고 있는 이성적인 인간의 판단력으로 수수께끼의 답을 찾았건만, 테이레시아스는 직관적인 영감과 해독 능력을 갖고도 답을 주지 못했다. 오이디푸스는 벽에 부딪힌 느낌이었다.

그러나 그 벽은 결코 무지의 벽이 아니었다. 테이레시아스는 신성한 지혜를 통해 자신이 알고 있는 바를 밝히기를 거부하고 있었다. 그는 누가 라이오스를 죽였으며 오이디푸스가 누구인지 전부 알고 있었다. 테이레시아스는 아폴론을 주인으로 섬기는 예언자였기 때문이다. 오이디푸스에게 "너는 네 아버지를 죽이고 네 어머니와 동침하리라"고 예언한 신이 바로 아폴론이었다. 테이레시아스는 오이디푸스가 테베의 불행에 어떤 역할을 하고 있는지 알고 있었지만 한마디도 털어놓지 않기로 했다. 그래서 아무 말도 하지 않기로 결심했으나, 오이디푸스는 그의 고집에 격노하여 그런 식으로 거절하는 까닭은 미리 계획된 일이기 때문이라고 확신하게 되었다. 테이레시아스와 크레온이 공모하여 자신의 자리를 위협한 뒤 왕위를 빼앗으려는 속셈이 틀림없다고 생각했다. 또 분명 크레온이 그 예언자와 작당을 했거나 아니면 돈으로 매수한 뒤 불러왔고 델포이에 보냈던 사절도 마찬가지일 거라고 확신했다.

맹렬한 분노로 이성을 잃은 오이디푸스는 크레온을 당장 추방시켜야 한다고 주장했다. 그는 크레온이 라이오스의 살해도 계획했을지 모른다고 의심했다. 어쩌면 크레온이 누이 이오카스테를 이용하여 왕권을 행사하기 위해 라이오스가 죽기를 바라고 습격을 선동했을지도 모른다고 생각했다. 그러자 이번에는 국가 원로들 사이에 서로 반목하는 세력이 생기고 치열한 갑론을박이 벌어졌다. 오이디푸스기 끝내 크레온을 추방하려고 하자 이오카스테가 나서서 간곡히 말렸다. 그녀는 서로 혈통이 다른 두 남자를 화해시키려고 노력했다. 사실, 두 남자는 카드모스의 순수 혈통도 스파르토이의 순수 혈통도 아니었다. 두 혈통이 섞여 있었다. 라브다코스와 라이오스 그리고 오이디푸스의 조상 중에도 스파르토이가 있었다. 한편 이오카스테는 스파르토이인 에키온의 직계 혈통이어서 그 점이 끔찍이도 불안했다. 도시는 분열되었고, 지도자들은 서로 싸우고 증오했다.

오이디푸스는 수사를 계속해나갔다. 그러던 중 그 사건에 관해 얘기해줄 수 있는 직접적인 증인이 나타났다. 그 비극이 일어났을 때 라이오스와 함께 그 자리에 있다가 달아났던 사내였다. 당시에 그는 테베로 돌아와서 매복하고 있던 산적 여러 명이 델포이로 가던 왕실 마차 행렬을 습격하여 라이오스와 마부를 죽였다고 떠벌였다. 판관 역할을 하던 오이디푸스는 라이오스의 죽음에 대한 이야기를 처음 전해 듣고 다소 혼란스러워졌다. 사람들은 그 사건이 델포이 근처 어느 좁은 세 갈래 길에서 일어났다고 했다. 세 갈래의 좁은 길……. 오이디푸스도 익히 아는 곳이었다. 그래도 안심이 되는 점은 자신이 죽인 사람이 누구였는지는 모르겠지만 어쨌든 자신은 혼자 행동했고 라이오스를 공격한 자들은 '여러 명'의 산적들이라는 대목이었다. 오이디푸스는 단순하게 생각하기로 했다.

'여러 명의 산적들이라……. 그렇다면 분명 난 아니야. 비슷한 두 사건인 게야. 난 마차를 타고 있는 남자와 마주쳤는데 그쪽에서 날 먼저 쳤고, 라이오스의 마차는 여러 명의 산적에게 습격을 받았으니 완전히 다른 사건이야.'

그래서 오이디푸스는 사건이 일어났을 때 현장에 있던 사내의 말을 직접 들어보기로 했다. 사내는 자신에게 무슨 일이 닥칠까 봐 불안했다. 그래서 일단 테베로 돌아온 뒤로는 도시에는 발도 들이지 않고 줄곧 시골에서 칩거했기 때문에 그를 보았다는 사람이 거의 없었다. 뭔가 수상했다. 역시 사내를 데려와서 사건이 일어났던 정황에 대해 자세히 물을 필요가 있었다. 오이디푸스는 사람들을 시켜 라이오스의 시종이었던 사내를 불러왔다. 오이디푸스는 판관답게 호되게 심문했지만 사내도 테이레시아스처럼 도통 입을 열지 않았다. 그에게 억지로 정보를 털어놓게 하기란 좀처럼 쉽지 않았다. 그래서 오이디푸스는 고문을 하겠다고 위협하기까지 했다.

그때 코린토스에서 온 한 이방인이 긴 여행 끝에 테베에 도착했다. 이오카스테와 오이디푸스 앞에 도착한 그는 정중히 인사를 하고 이 나라의 왕이 누구인지 물었다. 그러고는 코린토스의 왕과 왕비가 죽었다는 비보를 전했다. 졸지에 부모를 모두 여의고 고아가 된 오이디푸스의 비통함은 이루 말할 수 없었다. 그러나 어떤 환희가 섞인 슬픔이었다. 폴리보스가 이미 죽었다면 오이디푸스는 이제 아버지를 죽일 수 없을 테니까. 아버지는 이제 고인이니까. 또 어머니와도 동침할 수 없다. 어머니도 이미 죽었으니까. 마음이 후련해지며 자유로워진 오이디푸스는 신탁이 사실이 아님이 입증되어서 내심 기뻤다. 왕위 계승자인 오이디푸스가 어쩌면 코린토스로 돌아가 왕위를 맡아줄지도 모른다는 생각에 비보를 전하러 온 사절에게 그는 자신이 조국을 떠나왔던 이유를 설명했다.

"내가 코린토스를 떠나길 참 잘했지 않은가. 내가 아버지를 죽이고 어머니와 동침한다는 예언이 있었으니 말일세."

그러자 사절이 대꾸했다.

"틀리셨습니다. 폴리보스 왕과 페리보이아 왕비님은 당신의 아버지와 어머니가 아니었습니다."

오이디푸스는 그 말이 무슨 뜻인지 몰라 어리둥절했다.

네 부모는
네 부모가 아니었다

이오카스테는 사절에게서 오이디푸스가 태어나자마자 코린토스 왕과 왕비에게 입양되었다는 말을 들었다. 오이디푸스는 그들의 친자식이 아니었다. 이오카스테는 불길한 마음에 정신이 아찔해졌다. 이미 짐작하고 있던 모든 의구심이 이제 명확해졌다. 이오카스테는 심문이 벌어지고 있는 그곳을 떠나 조용히 궁전으로 돌아갔다.

"넌 그 얘기를 어디서 들어 알았느냐?"

오이디푸스가 사절에게 물었다.

"제가 직접 제 주인이신 두 분께 아이를 데려다드렸으니까요. 제가 발뒤꿈치에 구멍이 난 아이, 바로 당신을 그 두 분께 데려갔지요."
"그럼 누가 그 아이를 너에게 주었느냐?"

오이디푸스가 물었다.
사절은 모여 있던 군중 속에서 예전에 라이오스와 이오카스테의 가축들을 지키던 목동, 갓난아이를 자신에게 맡겼던 늙은 목동을 지목했다. 오이디푸스는 미칠 듯이 흥분했다. 늙은 목동이 사실을 부인하자, 두 남자는 옥신각신하기 시작했다.

"당신도 분명히 기억하잖소. 그날 키타이론산에서 가축들을 돌보고 있었는데 당신이 나에게 그 아이를 넘겨주었잖소."

오이디푸스는 사태가 점점 끔찍한 국면으로 치닫고 있음을 느꼈다. 잠시 자신이 어쩌면 어떤 님프나 여신의 아들로 그곳에 버려졌다가 발견된 아이가 아닐까 하는 실낱같은 희망도 품어보았다. 그렇다면 자신의 특별한 운명이 설명될 터였다. 오이디푸스는 아직도 한 가닥 희망을 갖고 있었으나 결국에는 두 노인에 의해 진실이 밝혀지고야 만다. 오이디푸스는 라이오스의 목동에게 사실대로 털어놓으라고 다그쳤다.

"그 아이를 너는 어디에서 넘겨받았느냐?"
"궁전에서입니다."
"그럼 누가 넘겨주었느냐?"
"이오카스테 왕비님입니다."

그 순간, 더 이상 의혹의 그림자는 없었다. 오이디푸스는 모든 걸 깨달았다. 그는 이오카스테를 만나러 미치광이처럼 달려갔다. 하지만 이오카스테는 이미 자신의 허리띠로 천장에 목을 매단 뒤였다. 그는 싸늘하게 죽어 있는 이오카스테를 발견했다. 오이디푸스는 왕비의 드레스에 달린 브로치를 뜯어 자신의 두 눈을 찔렀다. 두 눈에서 흘러내린 피로 유혈이 낭자했다.

저주 받은 왕실 혈통의 적자로서 태어난 곳에서 멀리 버려졌다가 다시 고향으로 돌아온 오이디푸스, 일직선으로 곧게 뻗은 길에서 벗어나 먼 길을 돌고 돌아 제자리를 찾은 그는 다시는 빛을 볼 수 없었다. 더는 누구의 얼굴도 볼 수 없었다. 그는 두 귀도 안 들리게 하고 싶었다. 자신이 나라의 오점이었기에 완전한 고독 속에 갇히고 싶었다. 테베에 역병이 돌든 계절의 질서가 바뀌든, 번식력이 규칙적이고 올바른 길을 벗어난 것은 테베에 오점과 병균이 있었기 때문이었고, 그 오점은 바로 오이디푸스 자신이었다. 그는 스스로 한 약속에 발목이 잡혔다. 살인자는 테베에서 수치스럽게 추방당해야 마땅하다고 자신의 입으로 분명하게 말했다. 그러니 그는 떠나야 했다.

세 가지 모습을 동시에 지닌 인간, 오이디푸스

잠시 여기서 스핑크스의 수수께끼에 대한 이야기로 다시 돌아가보자. 그 수수께끼가 라브다키데스 혈통의 운명에 대해 언급했음을 주목하자. 물고기들은 발이 없으니 접어두고, 두 발 또는 네 발을 갖고 있는 모든 동물은 다들 언제나 한결같은 하나의 '속성'을 가진다. 모든 종족은 태어나서 죽을 때까지 변치 않는 단 하나의 위상과 단 하나의 존재 방법 그리고 단 하나의 속성을 가진다. 반면에 인간은 세 단계를 연달아 거치며 세 가지 다른 속성을 가진다. 처음에 인간은 아이로서 존재한다. 아이의 속성은 성장한 어른의 속성과는 다르다. 그래서 아이에서 어른으로 이행하기 위해서는 두 세대를 나누는 경계를 넘는 통과의례를 거쳐야 한다. 우리는 자신과 다른 타인이 된다. 아이에서 어른이 되는 순간 새로운 인물이 되기 때문이다. 왕이나 전사일 경우에는 그런 특성이 더욱 두드러진다. 두 발일 때는 특권과 힘을 가진 왕 또는 전사다. 하지만 노년으로 들어서는 순간부터 전사로서의 공훈을 가진 인간이기를 멈추고 좋게는 현명한 조언을 해주는 지혜로운 인간이, 나쁘게는 초라한 퇴물이 되고 만다.

인간은 그 세 단계를 거치면서 동일한 존재이면서도 모습이 바뀐다. 그렇다면 오이디푸스는 무엇을 나타낼까? 라이오스에게 내려진 저주는 라브다코스의 혈통을 잇는 모든 출생을 금했다. 따라서 오이디푸스는 세상의 빛을 보면서부터 그곳에 있어서는 안 되는 운명을 짊어졌다. 그런데 그 운명을 거스르고 태어났으니, 라이오스의 후계자는 적법한 후손인 동시에 괴물 같은 피조물이다.

오이디푸스의 위상은 전적으로 절름발이다. 죽음에 내맡겨졌던 그는 기적적으로 죽음을 피했다. 테베에서 태어나 자신의 뿌리로부터 멀어졌으며, 다시 그곳으로 돌아와 가장 높은 지위를 차지했을 때도 자신의 출발점이 어디인지 모르고 있었다. 따라서 오이디푸스의 위상은 균형을 잃었다.

또한 태어난 궁전으로 다시 이끈 여정을 마치면서 오이디푸스는 인간 존재의 세 단계를 뒤섞었다. 어린 나이인 봄과 성인인 여름과 노인인 겨울을 혼동함으로써 계절의 규칙적인 운행을 전복시켰다. 동시에 아버지를 죽여 아버지의 왕좌를 차지하고 어머니의 침대에 누움으로써 아버지를 자기 자신과 동일시했다. 자신의 어머니에게서 자식들을 낳고, 그리스인들의 표현을 빌리자면 스스로 빛을 보게 한 밭에 씨를 뿌림으로써 아버지와 동일시했을 뿐만 아니라 자신이 낳은 아이들의 아버지이자 그들과 같은 자식이기도 하다. 아들들은 동시에 형제들이고, 딸들은 동시에 누이들이다. 그러니까 스핑크스가 말했던 그 괴물, 동시에 두 발과 세 발 그리고 네 발을 갖는 괴물은 바로 오이디푸스였다.

그 수수께끼는 사회적 연속성, 문화 속에서 위상과 기능, 지위를 유지하는 것에 대한 문제를 제기한다. 다음 세대에게 자리를 넘겨주며 태어나고 지배하고 사라지는 시간의 흐름을 역행하는 것에 대한 문제다. 왕위를 차지하는 사람들이 계속해서 달라진다 해도 왕위는 한결같아야 한다. 그렇다면 왕실의 권력은 그 권력을 행사하는 사람, 즉 왕이 번갈아 바뀌며 이어지는데도 어떻게 훼손되지 않고 존속할 수 있을까? 그 문제에 답하려면 왕의 아들이 어떻게 아버지처럼 왕이 될 수 있는지, 어떻게 하면 아버지와 마찰을 빚거나 몰아내지 않고도 아버지의 자리를 차지할 수 있는지, 더군다나 아버지와 동일시하지 않고도 그의 왕위에 앉을 수 있는지 먼저 알아야 한다.

그런데 유한하고 불완전한 인간성의 특징을 나타내는 세대의 흐름, 즉 단계적인 계승은 안정적이고 통일적이며 조화로운 사회 질서와 양립할 수 있을까? 라이오스와 그의 후손들에게 내려진 저주와 어쩌면 그보다 훨씬 전에 카드모스와 하르모니아의 결혼식에 주어진 일부 선물들이 저주의 힘을 갖고 있었다는 사실을 통해, 우리는 그 예외적인 결혼식 자체에 이미 불화의 요소인 증오의 바이러스가 슬그머니 끼어들었음을 알 수 있다. 마치 결혼과 전쟁 사이에, 결합과 투쟁 사이에 은밀한 관계가 있듯이 말이다. 결혼식은 여자의 것이고 전쟁은 남자의 것이라고 흔히들 말한다. 여자와 남자가 존속하는 한 국가 속에는 전쟁과 결혼이 필연적으로 대립하고 뒤얽히게 되어 있다.

오이디푸스의 이야기는 여기서 끝나지 않는다. 라브다키데스 혈통은 라이오스에서 끝났어야 했다. 그러니 오이디푸스를 짓누른 저주는 과거 속으로 멀리, 그가 태어나기 훨씬 전으로 거슬러 올라간다. 결국 오이디푸스는 아무런 잘못도 없이 무서운 대가를 치러야 했다. 태어나지 말았어야 할 저주 받은 절름발이 혈통을 이어받아 태양빛에 모습을 드러낸 대가였다.

저주는 또다시 아버지에게서 아들에게로 이어지고

오이디푸스가 장님이 되었을 때 그의 두 아들 에테오클레스와 폴리네이케스가 아버지에게 아주 비열하게 행동하자 오이디푸스 역시 아들들에게 예전에 펠롭스가 라이오스에게 퍼부었던 것과 유사한 저주를 내렸다는 이야기도 있다. 오이디푸스가 테베에서 쫓겨나기 전, 아직 궁에 있을 때 그의 아들들은 앞을 못 보는 아버지에게 카드모스의 금잔과 은 식탁을 들이밀며 조롱했다고 한다. 또 제물로 바친 소의 부위 중에서 찌꺼기 음식이나 다름없는 엉덩이 고기를 내밀었다는 이야기도 있다. 그리고 나라의 오점과도 같은 아버지를 수치스럽게 여겨 은밀히 캄캄한 독방에 가두었다는 이야기도 전해진다. 그러자 오이디푸스는 아들들이 절대 사이좋게 지내지 못할 것이며 서로 왕위를 차지하려고 무력 다툼을 벌이다가 차례차례 죽으리라는 저주를 내렸다고 한다.

그리고 실제로 그렇게 되었다. 후손을 가져선 안 될 저주받은 혈통의 후손들인 에테오클레스와 폴리네이케스는 서로 증오했다. 형제는 해마다 번갈아 왕위를 차지하기로 했다. 에테오클레스가 먼저 왕이 되었는데 막상 1년이 지나자 동생에게 자신이 계속 왕위를 갖고 싶다고 말했다. 그리하여 권력으로부터 멀어진 폴리네이케스는 아르고스에 가서 테베를 공략할 장수 일곱 명을 거느리고 돌아왔다. 그는 조국을 파멸시켜가며 형으로부터 권력을 되찾으려고 안간힘을 썼다. 최후의 전투에서 그들은 서로를 죽임으로써 자신의 형제를 죽인 살인자가 된다. 이제 더 이상의 라브다키데스 혈통은 없다. 이야기는 여기서 끝난다. 아니 끝난 것처럼 보인다.

테베 공략을 위한 폴리네이케스의 원정은 아르고스의 왕인 아드라스토스가 폴리네이케스를 지지하며 선두에서 이끌었기에 가능했다. 그러기 위해서는 또 한 사람의 예언자 암피아라오스가 그 공략에 동의해야 했다. 그런데 암피아라오스는 원정이 재앙이 되리라는 사실을, 원정에 참여하면 거기서 죽게 될 것이고 그 원정은 처참한 결말로 이어지리라는 사실을 알고 있었다. 그래서 동의하지 않았다. 그러면 폴리네이케스는 어떻게 했을까?

폴리네이케스는 테베를 떠나면서 하르모니아와 카드모스가 결혼할 때 신들이 주었던 선물 몇 가지를 가지고 떠났다. 바로 목걸이와 드레스였다. 폴리네이케스는 마력이 담긴 그 두 가지 보물을 암피아라오스의 아내 에리필레에게 선물하면서 남편이 테베 공략을 찬성하도록 설득해 달라고 부탁했다. 부패의 선물, 저주 받은 선물은 동시에 약속과 맹세와 결부된다.

그렇다면 예언자 암피아라오스는 어쩌다가 아내에게 굴복했을까? 결코 해방될 수 없는 맹세를 했기 때문이었다. 그는 언제나 에리필레가 요구하는 건 무엇이든 들어주겠다고 맹세했다. 저주받은 선물, 돌이킬 수 없는 맹세였다. 이미 카드모스와 하르모니아의 결혼식에 존재했던 저주는 혈통의 흐름을 타고 결국은 두 형제가 서로 죽이는 파국을 가져왔다.

떠돌이 이방인으로
생을 마치다

한편 오이디푸스는 테베에서 추방되었다. 앞 못 보는 그는 딸 안티고네에게 이끌려 아티카의 행정구역 중 하나인 콜로노스 근처 아테네에서 생을 마쳤다. 오이디푸스는 자신이 있어서는 안 되는 땅, 그곳에서도 함부로 침범해선 안 될 에리니에스의 성소(복수와 저주의 여신들 세 자매를 달래기 위해 만든 성소-옮긴이)에 머물고 있었다. 그러자 그 땅의 사람들은 오이디푸스에게 당장 떠나라고 성화를 부렸다.

"비렁뱅이가 이 성스러운 장소에서 대체 뭘 하는 거야?"

그의 모습은 디오니소스가 여자 같은 차림으로 테베에 도착하던 모습과 겹쳐진다. 감히 한 발짝도 들여놓을 수 없어서 끌어낼 수도 없는 곳에 버젓이 자리를 잡다니 얼마나 대담한 행동인가?

아테네의 수호자 테세우스가 오자 오이디푸스는 그에게 자신이 겪은 불행에 대해서 이야기했다. 오이디푸스는 죽음이 임박했음을 느끼고 테세우스가 자신을 받아들여준다면 곧 이어 도래할 분쟁에서 아테네의 수호자가 되겠다고 약속했다. 그

오이디푸스는 자신의 땅이 아닌
아테네의 지하 세계 속에 뿌리를 내리며
태양빛을 떠났다.

요한 페테르 크라프트, 〈오이디푸스와 안티고네〉(1809), 루브르박물관 소장.

말에 테세우스는 수락했다.

　오이디푸스는 일부분은 테베의 땅에서 태어난 스파르토이들의 후예지만 한편으로는 카드모스와 하르모니아의 후손이었다. 그러니 아테네에서는 이방인이었다. 자신이 태어난 땅에서 쫓겨난 그는 그곳에 와서 다시 수치스럽게 배척당하고 있었다. 방랑 끝에 갈 곳도, 매인 곳도. 뿌리도 없는 이주민이었다. 테세우스는 기꺼이 그를 손님으로 대접했다. 그를 아테네 시민으로 만들어주지는 않았지만 특권을 부여받은 거류 외국인의 신분을 내주었다. 오이디푸스는 자신의 땅이 아닌 그곳에 정착했다. 그러니까 오이디푸스는 신성한 동시에 저주 받은 테베, 결합된 동시에 분열된 테베를 떠나 아테네로 옮겨간 셈이다. 그 이주는 수평의 여행, 즉 땅에서 땅으로의 여행이었다.

　그리하여 오이디푸스는 아테네의 거류 외국인이 되었다. 테베에서 아테네로 온 것이 그가 한 유일한 여행은 아니었다. 조만간 그는 땅속으로 깊숙이 삼켜져서 지하의 존재가 되는 동시에 올림포스 신들이 있는 천상의 존재가 된다. 지하 세계에서 천상 세계로 옮겨간다. 그렇다고 그가 반신半神 혹은 수호 영웅의 신분을 갖게 된 건 아니다.

　오이디푸스는 테세우스만이 알고 있는 비밀 장소에 묻힌다. 테세우스는 아테네의 군사적 성공과 국가의 연속성을 보증하는 그 비밀 무덤의 위치를 왕위 후계자들에게만 알려준다.

그렇게 해서 테베에서 온 이방인은 아테네에 거류 외국인으로 정착했고 어쩌면 제우스의 번개에 맞아 지하로 영영 사라졌다.

오이디푸스는 아테네 시민들이 주장하듯 아테네에 귀화하지도 않았고, 완전 무장을 하고 테베의 땅에서 솟아오른 '땅에서 태어난 남자'로 바뀐 것도 아니었다. 오히려 정반대 의미의 여행을 했다. 자신의 땅이 아닌 아테네의 지하 세계 속에 뿌리를 내리며 태양빛을 떠났다. 그리고 고통과 방랑의 끝에서 자신을 환대해준 그곳에 보답으로 평화와 화합의 구원을 보장해주었다. 먼 옛날 테베가 건설될 무렵 신들이 하르모니아를 카드모스의 아내로 주었을 때 하르모니아가 상징했던 약속의 희미한 메아리처럼…….

페르세우스의
모험

Persée, la mort, l'image

제우스의 아들로
태어나다

먼 옛날 아르고스라는 아름다운 도시에 아크리시오스라는 강력한 왕이 있었다. 그는 프로이토스와 쌍둥이 형제였다. 그들은 태어나기도 전에 어머니 아글라이아의 품속에서 서로 치고받고 싸우며 평생 지속될 분쟁에 돌입했다. 특히 풍요로운 아르골리스 계곡에서 권력 쟁탈전을 벌였다. 결국 아크리시오스는 아르고스를, 프로이토스는 티린스를 다스리게 되었다. 그러니까 아크리시오스가 아르고스의 왕이 되었다.

아크리시오스는 아들을 얻지 못해 서운하던 참이었다. 그래서 늘 그렇듯이 델포이로 가 신탁을 청했다. 혹시 후계자를 갖게 될지, 그렇지 못하다면 후계자를 갖기 위해서 어떻게 해야 하는지를 물었다. 또 당연히 늘 그렇듯이 질문에 대한 분명한 대답 대신 외손자의 손에 죽게 되리라는 신탁이 내려졌다.

아크리시오스의 딸의 이름은 다나에였다. 아크리시오스는 아름다운 딸을 몹시 사랑했지만 외손자가 자신을 죽일 운명을 갖고 태어난다는 생각만 하면 두렵고 괴로웠다. 어떻게 해야 좋을까? 궁리 끝에 그는 딸을 가두어야겠다고 생각했다. 세상과 단절되어 지내야 하는 다나에의 운명은 그렇게 시작되었다. 아크리시오스는 궁전에 청동 지하 감옥을 만들어 그곳에 시녀한 명과 함께 다나에를 가두었다. 그런데 하늘에 있던 제우스가 꽃같이 젊고 아름다운 다나에를 발견하고는 사랑에 빠졌다.

지금 우리가 보고 있는 시대는 인간들과 신들 사이의 자리가 이미 나누어진 시대다. 비록 그들이 떨어져 있기는 했지만, 그 거리는 이따금 올림포스산 정상에서, 빛나는 창공에서 신들이 아름다운 여인들에게 눈길을 돌리지 못할 정도로 먼 거리는 아니었다. 신들은 하늘 높은 곳에서 인간들의 세계로 보냈던 그리고 에피메테우스가 경솔하게 문을 열어주었던 판도라의 딸들을 보았다. 신들은 그 여인들이 매우 아름답다고 생각했다. 여신들도 아름답지 않은 것은 아니지만, 아마도 신들은 죽음을 면할 수 없는 인간 여인들에게서 여신들이 갖고 있지 않은 뭔가를 발견한 듯싶다. 아마도 부서지기 쉬운 아름다움이었으리라.

사랑에 빠진 제우스는 아버지의 명으로 지하 감옥에 갇힌 다나에를 보고는 회심의 미소를 지었다. 그러고는 황금 비가 되어 내려가 그녀에게 스며들었다. 감옥 안에 들어간 뒤에도 그는 모습을 바꾸지 않고 지극히 은밀하게 다나에와 결합했다. 그리고 얼마 후 다나에는 페르세우스라는 이름의 사내아이를 낳았다.

아기는 비밀리에 키워졌다. 그러던 어느 날 튼튼한 사내아이의 울음소리가 궁전 안에 울려퍼졌다. 급기야는 아크리시오스도 딸을 가둔 지하 감옥에서 들려오는 이상한 소리를 듣게 되었다. 아크리시오스는 시녀에게 캐물어 다나에가 아들을 낳은 사실을 알게 되었다. 그는 델포이의 신탁을 떠올리고는 공포와 분노에 사로잡혔다. 시녀가 남몰래 누군가를 다나에 곁에 불러들인 게 틀림없다고 생각했다. 그래서 딸에게 물었다.

"아이의 아비가 누구냐?"
"제우스예요."

아크리시오스는 그 말을 믿지 않았다. 다나에에게 아이를 갖게 한 놈은 대체 누구란 말인가. 몹시 화가 난 그는 유모 노릇을 하는 시녀를 죽여 제우스의 제단에 제물로 바쳤다. 하지만 자신의 손에 딸과 외손자의 피를 묻힐 수는 없었다. 그래서 다시 그들을 가두기로 했다.

아크리시오스는 솜씨 좋은 목수를 불러 나무 궤짝을 짜게

페르세우스의 모험 *Persée, la mort, l'image*

하늘에 있던 제우스는
젊고 아름다운 다나에를 발견하고는 사랑에 빠졌다.
그는 지하 감옥에 갇힌 다나에에게
황금비가 되어 스며들었다.

한 뒤 그 속에 다나에와 페르세우스를 가두었다. 그리고 신들의 손에 뒷일을 맡겼다. 그들을 다시 궁전 지하에 가두는 대신 궤짝 속에 넣어 바다에 떠내려 보냈다. 파도에 떠밀려 넓은 바다를 항해하던 궤짝은 그다지 풍요롭지 않은 세리포스라는 작은 섬의 해변에 이르렀다. 왕실 혈통을 지닌 어부 딕티스가 궤짝을 주워 다나에와 그녀의 아이를 발견했다. 딕티스 역시 다나에의 미모에 매료되었다. 그는 젊은 여인과 아기를 집으로 데리고 가서 한 가족처럼 따뜻이 돌보아주었다. 다나에를 아내로 삼고 페르세우스를 아들처럼 키웠다.

그런데 딕티스에게는 폴리데크테스라는 형이 있었고, 폴리데크테스는 세리포스의 왕이었다. 어린 페르세우스는 딕티스의 보호를 받으며 성장했다. 그러나 다나에의 아름다움은 또 다른 사건을 일으킨다. 그녀를 본 폴리데크테스 역시 미친 듯이 그녀를 사랑하게 된 것이다. 폴리데크테스는 그녀를 아내로 삼기를, 아니 최소한 그녀를 정복하기를 열망했다. 쉬운 일은 아니었다. 어느새 장성한 페르세우스가 어머니를 보호하고 있었기 때문이다. 딕티스 역시 다나에를 지키고 있었기에 폴리데크테스는 어떻게 하면 좋을까 궁리하다가 한 가지 묘책을 찾아냈다. 우선은 연회를 크게 열어 그 지역의 젊은이들을 모두 초대했다. 그리고 초대받은 젊은이들은 저마다 선물을 바치거나 세금을 내야 했다.

페르세우스의 모험 *Persée, la mort, l'image*

고르곤들과의
대결

연회는 왕인 폴리데크테스가 직접 주관했다. 그는 연회를 개최한 이유가 이웃 나라의 아름다운 공주 히포다메이아와 결혼할 의사를 밝히기 위해서라고 둘러댔다. 그러면서 히포다메이아와 결혼하기 위해서는 그녀의 왕실에 화려한 선물을 해야 한다고 말했다. 세리포스의 모든 젊은이들이 그곳에 모였고 물론 페르세우스도 포함되어 있었다. 왕은 우선 말들을 가져오라고 요구했다. 히포다메이아는 승마를 몹시 좋아하는 처녀였다. 만일 그녀에게 말들로 가득 찬 마구간을 통째로 선물한다면 그녀가 감동하리라는 것이 그의 설명이었다.

페르세우스는 어떤 방법으로 다른 젊은이들과 왕에게 강한 인상을 주었을까? 페르세우스는 자신이라면 고작 암말 한 마리가 아니라 왕이 좋아할 것, 예를 들면 괴물 고르곤의 머리를 베어 오겠다고 호언장담했다. 별생각 없이 내뱉은 말이었다. 이튿날 저마다 왕에게 약속한 선물을 가져왔다. 페르세우스는 빈손으로 나타나서는 당장이라도 암말 한 마리를 가져올 준비가 되어 있다고 말했다. 그러자 왕은 이렇게 말했다.

"어림없지, 자네는 고르곤의 머리를 가져오게."

달리 어쩔 도리가 없었다. 이제 와서 약속을 번복하면 체면을 구길 판이었다. 그러니 제 입으로 큰소리친 약속을 지켜야 했다. 페르세우스는 별수 없이 고르곤의 머리를 가져와야 할 처지가 되었다. 우리가 여기서 잊지 말아야 할 점은 페르세우스가 제우스의 아들이라는 사실이다. 페르세우스는 여러 신들로부터 애정과 지원을 받고 있었다. 특히 아테나와 헤르메스, 지적이고 정교하며 약삭빠른 두 신이 약속을 지킬 수 있도록 그를 보살펴주었다. 아테나와 헤르메스는 우선 페르세우스에게 상황을 설명해주었다. 고르고(고르곤의 복수형)를 만나려면 그들이 어디에 있는지부터 알아야 했다. 그런데 그들이 어디에 사는지는 아무도 몰랐다.

무시무시한 그 괴물들은 세 자매로 이루어졌는데, 그중 둘은 불사신이었으나 유독 하나 메두사만은 죽을 운명을 타고났다. 그러므로 페르세우스가 가져가야 할 머리는 바로 메두사의 머리였다. 따라서 고르고를 만나 누가 메두사인지 알아낸 다음 그 머리를 베어가야 했다. 결코 만만한 일은 아니었다. 우선 어디에 가야 그들을 찾을 수 있는지 알아내야 했다. 그러려면 두 수호신의 도움을 받으며 일련의 단계와 시련을 거쳐야 했다.

첫 번째 관문은 고르고의 자매들인 그라이아이를 찾아내 접근하는 일이었다. 그라이아이도 고르고와 마찬가지로 고래처럼 거대하고 위험한 두 바다 괴물 포르키스와 케토의 딸들이었다. 그라이아이는 고르고처럼 먼 나라에 살지 않았다. 고르고는 대서양 너머 밤의 문이 있는 세상의 경계 너머에서 사는 반면, 그라이아이는 세상 속에서 살고 있었다. 고르고처럼 세 요녀로 구성된 그라이아이는 젊은 어인들이지만 노파 같은 모습으로 태어나 피부는 누렇고 온통 쭈글쭈글했다. 마치 우유가 상하면 표면이 응고되며 주름이 생기듯이 젊은 요녀들의 몸에는 희고 고운 피부 대신 온통 시들고 주름진 늙은 피부가 흉측하게 덮여 있었다. 그라이아이에게는 또 다른 특징이 있었다. 셋에서 단 하나의 눈과 단 하나의 이빨을 공유하며 마치 하나의 존재처럼 더욱 굳게 결속되어 있었다.

단 하나의 눈과 단 하나의 이빨. 별것 아니라고 생각할 수도 있겠지만 페르세우스로서는 불리한 점이었다. 왜냐하면 단 하나의 눈을 차례로 서로 주고받아야 했으므로 언제나 눈을 뜨고 있어서 그 눈으로 끊임없이 망을 보았기 때문이다. 또 비록 이빨이 하나뿐이라 해도 역시 계속 돌아가며 사용해서 페르세우스쯤은 말할 것도 없고 무엇이든 다 먹어치울 수 있었다.

마치 내가 어렸을 때 하던 도둑잡기 놀이와 비슷했다. 하나뿐이지만 빈틈없이 경계하는 세 요녀의 눈을 빼앗으려면 그들보다 눈매가 예리해야 했다. 그 눈이 셋 중 어느 누구에게도 속하지 않는 순간을 포착해야 했다. 그들은 그 눈으로 쉴 없이 경계를 하기 위해 재빨리 서로 주고받았다. 하나가 다른 하나에게 건네주고 다른 하나가 눈을 받는 사이에, 그 찰나의 순간에 쏜살같이 달려들어 훔쳐야 했다. 도둑잡기 놀이에서는 가는 끈에 반지를 걸고 놀이에 참가한 아이들이 그 끈 위에 두 손을 올린 채로 각자 보이지 않게 한 손에서 다른 손으로 반지를 옮기며 옆 사람에게 전해준다. 원의 한가운데에 있는 아이는 반지가 어디에 있는지 알아맞혀야 한다. 그 아이가 맞히면 이기고, 만일 아무것도 갖고 있지 않은 사람의 손을 때리면 졌으므로 벌을 받는다.

하지만 페르세우스는 속지 않았다. 찰나의 빈틈을 포착해 재빨리 눈을 훔쳤다. 마찬가지로 이빨도 빼앗았다. 그라이아이는 두려움과 고통으로 울부짖었다. 그들은 이제 앞도 보이지 않고 이빨도 없었다. 불멸의 존재인 그들은 무로 돌아갈 수도 없었다. 그래서 페르세우스에게 눈과 이빨을 돌려만 준다면 무엇이든 해주겠다고 애원했다. 페르세우스가 그들에게 원하는 건 오로지 님프들이 사는 장소를 알려주는 것, 그곳까지 가는 길을 알려주는 것뿐이었다.

님프의 그리스어인 '늄페'라는 단어는 막 결혼 적령기가 된 처녀를 뜻한다. 어린아이 티를 벗고 아직 완성된 여인의 모습은 아니지만 결혼할 준비가 된, 결혼하기에 딱 알맞은 시기의 처녀다. 이 님프들 역시 셋이었다. 상대를 탐지하고 하나뿐인 눈과 이빨로 곧바로 잡아먹는 그라이아이와 달리, 님프들은 대

페르세우스의 모험 *Persée, la mort, l'image*

단히 너그럽고 상냥했다. 그들은 페르세우스의 물음에 선선히 고르고가 숨어 있는 장소를 알려주고 메두사와 상대할 수 있도록 마법의 힘을 가진 멋진 선물까지 했다. 님프들은 페르세우스에게 헤르메스의 것과 같은 날개 달린 샌들을 내주었다. 그 샌들을 신은 사람은 땅 위에서 평범하게 한 발 한 발 차례로 내딛으며 걷는 대신 남쪽에서 북쪽까지 아무 힘도 들이지 않고 제우스의 독수리처럼 눈 깜박할 사이에 날아갈 수 있었다.

또한 님프들은 개 가죽으로 만든, 죽은 자들의 머리를 덮는 하데스의 투구도 주었다. 하데스의 검은 투구를 쓰면 얼굴 없는 존재가 되어 모습이 보이지 않는다. 그 투구는 망자들의 신분을 나타내지만 산 사람이 그것을 손에 넣으면 유령처럼 보이지 않게 해주기도 했다.

이제 페르세우스는 빠른 속도와 보이지 않는 투명함을 갖추었다. 님프들은 그 외에도 세 번째 선물을 했다. 사냥꾼들이 죽인 사냥감을 담는 자루 키비시스였다. 페르세우스는 그 자루 속에 메두사의 머리를 담아 흡사 눈꺼풀이 내리덮여 눈을 감기듯 메두사의 치명적인 눈이 보이지 않게 할 수 있었다.

헤르메스도 개인적인 선물로 하르페를 건넸다. 반달 모양의 낫 하르페는 아무리 단단한 것이라도 벨 수 있었다. 하르페는 크로노스가 우라노스를 거세했던 바로 그 낫이었다.

그렇게 해서 페르세우스는 철두철미하게 무장을 갖추었

다. 발에는 샌들을 신고, 머리에는 보이지 않는 투구를 썼으며, 등에는 자루 키비시스를 메고, 손에는 반달 모양의 낫을 들었다. 그러고는 고르고가 있는 곳으로 날아갔다.

그럼 고르고는 누구일까? 그들은 완전히 모순된 특성을 지닌 괴물들이다. 양립할 수 없는 특징들을 함께 드러낸다는 뜻이다. 자매들 중 둘은 불사신이고 하나는 그렇지 못했다. 여성들이지만 머리는 끔찍한 뱀들로 뒤덮여 있었다. 어깨에는 황금 날개가 돋아 있어 새처럼 날아갈 수도 있고 손은 청동으로 되어 있었다. 우리는 이미 그 특별한 머리 형상에 대해서 잘 알고 있다.

여성인 동시에 남성적인 흉측한 머리 형상을 하고 있는 그 괴물에 대해 우리는 이따금 아름다운 메두사 또는 아름다운 고르고라고 이야기하기도 한다. 또 턱수염이 났다고 전해지기도 한다. 하지만 수염이 있다고 해서 인간의 얼굴을 하고 있는 건 아니었다. 고르고는 짐승의 이빨을 갖고 있었기 때문이다. 멧돼지의 송곳니처럼 생긴 이빨 두 개가 입 밖으로 비죽이 나와 있었고, 비죽거리며 입을 벌리면 기다란 혀가 밖으로 늘어졌다. 그리고 비틀어진 입에서 새어나오는 끔찍한 울부짖음은 사람을 공포로 얼어붙게 만들곤 했다.

그리고 무엇보다도 매서운 눈이 있었다. 누구든지 고르고와 눈이 마주치면 그 즉시 돌로 바뀌었다. 산 채로 돌이 되었다.

돌이 된다는 것은 단순한 죽음이 아니라 인간의 육체가 가진 유연성, 열기, 유동성, 부드러움이 한순간에 인간의 속성과 정반대되는 것으로, 즉 생명체에서 광물로 변하는 것이다.

따라서 성패는 우선 고르고 중에서 복표물 하나를 정확히 가려내고, 이어 절대로 셋 중 누구와도 눈길이 마주치지 않도록 조심하는 데 달려 있었다. 즉 메두사의 머리를 자르되 절대 메두사와 얼굴을 마주쳐서는 안 되었다. 이 일에서 시선은 상당히 중요한 역할을 한다. 그라이아이의 경우에는 단지 그 괴물들보다 재빠르게 움직여서 외눈을 빼앗기만 하면 되었다. 그런데 고르곤의 경우에는 빠르건 느리건 상관없이, 메두사와 눈길이 마주쳐 그 괴물의 눈 속에 투영되면 그 자신이 돌로 바뀌어 하데스의 얼굴, 시선이 없는 죽음의 얼굴이 되고 만다.

만일 아테나가 페르세우스에게 조언을 해주며 중요한 도움을 아낌없이 주지 않았더라면 페르세우스는 결코 그 난관을 헤쳐나가지 못했을 터다. 아테나는 고르고 중에서 메두사를 제외한 두 불사신이 휴식을 취하며 눈을 감을 때를 노려 머리 위 높은 곳에서 달려들어야 한다고 일러주었다. 그리고 메두사의 머리를 자를 때 절대 눈을 마주쳐선 안 된다고 했다. 그러려면 고개를 돌린 채 적시에 하르페를 휘둘러야 했다. 하지만 그렇게 고개를 돌려 다른 쪽을 바라본다면 제대로 머리를 베었는지 어떻게 안단 말인가? 보지 않고서는 그것이 어디에 있는지 알 수 없고 자칫 잘못해서 팔이나 메두사의 다른 신체 부위를 자를 우려가 있었다. 그러니 그라이아이를 상대할 때와 마찬가지로 가격할 곳을 정확하게 확인한 다음 무엇이든 돌로 만드는 그 무시무시한 눈을 보지 않고 시야에 들지도 않으면서 실수 없이 머리를 벨 수 있는 세밀함과 정확성이 필요했다.

그 역설적인 문제 역시 아테나를 통해 해결되었다. 아테나가 메두사 맞은편에 윤이 나는 아름다운 방패를 들고 서서 페르세우스가 메두사와 눈이 마주치지 않고도 방패에 비친 메두사의 모습을 보며 직접 보듯 정확하게 목을 자를 수 있도록 해주었다. 페르세우스는 그렇게 메두사의 목을 베어 키비시스 속에 넣은 뒤 달아났다.

나머지 두 고르곤은 메두사의 비명 소리에 깨어났다. 그들은 특유의 날카롭고 소름 끼치는 소리로 울부짖으면서 몸을 날려 페르세우스를 추격했다. 하지만 페르세우스는 고르곤처럼 날아갈 수 있을 뿐만 아니라 보이지 않는다는 이점까지 갖추고 있었다. 고르곤은 페르세우스를 잡으려다 놓치고 노기등등하여 발만 구를 뿐이었다.

미모의 안드로메다를
구출하다

페르세우스는 에티오피아에 있는 어느 지중해 해변에 도착했
다. 그는 하늘을 날다가 대단히 아름다운 여인이 바위에 묶인
채 두 발을 바닷물에 담그고 서 있는 모습을 발견했다. 페르세
우스는 그녀의 미모와 딱한 처지에 관심이 쏠렸다. 젊은 미녀
의 이름은 안드로메다였다. 안드로메다는 아버지 케페우스의
명으로 그와 같은 슬픈 처지에 놓이게 되었다. 케페우스의 왕
국은 심각한 재난을 겪고 있었다. 그러던 중 왕과 백성들은 그
불행을 멈추게 할 유일한 방법을 알아냈다. 공주 안드로메다를
그 나라를 괴롭히는 바다 괴물에게 바쳐 잡아먹든 결혼을 하든
원하는 대로 할 수 있게 해주는 길이었다.

가련한 여인이 내는 신음 소리와 탄식이 하늘을 날던 페르
세우스에게까지 들려 그 절세 미녀를 발견하게 되었다. 안드로
메다의 빼어난 미모에 마음이 사로잡힌 페르세우스는 케페우
스를 찾아가 어찌 된 영문인지 자초지종을 들었다. 페르세우
스는 안드로메다와 결혼하게 해준다면 그녀를 구출해주겠노
라고 약속했다. 케페우스는 그 젊은이가 해낼 수 없을 거라 생
각하며 서슴없이 제안을 받아들였다. 페르세우스는 바다 한가
운데 작은 암초에 묶여 있는 안드로메다에게로 돌아갔다. 마침

괴물이 그녀를 향해 다가가고 있었다. 무시무시하고 거대한 모양새가 언뜻 보기에도 도저히 물리칠 수 없을 성싶었다.

페르세우스는 어떻게 했을까? 괴물은 커다란 주둥이를 벌리고 꼬리로는 바닷물을 철썩철썩 치며 아름다운 안드로메다를 위협했다. 페르세우스는 하늘에 떠서 태양과 바다 사이에 있었으므로 그의 그림자가 물 위에, 바로 괴물의 눈앞에 비쳤다. 마치 아테나의 방패에 메두사의 모습이 비쳤던 것처럼. 페르세우스는 여신이 가르쳐준 교훈을 잊지 않고 있었다. 괴물은 제 눈앞에서 움직이는 그림자를 보고 자신을 위협하는 존재가 바로 그것이라고 착각했다. 그래서 괴물은 성급히 물에 비친 그림자를 향해 달려들었고, 바로 그때 페르세우스는 하늘 높은 곳에서 달려들어 괴물을 죽였다.

페르세우스는 안드로메다를 구출했다. 그런데 그녀와 함께 바닷가에 내려서다가 한 가지 작은 실수를 저지른다. 안드로메다는 너무 끔찍한 상황을 겪은 터라 바닷가 바위틈에서 잠시 숨을 돌리고 싶었다. 페르세우스는 안드로메다도 쉬게 할 겸 자신도 좀더 자유롭게 몸을 움직일 수 있도록 메두사의 머리가 든 자루를 모래사장 위에 내려놓았다. 그러자 메두사의 눈이 자루 밖으로 살짝 나오며 괴물의 눈길이 수면 위로 뻗어갔다. 순간 유연하고 생동감 넘치게 떠다니던 미역들이 굳어 핏빛 산호로 변했다. 그렇게 해서 바다에 광물질을 함유한 미역이 있게 되었다.

　페르세우스는 안드로메다를 데리고 집으로 돌아갔다. 자루를 단단히 졸라매어 들고 어머니가 기다리는 세리포스에 도착했다. 딕티스 역시 기다리고 있었다. 두 사람 모두 폴리데크테스를 피해 어느 성소에 숨어 있었다. 페르세우스는 고약한 왕에게 복수를 하기로 결심했다. 그는 폴리데크테스에게 자신이 약속한 선물을 갖고 돌아왔음을 알렸다. 젊은이들과 세리포스의 모든 사람들이 연회장에 모여 흥청망청 먹고 마시던 중이었다. 페르세우스는 사람들의 인사를 받으며 연회장으로 들어갔다. 폴리데크테스는 무슨 일이 벌어질지 자못 궁금했다.

　모든 손님들이 앉아 있거나 누워 있는데 페르세우스만이 서 있었다. 그는 고개를 돌린 채 자루에서 메두사의 머리를 꺼내 들고는 이리저리 흔들었다. 그러자 모든 연회 참석자들이 그 자리에서 그대로 얼어붙었다. 대부분은 술을 마시거나 이야기를 하던 중이었으므로 입을 벌린 채 눈길은 페르세우스 쪽을 향하고 있었고, 폴리데크테스는 어리둥절한 표정 그대로였다. 모든 사람들이 그렇게 그림처럼, 조각처럼 굳어버렸다. 그들은 그렇게 말도 하지 못하고 앞도 보지 못하는 살아 있는 그림자가 되고 말았다. 그러자 페르세우스는 모든 것을 돌로 바꾸는 메두사의 머리를 자루 속에 다시 집어넣었다. 그럼 여기서 이야기는 끝났을까? 그렇지 않다.

페르세우스는 고개를 돌린 채
메두사의 머리를 꺼내들었다.
순간 연회에 참석한 모든 사람이 그림처럼,
조각처럼 굳어버렸다.

장 마르크 나티에, 〈아테나에게 메두사의 머리를 내보이는 페르세우스〉(1718),
투르미술박물관 소장.

아직 그의 외할아버지 아크리시오스가 남았다. 페르세우스는 외할아버지 아크리시오스가 왜 자신을 죽이려 했는지 알고 있었기에 가능한 한 외할아버지와 화해를 하기로 마음먹었다. 그래서 안드로메다와 다나에 그리고 닉티스와 함께 아르고스로 향했다. 한편 손자 페르세우스가 성인이 되어 무공을 세우고 아르고스로 돌아오는 중이라는 소식을 들은 아크리시오스는 심한 공포감에 휩싸여 허둥지둥 운동 경기가 열리고 있는 이웃 도시로 피신했다.

페르세우스가 아르고스에 도착하자 사람들은 아크리시오스가 운동 경기를 참관하기 위해 다른 곳으로 갔다고 전했다. 그곳에서는 원반던지기 경기도 열리고 있었는데, 사람들은 미남에다 풍채가 늠름하고 혈기 왕성한 페르세우스를 경기에 초대했다. 페르세우스는 원반을 잡고 힘껏 던졌다. 그런데 우연히도 그 원반이 아크리시오스의 발에 떨어져 치명적인 상처를 입혔다. 그 상처로 결국 아크리시오스는 죽었다. 예언이 이루어졌다. 아르고스의 왕위 계승자가 된 페르세우스는 아르고스의 왕이 될지 망설였다. 자신이 죽인 할아버지의 왕위를 계승하는 일이 영 마음이 편치 않았기 때문이다. 그래서 대책을 강구했다. 티린스를 다스리고 있던 죽은 아크리시오스의 동생 프로이토스에게 아르고스의 왕위에 오르도록 제안했다. 그리고 페르세우스는 티린스에 자리를 잡았다.

그전에 그는 신들이 준 선물들을 되돌려주었다. 헤르메스에게 하르페를 돌려주면서 날개 달린 샌들과 자루, 하데스의 투구를 전 주인인 님프들에게 전해달라며 함께 맡겼다. 그리고 메두사의 머리는 아테나에게 선물했다. 아테나는 그것을 자신의 방패 한가운데에 장식했다. 전장에서 고르곤의 머리를 보란 듯이 과시하는 여신 아테나는 적을 그 자리에서 공포로 얼어붙게 만들고 유령으로 만들어 하데스의 어둠의 나라로 추방시켰다.

다시 평범한 인간으로 돌아온 영웅, 그 무공으로 오랫동안 '불사신의 영웅'으로 불렸던 페르세우스 역시 때가 되자 누구나 그렇듯이 삶을 마쳤다. 그러나 모든 것을 돌로 만드는 눈빛을 가진 고르곤과 용감히 싸운 젊은 영웅을 기리기 위해, 제우스는 페르세우스를 하늘로 보내 그곳에서 별이 되게 하였다. 그리하여 그는 어두운 밤하늘에서 영원히 모든 사람이 볼 수 있는 빛나는 별이 되었다.

이 책을 쓴 장 피에르 베르낭(1914~2007)은 역사학자이자 인류
학자이며 사회학자인 동시에 철학자였다. 무엇보다도 이 시대
최고의 그리스학 학자이자, 다양하고 풍부한 해석으로 고대 그
리스에 대한 혁신적인 접근을 시도한 역사학자로 각광을 받은
인물이다. 실제로 그가 남긴 저서 중 그리스 신화에 관련된 저
서만 무려 20여 권에 달한다. 그의 명성과 학문적 가치는 곳곳
에서 쉽게 발견할 수 있다. 그리스 신화나 문화에 관한 책과 글
어디에서나 그의 책이 인용되고, 참고문헌에서 쉽게 그의 이름
을 찾을 수 있기 때문이다.

베르낭은 이 책에서 자신이 평생을 바친 고대 그리스의 문
화와 역사에 관한 폭넓은 연구를 바탕으로 신화 속 이야기들을
색다른 각도에서 해석하고 신들의 전쟁과 인간의 비극 이면에
내재한 또 다른 요인들을 탐구함으로써 그리스 문화가 갖고 있
는 정신적 가치들을 밝혀내고자 한다.

스스로 '이야기꾼'으로 자부하는 저자는 오래전 어린 손

자에게 옛날이야기 삼아 들려주었듯 전 세계 독자들에게 그리스 신화를 '들려주고자' 했다. 그리스 신화 속에 고대 그리스인들의 윤리적이고 미학적이며 종교적인 세계관이 매우 흥미롭게 담겨 있다고 생각하기 때문이다. 또한 학문이나 문화로 자리 잡기 전 신화 속 이야기들은 본래 말로 전달되는 이야기여서 이야기꾼의 선택에 따라 고대 그리스의 세계관을 흥미로우면서도 긴장감 있게 재구성할 수 있기를 바랐기 때문이다. 따라서 저자는 우주의 탄생부터 제우스를 둘러싼 올림포스 신족과 티탄족의 싸움, 프로메테우스와 제우스의 계략 싸움, 트로이 전쟁이 끝난 후 고향으로 돌아가기까지 길고 길었던 오디세우스의 방랑과 오이디푸스의 비극적인 운명 등 자신이 특히 애착을 갖고 있는 일화들을 중심으로 이야기를 풀어나간다.

이야기 초반부에서는 아버지와 아들의 싸움, 즉 세대간의 갈등이 비중 있게 다뤄진다. 태초의 신들인 우라노스와 크로노스, 제우스는 언젠가 자식에게 자신의 자리를 빼앗길지 모른다는 두려움에 사로잡혀 자식들을 '양식'처럼 삼킨다. 이 부분은 인간의 유한함과 관련된 시간성의 문제를 보여준다. 고대 철학자 헤라클레이토스의 말처럼 만물은 흐르기 마련이어서 정상에 있던 것은 반드시 추락하게 되어 있다. 이런 시간의 흐름을 역행하는 행위는 재앙을 불러올 뿐이다. 세대를 이을 수 없도록 저주받은 라브다키데스 가문의 혈통인 오이디푸스. 그는 차례로 이어져야 할 세 세대를 하나로 합침으로써 시간에 굴복하지 않는 일종의 괴물의 형상이 된다. 결국, 스핑크스의 수수께끼가 상징하듯 인간은 태어나고 자라서 늙어 죽는다는 시간의 흐름을 역행한 저주받은 혈통의 대가를 끔찍하게 치르고 만다.

또한, 불을 훔쳐 인간에게 준 프로메테우스와 인간들에게 복수하기 위해 창조되어 인간 세계에 보내진 판도라의 이야기에서는 번식력과 동시에 파괴력을 상징하는 최초의 여인 판도라를 통해 인간의 삶이 갖는 이중성이 표현된다. 즉 탄생이 있으면 죽음도 있고, 행복이 있으면 불행도 있기 마련이며, 노동이 없으면 풍요도 없는 것이 인간이라는 존재의 타고난 조건이다. 인간의 교만에 대해 신이 내린 징벌이자, 금기를 위반하면서 이 세상 모든 악과 불행의 근원이 된 판도라는 본질적으로는 한계와 약점 등 인간이 지닌 온갖 모순을 요약해서 보여주는 존재다. 판도라의 딸들이 지닌 음탕한 마음과 탐욕스러운 기질을 설명하는 부분에서 고대 그리스인들이 갖고 있던 당혹스러울 정도의 여성 혐오적인 시각이 엿보이기도 하지만, 실제로 판도라가 내비치는 모습은 단지 여성만의 속성이 아니라 파괴적인 탐욕과 생산적인 풍요를 동시에 구현하고 신과 짐승 사이를 넘나드는 인간 존재 자체를 형상화하는 듯하다.

후반부 이야기의 상당 부분은 오디세우스의 모험에 할애된다. 트로이전쟁의 영웅인 오디세우스는 아내와 고향과 인간의 조건을 끊임없이 기억하고, 그에 회귀하려 애쓰는 일종의 일상의 영웅이자 신의의 인간이다. 그는 칼립소가 제안한 영원

　　　　　　　　옮긴이의 글

한 젊음과 불멸성을 뿌리치고 필멸의 운명을 지닌 인간이기를, 인간으로 살다가 인간답게 죽기를 택한다. 이는 지상에서 이름 없는 영웅으로 행복하게 장수하는 삶 대신 불후의 명성을 남기는 영광스러운 죽음을 선택했던 아킬레우스와는 사뭇 대조적이다. 오디세우스는 하데스 입구에서 만난 망자들 사이에서 아킬레우스를 만나 비천하게 살지라도 살아 있는 편이 낫다는 아킬레우스의 말을 듣고 삶을 택한다.

고대 그리스인들의 세계관이 담긴 그리스 신화가 오늘날의 우리에게 전해주는 교훈은 무엇일까? 그때나 지금이나 우리가 던지는 질문들, 우리가 안고 있는 불안감이나 편견은 여전히 크게 다르지 않다. 신화 속 이야기들은 가능한 여러 대답을 내포한 채 계속해서 움직인다. 그리고 우리는 그것들에 다양한 의미를 부여한다. 정신분석학에서 신화를 활용하는 것처럼. 우리는 신화에 대해 다양한 해석을 할 수 있지만 한편으로는 고대 그리스인들이 우리와는 매사에 다르게 느꼈다는 점 역시 잊지 말아야 한다. 고대 그리스인들은 달을 올려다보면서 현재의 우리가 인식하는 것도 보았겠지만 한편으로는 전지전능하고 남성적인 태양과 여성적인 달, 여신도 보았음을.

신화 속 이야기들은 답을 주지 않는다. 마치 이야기 속 신탁처럼 철학에서 '프로블레마타'라고 부르는 것, 즉 풀어보라고 제시하는 질문들에 연신 또 다른 이야기를 던져준다. 구태여 '인간이란 무엇인가'라는 철학적인 물음을 던지지 않아도 이 이야기들 속에는 자연스럽게 세상과 인간의 조건에 대한 통찰이 담겨 있어서 시간과 존재의 유한함 속에서 우리가 어떤 삶을 선택해야 할지 생각해보게 만든다. 분명 21세기를 사는 우리가 받아들이기에 오래전 그리스인들이 갖고 있던 세계관이나 사상은 고리타분하고 낯설게 느껴질 때도 있을 테지만 이 옛날이야기에는 분명 시공간을 뛰어넘는, 인간의 존재 가치에 대한 사상이 담겨 있다. 하지만 무엇보다도 이 책은 구수한 입담을 가진 할아버지가 어린 손자에게 들려주었던 옛날이야기를 활자로 옮긴 만큼 예기치 못했던 방향으로 흘러가는 흥미진진하고 매력적인 이야기다. "세대마다 이야기는 조금씩 바뀌기도 하고 더 풍요로워지기도 하며 필요에 따라 달리 해석되기도" 하니까. 신화란 그렇게 "시간의 흐름 속에서 생생하게 살아 움직이는 것"이니까.

주요 신과 인물

✛

가이아Gaia 땅의 여신.

고르고Gorgo 눈을 보면 죽는다는 괴물 세 자매. 그중 둘은 불사의 존재이나 나머지 하나인 메두사만은 죽음을 피할 수 없는 존재로 페르세우스에게 머리를 잘린다. 단수형은 고르곤Gorgon.

그라이아이Graiai 노파의 모습을 하고 있는 세 요녀. 세 명이 이빨 하나와 눈 하나를 공유하는데, 페르세우스가 그 이빨과 눈을 탈취한다.

기간테스Gígantes 전쟁과 전투를 의인화한 거인족. 땅에 떨어진 우라노스의 핏방울에서 태어난다.

나우시카Nausikáa 파이아케스인이 사는 섬의 왕인 알키노스 왕의 딸. 섬에 표류한 오디세우스를 만나 왕궁으로 데려가 극진히 대접한다. 그녀는 오디세우스가 훌륭한 남편감이라고 생각한다.

네레우스Nēreús 폰토스와 가이아의 아들. '바다의 노인'이라고 불린다. 오케아노스의 딸들 중 하나인 도리스와 함께 50명의 딸 네레이데스를 낳는다.

네레이데스Nērēḯdes 바다의 신 네레우스와 대양의 신 오케아노스의 딸 도리스가 낳은 50명의 딸들. 해저에 있는 아버지의 궁전에서 살지만 이따금 파도 속에서 노는 모습을 볼 수 있다.

네메시스Nemesis 복수의 여신. 밤의 여신 닉스의 딸로 제우스의 사랑을 거절하기 위하여 거위로 변신하였으나 백조로 모습을 바꾼 제우스와 결합하여 알을 낳는다. 이 알은 레다가 선물로 받는다.

네스토르Nestōr 트로이 전쟁에서 그리스 전사들 중 가장 나이가 많은 전사. 수다스럽게 지혜를 과시하며 과거의 무용담을 들려준다.

노토스Notus 덥고 습한 남풍을 의인화한 신.

니크테우스Nukteús 다섯 명의 스파르토이 중 하나인 크토니오스의 아들로 리코스의 형.

닉스Nyx 밤의 여신. 카오스의 딸.

닉테이스Nycteis 크토니오스의 딸. 폴리도로스의 아내이자 라브다코스의 어머니.

님프Nymph 제우스의 딸들이자 샘, 강, 숲, 들판을 좋아하는 젊은 여신들.

다나에Danáē 아르고스의 왕 아크리시오스의 딸. 아버지에 의해 갇힌 청동 지하 감옥에서 비밀리에 제우스와 결합하여 페르세우스를 낳는다.

데이포보스Deiphobos 트로이의 마지막 왕 프리아모스와 헤카베의 아들로 헥토르의 형제. 그리스인들과 트로이인들의 협상에서 중요한 역할을 맡는다. 트로이 전쟁 때 메넬라오스에 의해 죽는다.

디오니소스Dionysos 숲의 신으로 제우스와 세멜레의 아들. 자신의 고향에서 숭배받기 위해서 테베로 다시 돌아온다.

디오스쿠로이Dioscuri 제우스와 레다의 쌍둥이 아들인 카스토르와 폴리데우케스. 헬레네와 클리타임네스트라의 형제.

딕티스Díktus 세리포스의 왕 폴리데크테스의 동생. 아버지이자 외할아버지인 아크리시오스에게 쫓기는 다나에와 페르세우스 모자를 거두어 보호한다.

라다만티스Rhadamanthys 제우스와 에우로페의 아들. 크레타섬의 군주 미노스와 형제다. 지혜가 뛰어난 그는 하데스에서 죽은 자들을 심판하는 일을 맡는다.

라브다코스Lábdakos 카드모스의 손자이자 크토니오스의 외손자. 라이오스의 아버지이자 오이디푸스의 할아버지.

라브다키데스Labdacids 라브다코스의 후손들. 펠롭스의 저주를 받는다.

라에르테스Laértēs 오디세우스의 아버지.

라이스트리곤Laestrygon 식인 거인. 복수형은 라이스트리고네스.

라이오스Laios 라브다코스의 아들이자 오이디푸스의 아버지. 테베의 통치자로 이오카스테의 남편. 아들과 서로 알아보지 못한 채 마주쳐 아들에게 죽임을 당한다.

레다Leda 아이톨리아의 왕 테스티오스의 딸이자 스파르타의 왕 틴다레오스의 아내. 제우스가 백조로 변신하여 그녀를 유혹한다.

레아Rhea 티탄족. 우라노스와 가이아의 딸이며 크로노스의 누이이자 아내.

레우코테아Leukothéa 이노Ino가 신이 된 뒤에 붙여진 이름. 바다의 구원의 여신.

로토파고스 Lōtophagoi 망각의 음식인 로토스를 먹는 백성들.

리모스Limos 배고픔의 의인화.

리코스Lúkos 니크테우스의 동생이자 스파르토이인 크토니오스의 아들.

리쿠르고스Lykoûrgos 트라키아의 왕. 젊은 디오니소스를 추격해 바다에 뛰어들게 한다.

린케우스Lynkeús 이다스의 형제. 예리한 시각으로 유명하다. 동생과 함께 사촌인 디오스쿠로 이에 맞서 싸우다 폴리데우케스에게 죽는다.

마론Maron 아폴론의 사제. 이스마로스의 파멸 때 오디세우스 덕에 목숨을 구하고 그에게 신의 넥타르인 포도주를 선물한다.

메넬라오스Menelaos 스파르타의 왕으로 아가멤논의 동생이자 헬레네의 남편.

메데이아Mēdeia 마법사로 콜키스의 왕 아이에테스의 딸. 태양신 헬리오스의 손녀이자 키르케의 조카.

메두사Medusa 고르고라 불리는 세 괴물 중 하나로 페르세우스에게 머리를 잘려 죽음을 맞는다.

메티스Mêtis 제우스의 첫 번째 아내이자 아테나의 어머니. 교활한 지혜를 의미한다.

멜리아스Melíai 땅에 떨어진 우라노스의 핏방울에서 태어난 물푸레나무의 님프이자 호전적인 정령의 화신.

모이라이Moirai 운명의 여신인 세 명의 모이라를 일컫는다.

무사이Moûsai 노래하는 뮤즈 여신들. 제우스와 기억의 여신 므네모시네의 아홉 명의 딸.

미노스Minos 크레타섬의 왕. 죽은 뒤에 지옥의 심판관이 된다.

발리오스Balios 아킬레우스의 말들 중 하나로 불멸의 명마.

벨레로폰Bellerophon 천마 페가소스를 타고 괴물 키마이라를 물리친 코린토스의 영웅.

보레아스Boréas 거친 북풍을 의인화한 신.

브론테스Brontes 키클로페스족으로 우라노스와 가이아의 아들.

브리아레오스Briareos 키클로페스족과 티탄 신족의 형제인 헤카톤케이르 중 하나. 우라노스와 가이아의 자식.

비아Bia 스틱스의 딸. 군주가 갖고 있는 폭력을 의미한다.

사티로스sátyros 반인반마의 괴물. 상체는 인간이고 하체는 말 또는 염소다. 디오니소스의 주연에 참가한다.

세멜레Semelē 카드모스와 하르모니아의 딸로 제우스의 사랑을 받는다. 디오니소스를 잉태하고 있을 때 연인인 제우스의 광채에 타 죽는다.

스킬라Skúlla 지나가는 배들을 노리고 있다가 삼켜버리는 바다의 괴물.

스틱스Styx 오케아노스의 딸. 죽음의 권력을 가진 지옥의 강을 의미한다.

스파르토이Spartoi '씨 뿌려 나온 남자들'이라는 뜻으로, 이 다섯 사람은 스파르타인의 시조가 된다.

스핑크스sphinx 머리와 가슴은 여자이고 나머지 부분은 날개 달린 사자다. 수수께끼를 내어 풀지 못하는 이들을 죽였으나 오이디푸스가 그 해답을 찾는다.

아가멤논Agamémnōn 아르고스의 왕. 트로이 전쟁에서 그리스군의 선두에 섰으나 귀환하여 아내 클리타임네스트라에게 살해된다.

아가베Agaúē 카드모스의 딸이자 펜테우스의 어머니.

아게노르Agēnor 티루스 또는 시돈의 왕. 에우로페의 아버지.

아드라스토스Adrastus 아르고스의 왕. 동생에 의해 테베에서 쫓겨난 오이디푸스의 아들 중 하나인 폴리네이케스의 장인. 테베를 공략하기 위해 일곱 명의 장수를 이끌고 온다.

아레스Árēs 군신軍神으로 제우스와 헤라의 아들.

아르고스Argos 오디세우스의 개 이름. 영웅 아르고스를 기려 이름을 붙였다고 하며 외눈박이였다고 전해진다.

아르테미스Artemis 제우스와 레토의 딸로 아폴론의 쌍둥이 누이. 사냥의 여신으로 올림포스산의 신들과 함께 티탄 신족에 맞서 싸운다.

아우토노에Autonoē 카드모스의 딸 중 하나. 아리스타이오스의 아내이자 악타이온의 어머니. 아들 악타이온은 훗날 자신의 개들에게 찢겨 죽는다.

아이기스토스Aigisthos 클리타임네스트라의 정부로 그녀와 함께 트로이에서 돌아온 아가멤논을 죽인다.

아이기판Aegipan 헤르메스와 함께 티폰으로부터 제우스의 힘줄을 되찾아 제우스가 티폰을 물리치는 데 도움을 준다.

아이올로스Aeolus 바람의 신. 오디세우스를 환대하여 그에게 가죽 부대에 바람을 한가득 담아주며 이타케섬을 향해 곧장 항해할 수 있게 해준다.

아이테르Aether 닉스의 아들. 순수하고 변함없는 천상의 빛을 의미한다.

아크리시오스Acrisius 다나에의 아버지이자 아르고스의 왕. 메두사를 무찌르고 귀환한 자신의 손자 페르세우스에 의해 죽는다.

아킬레우스Achilleus 테티스와 펠레우스의 아들. 트로이 전쟁 최대의 영웅. 평온하나 보잘것없이 오래 살기보다는 한창 젊은 나이에 죽음으로써 불멸의 영광을 택한다.

아타마스Athámas 보이오티아의 왕. 카드모스의 딸 이노와 재혼한다.

아테나Athena 전쟁과 지혜의 여신. 제우스와 메티스의 딸로 제우스의 머리에서 완전 무장을 한 채 태어났다고 한다. 파리스의 심판 때 헤라, 아프로디테와 함께 겨룬다.

아틀라스Átlas 이아페토스의 아들이자 프로메테우스의 형제. 제우스가 그에게 어깨로 천공을 떠받치는 벌을 내린다.

아프로디테Aphrodite 사랑과 미와 매혹의 여신. 거세된 우라노스의 정액과 바다 거품에서 태어났으며, 파리스에 의해 가장 아름다운 여신으로 선택된다.

안드로메다Andromeda 에티오피아의 왕 케페우스의 딸. 케페우스는 포세이돈의 분노를 잠재우기 위해 그녀를 바위에 묶어 바다 괴물에게 바치나 페르세우스가 그녀를 구출한다.

안키세스Anchises 트로이의 왕자. 이데산에서 아프로디테와 맺어지고 그 사이에서 아이네아스가 태어난다.

안티고네Antigone 오이디푸스의 딸. 추방당한 앞 못 보는 아버지를 따라간다.

안티포스Antiphus 페넬로페의 구혼자들 중 한 사람.

알키노스Alcyoneus 파이아케스인들의 왕. 아레테의 남편이자 나우시카의 아버지. 오디세우스를 환대하며 이타케섬까지 갈 수 있도록 자신의 배 한 척을 그에게 내준다.

암피아라오스Amphiaraus 아르고스의 예언자. 에리필레의 남편이기도 한 그는 테베 공략 원정에 개입하나 테베에서 죽는다.

암피온Amphion 제우스와 안티오페의 아들. 제토스와 쌍둥이 형제다. 리코스를 죽이고 제토스와 함께 테베의 왕위에 오른다.

에레보스Erebus 카오스의 아들. 어둠을 의미한다.

에로스Eros 사랑. 태초의 에로스 또는 우주가 생길 때 있었던 태초의 신. 아프로디테의 아들, 성적인 결합을 주관한다.

에리니에스Erinyes 우라노스의 핏방울에서 태어난 복수의 여신들.

에리필레^{Eriphyle} 암피아라오스의 아내. 폴리네이케스는 그녀에게 하르모니아의 목걸이를 주어 에테오클레스가 지배하는 테베와의 전쟁에 남편이 협력하게 해주겠다는 다짐을 받아낸다.

에오스^{Eos} 새벽의 여신. 티토노스를 사랑하여 제우스에게 간청해 그를 불사의 존재로 만든다.

에우로페^{Europe} 티루스 또는 시돈의 왕 아게노르의 딸. 황소로 변신한 제우스에게 납치되어 크레타섬으로 끌려간다.

에우리로코스^{Eurylochus} 오디세우스의 동료이자 처남. 테이레시아스의 경고를 무시하고 태양신 헬리오스의 가축에 손을 댔다가 죽음을 당한다.

에우리클레이아^{Eurycleia} 오디세우스의 유모. 오디세우스의 발을 씻겨주다가 그의 한쪽 다리에 있는 흉터를 제일 먼저 알아본다.

에우마이오스^{Eumaeus} 오디세우스에게 충실한 돼지치기.

에키드나^{Echidna} 반은 여자이고 반은 뱀인 괴물. 티폰과 결합하여 괴물들을 낳는다.

에키온^{Echion} 다섯 스파르토이 중 한 사람으로 아가베와 결혼하여 펜테우스를 낳는다.

에테오클레스^{Eteocles} 오이디푸스의 아들. 아버지가 죽은 뒤 테베의 왕위를 둘러싸고 동생 폴리네이케스와 다툰다.

에피메테우스^{Epimetheus} 프로메테우스의 동생으로 형과는 정반대다. 그의 이름은 '나중에 생각하는 자'라는 뜻이다. 판도라를 집에 맞아들여 그녀와 결혼한다.

오디세우스^{Odysseus} 이타케섬의 왕이며 페넬로페의 남편.

오이디푸스^{Oedipus} 라이오스와 이오카스테의 아들. 아버지를 죽이고 어머니와 동침하리라는 신탁 때문에 태어나자마자 버려진다. 결국 그는 전혀 모르는 상태에서 신탁대로 행하고 만다.

오케아노스^{Oceanus} 티탄 신족 중 하나. 물결의 흐름으로 세상을 감싸며 순환하는 대하^{大河}의 신.

우다이오스^{Udaeus} 테베의 땅에서 태어난 사내들이 땅에서 솟아오르자마자 벌인 전투에서 살아남은 다섯 스파르토이 중 한 사람.

우라노스^{Uranus} 가이아에게서 태어나 가이아로부터 갈라진 하늘의 신.

이노^{Ino} 카드모스와 하르모니아의 딸. 아타마스와 결혼하여 어린 디오니소스를 키울 수 있도록 설득한다. 그러자 질투심이 많은 헤라가 그들을 미치광이로 만든다. 이노는 물에 뛰어들어 바다의 여신 레우코테아가 된다.

이다스Idas　　린케우스의 형. 디오스쿠로이의 사촌이나 린케우스와 함께 그들에 맞서 싸운다. 교전 중에 이다스는 카스토르를 죽이고 폴리데우케스에게 상처를 입힌다. 제우스는 자신의 아들을 구하기 위해 그에게 번개를 내리친다.

이도메네우스Idomeneus　　트로이 전쟁 당시 크레타섬의 왕. 헬레네의 구혼자 중 하나이기도 하다.

이로스Irus　　이타케섬의 왕궁에 드나들던 걸인. 오디세우스가 궁에 접근하지 못하도록 하다가 봉변을 당한다.

이스메네Ismene　　오이디푸스의 딸로 안티고네의 자매이다.

이아페토스Iapetus　　티탄 신족. 프로메테우스의 아버지.

이오카스테Iocaste　　라이오스의 아내이고 오이디푸스의 어머니. 자신의 아들인 줄도 모르고 오이디푸스와 결혼한다.

제우스Zeus　　올림포스의 신. 신들의 제왕. 우주의 질서를 확립한 우주의 군주로서 티탄 신족과 우주의 질서를 위협하는 귀물들을 무찌른 승리자.

제토스Zethus　　제우스와 안티오페의 아들. 리코스에게 부당한 대접을 받았던 어머니의 원수를 갚기 위해 형 암피온과 함께 리코스와 그의 아내를 죽인다. 그 후 테베의 왕좌에 앉는다.

제피로스Zephyros　　서풍의 신으로 부드럽고 규칙적인 바람을 뜻한다.

카드모스Kádmos　　티루스 또는 시돈의 왕 아게노르의 아들. 누이 에우로페를 찾아 어머니 텔레파사와 함께 떠난다. 하르모니아의 남편이며 테베의 창시자이자 최초의 왕.

카리브디스Kharubdis　　바다 괴물. 소용돌이를 일으켜 지나가는 배들을 삼켜버린다.

카스토르Castor　　제우스와 레다의 쌍둥이 아들들인 디오스쿠로이 중 하나. 쌍둥이 형제인 폴리데우케스와 달리 죽음을 면할 수 없는 전사이고 전쟁과 기마술이 뛰어나다.

카오스kháos　　태초의 혼돈의 공간. 세상이 비롯된 태초의 공간.

케레스Ceres　　밤의 여신 닉스의 딸들. 죽음과 재앙의 권력을 가졌다.

케르베로스Kérberos　　하데스의 개. 죽은 자들의 왕국의 문을 지키며 산 자는 누구도 그곳을 지날 수 없게 하고 죽은 자는 누구도 그곳을 비켜갈 수 없게 한다.

케이론Kheírôn　　대단히 지혜롭고 선량한 켄타우로스. 영웅들, 특히 아킬레우스를 가르친 교육자.

케토Kētó 바다 괴물로 폰토스와 가이아의 딸이며 그라이아이와 고르고의 어머니.

케페우스Kepheús 에티오피아의 왕이자 안드로메다의 아버지.

켄타우로스Kéntauros 상체는 인간이고 몸의 나머지 부분은 말인 반인반마의 괴물들. 숲과 산속에서 야만적인 삶을 영위하나 젊은이들의 교육을 맡기도 한다.

크라토스Kratos 스틱스의 아들. 군주가 행사하는 지배력을 의미한다.

크레온Kreōn 이오카스테의 오빠. 라이오스가 죽은 뒤 오이디푸스가 도착하기 전까지 테베의 섭정으로서 실권을 행사한다.

크로노스Krónos 티탄 신족 중 막내이자 세상 최초의 군주.

크리시포스Chrysippos 코린토스의 왕 펠롭스의 아들. 아버지의 손님 라이오스의 마음에 들어 강제로 납치되자 자살한다.

크산토스Xanthos 아킬레우스의 불멸의 말. 필요할 때는 예언의 말을 하기도 한다.

크토니오스Chthonius 다섯 스파르토이 중 한 사람.

클리타임네스트라Klytaimnésträ 스파르타의 왕 틴다레오스와 레다의 딸이며 헬레네와 자매이다. 아가멤논의 아내이나 연인 아이기스토스와 함께 트로이에서 돌아온 남편을 살해한다.

키르케Circe 헬리오스의 딸이자 마법사이며 아이아이에섬에서 산다. 오디세우스의 부하들을 돼지로 바꾸어놓는다. 오디세우스와 사랑에 빠져 오랫동안 함께 산다.

키마이라Chímaira 양, 사자, 뱀이 합쳐진 괴물. 숨을 쉬면 불꽃이 나온다. 티폰과 에키드나 사이에서 태어났다.

키코네스족Kíkones 트라키아의 백성. 트로이인들과 동맹을 맺는다. 트로이 전쟁이 끝난 후 귀환하던 오디세우스가 그들의 이스마로스섬을 약탈하나 이들로부터 사방에서 공격을 받고 달아난다.

키클로페스Kýklōpes 우라노스와 가이아의 세 자녀. 이마에 무시무시한 외눈이 있다. 브론테스, 스테로프스, 아르게스.

킬릭스Kilix 티루스 또는 시돈의 왕 아게노르의 아들. 카드모스의 형제인 그 역시 누이 에우로페를 찾아 떠난다.

타르타로스Tártaros 암흑의 지하 세계. 패배한 신들과 죽은 자들이 이곳에 갇힌다.

타소스Thasos 아게노르의 아들이며 카드모스의 형제.

탈로스Talos 크레타섬을 지키는 청동 거인.

테세우스Theseus 아테네의 영웅. 어머니는 아이트라이고 그의 인간 아버지는 아테네의 왕 아이게우스이며 친아버지는 포세이돈이다.

테스티오스Thestius 레다의 아버지.

테이레시아스Teiresías 아폴론에게 영감을 받은 테베의 예언자.

테티스Thetis 우라노스와 가이아의 딸로 티탄 신족 중 하나.

테티스Thetis 네레이데스 중 하나. 펠레우스의 아내이자 아킬레우스의 어머니.

텔레마코스Télemakhos 오디세우스와 페넬로페의 아들.

텔레파사Téléphassa 아게노르의 아내로 카드모스와 그 형제들의 어머니. 에우로페를 찾아 아들들과 함께 떠난다.

티탄Titan 우라노스와 가이아의 자식들로 그리스 신화 최초의 신족. 세상의 지배권을 놓고 올림포스 신들과 맞선다.

티토노스Tithonos 프리아모스의 형제. 그의 미모에 반한 에오스가 그를 납치하여 불사의 몸으로 만들어준다.

티폰Typhôn 티포에우스라고도 한다. 가이아와 타르타로스의 아들인 괴물. 제우스와 싸우다가 패배하여 죽는다.

틴다레오스Tundáreos 스파르타의 왕이자 레다의 남편.

파리스Paris 프리아모스와 헤카베의 아들로 알렉산드로스라고도 한다. 태어나자마자 버림받으나 훗날 부모에게 인정받는다. 헬레네를 납치해 그녀의 남편이 되고 이는 트로이 전쟁의 원인이 된다.

파이아케스인Phaeacians 인간 세계와 초인간적 세계의 경계에 사는 뱃사공들. 오디세우스를 이타케섬까지 데려다준다.

판Pan 목동들과 양 떼들의 신으로 헤르메스의 아들.

판도라Pandora 올림포스의 신들이 에피메테우스에게 짝지어준 최초의 여인. 에피메테우스는 형 프로메테우스의 경고에도 불구하고 선물로 주어진 그녀를 받아들인다.

페가소스Pégasos 메두사의 잘린 목에서 생겨나 올림포스산까지 날아갔다는 신의 천마. 제우스의 번개를 나르는 일을 맡는다.

페르세우스Perseús 제우스와 다나에의 아들. 할아버지 아크리시오스에 의해 어머니와 함께 쫓겨나 세리포스섬에 이른다. 메두사의 머리를 이 섬의 왕에게 가져다주어야 하는 상황에 놓인다.

페리보이아Periboea 코린토스의 왕 폴리보스의 아내. 부모에게 버림받은 오이디푸스를 남편과 함께 친자식처럼 키운다.

펜테우스Pentheús 카드모스의 손자. 스파르토이 중 한 사람인 에키온과 아가베의 아들. 디오니소스가 테베에 돌아오자 그와 대립하다 어머니의 손에 죽는다.

펠레우스Pēleus 프티아 국왕으로 여신 테티스와 결혼한다. 아킬레우스의 아버지.

펠로로스Pelorus 스파르토이 중 한 사람.

펠롭스Pelops 프리지아의 왕 탄탈로스의 아들이자 히포다메이아의 남편이며 라이오스의 유혹을 피해 자살한 크리시포스의 아버지. 그 일로 라브다키데스 혈통에게 저주를 내린다.

포르키스Phorcus 가이아와 폰토스의 아들. 케토와 결혼하여 세 명의 그라이아이를 낳는다.

포세이돈Poseidon 올림포스의 신이자 제우스의 동생. 바다에 대한 지배력을 나눠 받는다.

포이닉스Phoinix 아게노르의 아들. 형제들과 함께 제우스에게 잡혀간 에우로페를 찾아 떠난다.

폰토스Póntos 가이아가 낳은 바다의 신.

폴리네이케스Polyneíkes 오이디푸스의 아들이자 에테오클레스의 동생. 형과 대립하다 두 사람 모두 죽음을 맞는다.

폴리데우케스Polydeukes 디오스쿠로이 중 하나로 카스토르의 형제. 특히 권투에 능하다. 불멸의 존재로 태어난 그는 자신의 불멸성을 동생과 함께 나누기로 결심한다.

폴리데크테스Polydectes 세리포스섬의 왕. 다나에에게 한눈에 반하여 페르세우스에게 메두사의 머리를 가져오라고 내몬다.

폴리도로스Polydorus 카드모스와 하르모니아의 아들. 크토니오스의 딸 닉테이스의 남편이자 라브다코스의 아버지.

폴리보스Polybus 코린토스의 왕이자 오이디푸스의 양아버지.

폴리페모스Polyphēmos 외눈박이 거인 키클로페스 중 하나로 포세이돈의 아들. 오디세우스에게 속아 장님이 되자 오디세우스에게 저주를 퍼부어 복수를 한다.

프로메테우스Prometheus 이아페토스의 아들. 인간들에게 선량한 신으로 제우스와 갈등을 빚는다.

프로이토스Proetus 아크리시오스의 쌍둥이 형제이자 경쟁자. 티린스를 지배한다.

프로테우스Prôteus 바다의 신. 변신력과 예지력을 갖고 있다.

프리아모스Priamus 트로이의 왕이자 헤카베의 남편이며 헥토르의 아버지.

필로이티오스Philoitios 오디세우스의 가축들을 감시하는 충직한 목동.

하데스Háidēs 모든 올림포스산의 신들이 그렇듯 크로노스와 레아의 아들. 죽은 자의 신으로 암흑의 지하 세계를 지배한다.

하르모니아Harmonia 아레스와 아프로디테의 딸로 카드모스와 결혼한다.

헤라Hēra 제우스의 누이이자 아내로 올림포스 최고의 여신.

헤르메스Hermes 열두 가지 과업의 영웅. 그의 인간 부모는 페르세우스의 후손인 암피트리온과 알크메네지만 친아버지는 제우스이다.

헤르메스Hermes 제우스와 님프 마이아의 아들. 사자使者의 신인 이 젊은 신은 운동, 접촉, 타협, 이행, 교역과 관련된다. 그는 땅과 하늘, 산 자와 죽은 자를 연결한다.

헤메라Hēméra 닉스의 딸. 낮을 의미한다.

헤스티아Hestia 화로의 여신. 크로노스가 삼킨 마지막 자식이자 그가 자식들을 토해냈을 때 첫 번째로 나온 자식이기도 하다.

헤카베Hekábē 트로이의 왕 프리아모스의 아내이며 헥토르의 어머니.

헤카톤케이르Hecatoncheires 가이아와 우라노스 사이에서 태어난 삼형제인 코토스, 브리아레오스, 기에스. 무적의 힘을 지닌 백수 괴물인 이들은 50개의 머리와 100개의 팔을 가진 거인들이다.

헤파이스토스Héphaistos 제우스와 헤라의 아들로 불과 대장간의 신.

헬리오스Helios 태양신.

호라이Horai 계절의 여신들. 제우스와 테미스의 세 딸로 모이라이와 자매이다. 계절의 정기적인 운행을 관장한다.

히메로스Himeros 사랑의 욕망을 의인화한 신.

히페레노르Hyperenor 다섯 스파르토이 중 한 사람.

히포다메이아Hippodamea 피사의 왕 오이노마오스의 딸로 펠롭스의 아내가 된다. 그녀의 아버지는 자신과 전차 경주를 하여 이긴 자에게 딸을 주겠다고 한다.

주요 신과 인물

우주와 신들 그리고 인간들
장 피에르 베르낭의 그리스 신화

지은이 장 피에르 베르낭
옮긴이 문신원

1판 1쇄 펴냄 2022년 12월 15일

펴낸곳 곰출판
출판신고 2014년 10월 13일 제2021-000049호
전자우편 walk@gombooks.com
전화 070-8285-5829
팩스 02-6305-5829

종이 삼영페이퍼
인쇄 · 제본 미래상상

ISBN 979-11-89327-19-4 03210